经济管理国家级实验教学示范中心（嘉兴学院）

经管类专业系列实验教学指导书

U0648937

经济学专业实验（实训）指导书

◎ 雷媛玲 顾骅珊 主编

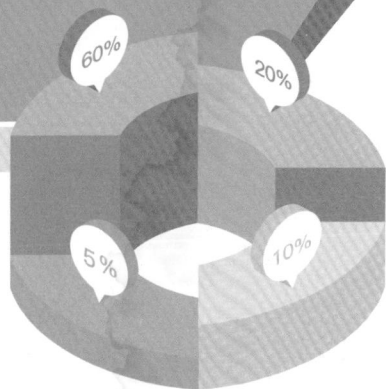

60%

20%

5%

10%

东北财经大学出版社 大连
Dongbei University of Finance & Economics Press

图书在版编目（CIP）数据

经济学专业实验（实训）指导书 / 雷媛玲，顾骅珊主编. —大连：东北财经大学出版社，2021.1

（经管类专业系列实验教学指导书）

ISBN 978-7-5654-4035-9

Ⅰ．经…　Ⅱ．①雷…②顾…　Ⅲ．经济学–高等学校–教学参考资料　Ⅳ．F0

中国版本图书馆 CIP 数据核字（2020）第 232733 号

东北财经大学出版社出版

（大连市黑石礁尖山街 217 号　邮政编码　116025）

网　　址：http：//www.dufep.cn

读者信箱：dufep@dufe.edu.cn

大连图腾彩色印刷有限公司印刷　东北财经大学出版社发行

幅面尺寸：185mm×260mm　字数：307 千字　印张：13.75　插页：1

2021 年 1 月第 1 版　　　　　　2021 年 1 月第 1 次印刷

责任编辑：王　莹　吴　茜　　　　责任校对：贺　欣

封面设计：原　皓　　　　　　　　版式设计：原　皓

定价：45.00 元

教学支持　售后服务　　联系电话：（0411）84710309

版权所有　侵权必究　　举报电话：（0411）84710523

如有印装质量问题，请联系营销部：（0411）84710711

前言

经济学专业是一个理论性很强的专业，而理论对实践的现实指导意义需要通过实践活动去见证，因此，实践教学活动是整个教学过程的重要环节之一。编写《经济学专业实验（实训）指导书》无论对于经济学专业的学生掌握经济分析工具、提升科研创新能力，还是对于从事经济学相关课程教学的教师实现教学目标，都很有意义。

教材内容涵盖经济学专业五大实践教学平台——学生全程导师指导平台、学生科研项目申报平台、学生学科竞赛平台、学生社会实践平台和集中实践运作平台。实验实训类型包含课程实验实训、专业综合实验实训以及综合应用能力实验实训三个部分，构建了立体化的实践教学体系。实验实训项目涉及计量经济学、国际金融学、公司经济、贸易经济、投资学、零售学、物流学、产业经济学、区域经济学、环境经济学、市场调研与预测、专业科研能力训练、专业应用能力训练、经济分析工具综合训练、沙盘仿真模拟等课程。

教材编写以提升经济学专业学生综合分析能力和创新能力为主线，以实验实训项目为依托，进行了实践教学项目化的探索。在项目的设计中，注重经济学分析工具的综合运用，强化理论知识与项目教学的逻辑联系，并在实验实训项目中提供了相应的案例，通过案例的背景介绍、理论分析、解决方案设计和结果解读，增强学生进行综合经济分析的情景感受，同时为学生提供可操作的模板。整体而言，这本教材对经济学专业学生进行"研究性学习"和"个性化培养"很有价值，是一本实务导向、操作性强的实验教材。

本书第一章由汪菲编写，第二章、第三章、第八章、第九章、第十五章、第十六章、第十七章、第十八章由雷媛玲编写，第四章由丁海军编写，第五章由缪仁余、范叙春共同编写，第六章由杨松编写，第七章由孙克编写，第十章由蔡正倩编写，第十一章由刘晓红、张学峰共同编写，第十二章由蔡正倩、何爱华共同编写，第十三章由张学刚、朱渝铖共同编写，第十四章由方芳编写，第十九章由程秋萍编写，第二十章、第二十一章由顾骅珊编写。全书由雷媛玲、顾骅珊负责统稿。

尽管编者们做出了很多努力，但由于水平有限，书中难免存在疏漏和不足之处，恳请读者提出宝贵意见。

编　者

2020 年 10 月

目录

第一篇
课程实验实训项目

第二篇
专业综合实验实训项目

第三篇
综合应用能力实验实训项目

第一篇
课程实验实训项目

第一章
日本語と漢字語彙

第一章

经济学专业科研能力实验实训

一、实训简介

本课程是经济学专业的一门实验实训课，开设目的是以科学研究的自然过程为主线，指导已有半年学习经历的经济学专业学生开展科学研究与社会实践，使学生在文献查阅、阅读翻译、调查设计、数据处理、文献综述、开题报告、项目申请报告撰写、科研论文写作等方面得到系统的学习和体验，培养和强化学生的科学意识、科研素养和信息获取与应用能力，使其掌握从事科学研究的基本技能，提高科研工作的效率、水平和质量，为学生后续申报各类学生科研项目和写作学年论文、毕业论文，以及参与实际工作奠定良好的科研能力基础。

实训内容主要包括三方面：一是经济管理的研究方法论，探讨科学方法的特征、科学研究的类型、理论与研究的关系、研究问题的提出、研究方案的设计等；二是资料收集和处理，介绍经济管理领域文字资料和二手数据的来源以及整理方法，一手数据的调查和整理方法，以及常用的数据处理方法；三是科研论文写作要点，介绍论文写作规划、各类研究问题的写作等。

二、实训项目与课时分配

实训项目与课时分配见表1-1。

表1-1　　　　　　　　　　　　　　　　实训项目与课时分配

序号	实训项目	内容提要	实训要求	每组人数	项目学时	实训类型
1	学术行为规范和学术道德教育	科学工作周期应遵循的学术规范、学术不端行为的界定及论文检测等知识	必修	3～8	2	综合
2	科学研究基本方法论	科学方法的特征、科学研究的类型、理论与研究的关系、研究问题的提出、研究方案的设计等	必修	3～8	4	综合
3	专业文献查阅	经济领域文字资料和二手数据的主要来源以及整理方法	必修	3～8	4	综合
4	开展调查研究	常用社会调查方法、问卷设计及调查组织基本方法、调查数据的整理和描述性统计分析、调研报告类型和撰写步骤、调研报告的结构与写作技巧	必修	3～8	9	设计研究
5	大学生科研训练项目	科研项目分类、选题、申报基础、申报策略与项目立项、项目管理、检查与结题要求	必修	3～8	4	综合
6	科研论文写作	论文选题、论文基本结构、常见的论文写作指导以及写作、修改中的优化技术，了解论文投稿、发表流程	必修	4～8	9	设计研究

三、实训条件

本课程教学基于导师制，学生分组后由各导师以讲授式、演示式、实践式等组织教学。

四、理论知识

（一）学术道德与学术行为规范

严格遵守《中华人民共和国著作权法》、《中华人民共和国专利法》和《中华人民共和国合同法》等法律规定及各类项目管理办法，充分尊重他人的知识产权，杜绝学术不端行为。

（二）科学研究基本方法论

任何科学研究都受到世界观和方法论的支配，马克思主义哲学为我们进行科学研究提供了世界观和方法论的指导，是进行科学研究的指南。科学研究是一个动态的探究过程，科学研究从学术上的定义是指对一些现象或问题经过调查、验证、讨论及思考，然后进行推论、分析和综合，从而获得客观事实的过程。其一般程序大致分五个阶段：准备工作、形成假说、科学实验与观察、逻辑推理和撰写工作报告与科学论文。

（三）文献检索

文献检索是科研活动中重要的一环，实践性很强。一般来说，文献检索分为四个步骤，即明确查找目的与要求、选择合适的检索工具、确定检索途径与方法以及根据文献线索查阅原始文献。了解常见的文献检索语言，熟悉并掌握常见数据库的检索。

五、实训内容及步骤

采取分组形式，把参加学习的学生基于学业导师制分成若干组，每位导师所带的学生自动分成一组。若某位导师所带学生较多，可以分成两组，建议每组学生不超过8人。在整个学习过程中，每个小组既需要团队合作完成社会实践调查报告，也需要提交个人的科研习作。

（一）调研前准备

1.日常工作准备，主要包括：初拟调查计划，调研经费预算；根据调查研究的目标要求，小组成员分工，建立有效能的组织体制；初步设想研究主题及重点，预定主要实施手段及步骤；初步确定调研活动的时间；选择具体的调查场所。

2.理论准备，主要包括：一是分析正式调研前初步观察和了解到的与课题有关的社会事实，并在此基础上拟定调查提纲；二是查阅有关书籍和资料，结合实际对所确定调研主题进行较深入的理论探讨，以便对问题的性质、重点所在有所了解。

（二）调研活动的开展

1.深入开展调查。调查是否深入，关系到信息调研的成败。要注重四个方面的问题：一是注重调查样本的代表性，二是注重调查对象的多样性，三是注重调查方式的灵活性，四是注重调查作风的深入性。要深入基层，贴近社会现实开展调查，从而掌握翔实的第一手资料。

2.认真分析研究。调查完毕后，要对占有的各类信息和资料进行认真研究，深入分析，进而得出结论，解决问题。一是整理资料，从中找出有代表性、典型性的素材；二是分析资料，对所掌握的材料进行认真深入的分析；三是提炼主题，在整理、分析的基础上，认真提炼调研主题；四是拟定提纲，要以前面整理分析工作为基础，认真拟定调研报告的提纲。

　　3.撰写调研报告。调研报告写作过程中，要力求主题突出，观点鲜明，见解独到。调研报告内容要真实和实在，调研观点要新颖，要在提炼观点上下功夫，要根据实际情况，创新写作思路，多提新观点，多出新主意，力求做到有数据、有典型、有事例、有分析、有对策。

（三）学术论文的写作

　　学术论文的写作是科研人员必须掌握的技能，也是本科生毕业的必修要求。以论文赏析和范文选读为引导，使学生了解撰写学术论文的意义和作用，熟悉学术论文的种类和特点，把握选题的总体原则，明确学术论文的组成要素。建议大一学生首先学习综述类文章的撰写。

（四）总结及评价

　　1.召开小组评议会议。鉴于学生个人在团队活动中的表现，小组提交调研报告后，会召开小组评议会议，给出互评成绩，个人实践报告成绩由自评（20%）、互评（30%）和导师评（50%）三部分组成。

　　2.教师总评。在汇总小组调研报告和个人论文后，教师按照考核标准给出每位同学的成绩。课程结束后，在后续的学业指导中，教师继续引导学生进行相关薄弱点的训练，并对学生给予鼓励。

六、考核方法

　　实训结束后，上交小组调研报告和个人科研论文。考核以个人出勤、小组报告成绩和个人论文成绩综合评定。

　　1.出勤记录10%。要求每位同学按时参加导师安排的集中辅导或分散辅导，有事按照学校有关规定及时请假。无故缺勤者每次扣1分，直至扣完为止。

　　2.调查报告40%。每小组提交一份社会实践调查报告，小组报告评分根据选题是否得当，调查报告的真实性，现象陈述的合理性，问题分析是否深刻、翔实，问题解决措施是否合理到位，报告结构的严密性和逻辑性以及语言表达流畅性等给予评分，要求字数不少于5 000字。

　　3.论文50%。每位学生提交一份学术论文，字数不少于5 000字。导师根据选题意义、写作格式规范、文章内容和结构、论证的严谨性等方面给出成绩，抄袭记0分。

七、思考题

　　1.为什么要恪守学术道德？常见的学术不端行为有哪些？

　　2.如何开展调研，如何撰写调研报告？

　　3.一篇格式规范的学术论文一般包括几部分？

第二章

经济学专业仿真模拟基础

一、实训简介

本实训通过模拟企业的生产经营活动，把企业运营的关键环节——战略规划、资金筹集、市场营销、产品研发、生产组织、物资采购、设备投资与改造、会计核算与财务管理等作为实训的主体内容，把企业运营所处的内外部环境抽象为一系列的规则，由学生组成若干个相互竞争的管理团队，扮演不同的角色，共同面对变化的市场竞争环境，参与企业模拟运营的全过程。本实训集角色扮演、案例分析和专家诊断于一体，可以充分调动学生学习的主动性，检验学生综合运用各学科知识的能力，提高学生解决实际问题的水平。

二、先修课程

西方经济学、管理学、会计学、市场营销。

三、实训项目与课时分配

实训项目与课时分配见表 2-1。

表 2-1 实训项目与课时分配

序号	实训项目	内容提要	实训要求	每组人数	项目学时	实训类型
1	规则介绍	讲解软件操作规则	必修	5～6	1	综合
2	运行示范	在指导教师的带领下进行教学年的企业运营	必修	5～6	1	综合
3	企业运作	学生自主进行沙盘对抗，教师担任裁判角色	必修	5～6	12	综合
4	总结及评价	教师点评	必修	5～6	2	综合

四、实训条件

每 5～6 个学生一台电脑。操作系统为 Windows 8 或 Windows 10，实验使用"公司经济综合实训系统"。

五、理论知识

（一）战略管理

成功的企业一定有着明确的企业战略，包括战略的管理过程、战略分析、企业综合能力管理和核心竞争力分析。从最初的战略制定到最后的战略目标达成，用战略的眼光看待企业的业务和经营，保证业务与战略的一致，在工作中更多地获取战略性成功。

（二）营销管理

营销管理主要包括市场分析与决策、产品组合与市场定位、竞标和投标策略制定、营销策略等。营销管理的实质就是要管理企业的所有行为、所有资源，满足客户的需求，在沙盘模拟过程中，学会分析市场，关注竞争对手，把握消费者需求，制定营销战略，定位目标市场，制订并有效实施销售计划，最终实现企业战略目标。

（三）生产管理

生产管理即生产控制，是对企业生产系统的设置和执行的各项管理工作的总称。在沙盘模拟中，学生需要对企业开展生产计划、生产组织和生产控制的管理工作，把企业的采购管理、生产管理、质量管理统一纳入生产管理领域，最终达到投入少、产出多的管理目标，有效地管理生产过程，从而提高企业的整体竞争力。

（四）财务管理

在沙盘模拟过程中，学生将掌握经营、筹资、投资的管理；在一定的整体目标下，关于资产的购置（投资）、资本的融通（筹资）和经营中现金流量（营运资金）以及利润分配的管理；制定财务制度与风险管理，进行财务分析与协助决策，从而把握企业经营的全局。

（五）信息管理

在沙盘模拟中，学生要对信息资源和信息活动进行管理。信息管理的过程包括信息收集、信息传输、信息加工和信息储存。学生通过使用企业信息系统，能够时刻跟踪企业运营状况，对企业业务运营过程进行控制和监督，及时为企业管理者提供丰富的可用信息。通过沙盘信息化体验，可以感受到企业信息化的实施过程及关键点，从而合理规划企业信息管理系统，为企业信息化做好观念和能力上的铺垫。

六、实训内容及步骤

采取分组模拟对抗的形式，把参加学习的学生分成若干组，即若干个相互竞争的模拟企业，每组五到六人，每组代表一个虚拟企业。在整个学习过程中，每个小组的成员将分别扮演企业中的重要职位，如CEO（执行总经理）、CFO（首席财务官）、市场总监、生产总监等。每组在统一的市场模拟环境中经营一家企业，连续从事6~8个会计年度的经营活动，选择不同的产品策略、市场策略、价格策略和投资策略等一系列策略，保持企业不断发展并获得经营成功。

（一）运营前准备

1.掌握企业基本情况。对企业经营者来说，需要对企业有一个基本的了解，包括股东期望、企业类别、市场概况、产品和生产设施等，了解企业所处的运营环境。

2.学习企业运行规则。企业在一个开放的市场环境中生存，企业之间的竞争需要遵循一定的规则——市场划分与准入、销售会议与订单获取、厂房购买、出售与租赁、生产设备购买、调整与维护及出售、产品研发、原材料采购、产品生产、质量认证、融资贷款、企业综合费用等。总经理组织小组成员认真学习，并将学习中遇到的问题记录下来，由教师进行解释答疑。

（二）企业运营模拟

1.设定初始状态，确立经营目标。教师设置初始状态、发布初始资金及相关信息，学生了解模拟公司所处的宏观经济环境和所在行业特性后，模拟公司依据自己对市场的理解，明确经营理念，设计组织结构，进行职能分工，并确立模拟经营的总体目标。

2.进行市场调研，制定、调整战略。各公司根据自己对未来市场预测情报的需要，进行市场调研，分析竞争对手；各公司本着长期利润最大化的原则，制定、调整企业战略，包括公司战略（大战略框架）、新产品开发战略、投资战略、新市场进入战略和竞争战略。

3.获取订单和进行市场竞争。各公司依据竞争规则和模拟公司制定的营销方案进行公平的市场竞争。市场竞争以竞标的形式出现，市场竞争力由各公司在不同细分市场上的价格定位、广告投入、渠道规模、质量水平以及上年某市场的销售收入决定。根据各公司广告投入及市场竞争力排名决定各公司选择订单的优先顺序，各公司依据本公司的经营策略选择自己认为理想的客户订单。

4.拟定运作计划。各公司依据战略安排和订单情况，根据市场订单的出货要求，拟定各项运作经营计划：融资计划、生产计划、厂房设备投资计划、采购计划、产品市场开发计划、市场营销方案。

5.根据经营计划配置内部资源。各公司依据生产经营计划进行固定资产投资、原材料采购、生产和销售等流程，为生产经营合理配置各项资源。

6.业绩盘点。经营完成之后，各公司将自己的经营成果如实反映在各项报表上，作为业绩考核的依据，主要有交易记录表、综合管理费用表、利润表和资产负债表等。

（三）总结及评价

1.召开期末总结会议。各公司在盘点经营业绩之后，围绕经营成果召开期末总结会议，认真反思本期各个经营环节的管理工作和策略安排，以及团队协作和计划执行的情况。总结经验，吸取教训，改进管理，提高小组成员对市场竞争的把握和对企业系统运营的认识，增强对管理职能的理解。期末总结之后，各小组总经理进行工作述职，以达到相互学习、共同提高的目的。

2.教师总评。在汇总各公司期末经营业绩之后，教师对各公司经营中的成败因素进行深入剖析，提出指导性的改进意见，并针对本期存在的共性问题进行分析与讲解。最后，教师引导学生进行重要知识内容的学习和回顾，并对学生给予鼓励。

七、考核方法

实训结束后，上交小组经营活动记录和个人实训报告。考核以小组运营成绩和个人实训报告评定。

考核标准：

1.企业经营成绩50%。小组成绩以《公司经济综合实训系统》得分排名为依据，要求团队合作、经营活动记录齐全、遵守运作规则。

2.实训报告成绩50%。每人上交一份实训报告，报告应标明课程名称、班级、姓名、学号，并根据实训项目的具体内容，写明实训目的、实训过程、实训的收获和体会等。要求报告中能发现问题、结果分析客观、问题分析合理深刻。

八、思考题

1.企业资源的稀缺性体现在哪些方面？

2.哪些指标能够体现企业综合发展潜力？

3.一个优秀的企业管理者应该具备哪些素质和能力？

九、本课程实训的重点、难点及教学方法建议

重点：学生组建模拟公司，进行沙盘对抗。

难点：根据模拟公司所处的宏观经济环境和所在行业，制定正确的发展战略，并根据竞争对手的反应和公司发展状况，及时准确地做出调整。

　　在仿真模拟实训中，学生是主体。学生运用学习到的经济学和管理学知识，亲自掌控模拟企业的经营决策，改进管理绩效，推动运营进程；教师根据需要对学生进行必要的引导，适时启发学生思考，当学生陷入经营困境时提出建议，并对运营中的核心问题进行解析。

第三章

公司经济实践训练1

一、实训简介

"公司经济实践训练1"要求完成技术经济学的两个实训项目。技术经济学（项目化教学）是经济学专业公司经济方向的专业模块课程，该课程要求学生掌握技术经济分析的基本原理、科学决策的基本理论以及经济效益的评价方法；学会用系统的观点去研究宏微观技术经济问题，对技术方案进行经济效益比较和评选，做出合理判断，为决策提供科学依据，具有极强的应用性、综合性与工具性。

考虑项目所涉及的知识点的广度与深度，本课程设置了四个实训项目，主要围绕不同性质的项目评价来设计，同时突出知识的综合性运用和分析工具的系统化应用。一是"新建工程经济评价"，主要针对生产经营性项目展开，涉及财务评价、国民经济评价、不确定性分析等内容；二是"新建市政工程的成本效益分析"，主要针对公用事业项目展开，涉及社会评价、公用事业项目经济评价；三是"制造企业生产线改造"，要求能够计算设备的各种磨损，选择合理的补偿方式；四是"产品价值分析"，要求掌握价值工程的研究方法，涉及价值工程、技术创新、技术方案综合评价等知识点。

二、先修课程

西方经济学、会计学、管理学。

三、实训项目与课时分配

实训项目与课时分配见表3-1。

表3-1　　　　　　　　　　　　　　　　实训项目与课时分配

序号	实训项目	内容提要	实训要求	每组人数	项目学时	实训类型
1	新建工程经济评价	掌握生产经营项目的经济评价	必修	2～3	8	综合
2	新建市政工程的成本效益分析	掌握公用事业项目的经济评价	必修	2～3	8	综合
3	制造企业生产线改造	能够计算设备的各种磨损，选择合理的补偿方式	必修	2～3	4	综合
4	产品价值分析	掌握价值工程的研究方法	必修	2～3	2	综合

四、项目化教学的组织过程

课程项目化教学模式下，教师作为教学活动的设计者，选择教学项目，设置教学目标，在分析学生和教学资源的基础上，进行项目任务设计，并促进、协调和参与学生的知识构建；学生作为学习的主体，根据教学目标选择学习方法和资源，制订个人学习计划，利用课堂、课外学习场所、网络资源，和教师、同学进行互动学习，完成项目，并形成固化的成果；教师、学生对所完成的项目及时进行评价，反馈于前述环节，以改进教与学。其具体可以分为以下三个阶段。

1.项目准备阶段

教师导入项目，设置项目教学目标，并布置与项目相关的练习，该练习主要针对项目背景以及前期基础知识设计，旨在督促学生进行预习与准备。同时，教师着手组建项目小组，以3人为限。

项目小组以小组为单位收集资料，制订项目计划和方案，并上报教师。教师对小组项目方案进行评价，项目小组经认可方能进入项目实施阶段。

学生个人参与项目小组的讨论，熟悉项目资料，明确任务分工及小组成员合作形式，接受组内同学对其在该阶段表现的评价，并完成教师布置的练习，参加预备知识的测试，达不到要求者不能展开项目学习。

2.项目实施阶段

教师集中讲解与本项目有关的理论知识，并对项目小组的实施进程进行过程控制。教师分阶段请完成进度较快的小组进行汇报，并给予一定的奖励，以此激励各项目小组展开竞争；同时，对各小组进行课外的、有针对性的指导。注意提醒学生及时与团队成员沟通，要善于利用、借鉴其他领域的知识和方法，培养学生的团队合作精神与跨学科、跨专业的创新能力。

项目小组在教师指导下，通过查阅资料、实地调查以及软件分析等手段，解决具体问题，做好研究记录，形成项目成果。

学生按照已确定的工作步骤和程序工作，并接受组内成员的评价。为防止学生由依赖教师转向依赖同学，建立淘汰机制，不认真参与项目者，可以被该项目小组淘汰。

3.项目评价阶段

教师根据小组展示和小组研究报告对项目小组进行评分，将评价结果告知项目小组，通过对比师生评价结果，找出造成结果差异的原因；并在此基础上总结提高，引导学生完成知识迁移。

项目小组对项目成果进行展示，回答教师和其他小组代表的提问。展示中，注意项目小组分工，要求小组成员根据分工集体完成展示。

学生接受个人考核，完成组内互评和小组成果展示；整理资料，形成个人小结。教师根据过程评价、个人考核、组内互评以及小组成果展示，形成项目综合考核成绩。上述教学组织过程见表3-2。

表3-2　　　　　　　　　　　　　**项目化教学的组织过程**

教学过程		教学内容	教学考核
项目准备	教师	1.组建项目小组 2.项目导入，设置目标 3.布置练习	—
	项目小组	收集资料，制订方案	教师评价
	学生	1.参与小组学习 2.完成练习	测试、组内互评
项目实施	教师	1.集中讲解 2.过程控制 3.个别指导	—
	项目小组	小组协作，完成项目	教师评价
	学生	完成项目	组内互评

教学过程	教学内容		教学考核
项目评价	教师	1.评价反馈 2.总结提高	—
	项目小组	1.项目成果展示 2.形成项目报告	组间互评、教师评价
	学生	1.项目成果展示 2.完成个人小结	组内互评、组间互评、教师评价

五、考核方法及标准

实训结束后，上交小组报告和个人实训报告。

1.小组项目报告成绩（60%）。各小组按要求完成四个项目规定的任务，上交项目报告，并由组长说明组内成员各自的贡献。教师分别对四份项目报告评分，取平均分作为小组项目学习得分。

2.个人实训报告成绩（20%）。每人上交一份实训报告，根据实训项目的具体内容，写明实训目的、实训过程、实训的收获和体会等。

3.作业成绩（20%）。根据项目准备阶段的预测题成绩和平时作业综合评定。

4.进行展示的小组可适当加分。表现突出的小组以课堂展示的方式进行交流讲解，并接受教师和同学提问。

实训报告及小组展示评分标准见表3-3。

表3-3　　　　　　　　　　实训报告及小组展示评分标准

小组报告	小组展示			个人报告	总评
	PPT制作	陈述	回答问题		
1.结构完整、层次清晰、图表规范、表达顺畅 2.指标计算正确、论证充分 3.小组分工明确、组织合理、工作效率高	简洁、明确、重点突出、画面格局良好	表述简洁、概念正确、逻辑清晰；衣着正式、表情自然、谈吐得体	回答问题简洁、准确；重要观点正确完整	实训目的明确、原理与步骤正确、内容记录全面、能熟练地综合运用本专业的理论和技能解决实际问题、体会深刻，报告格式规范	优秀
1.结构完整、层次较清晰、图表较规范、表达较顺畅 2.指标计算正确、论证较充分 3.小组分工较明确、组织较合理、工作效率较高	重点较突出、画面格局良好	表述清晰、概念正确、逻辑清楚	回答问题清晰、重要观点正确，没有重大漏洞	实训目的明确、原理与步骤正确、内容记录较全面、能运用本专业的基本理论和基本技能解决相关问题、有一定的体会和感受，报告格式规范	良好
1.结构较完整、层次较清晰、图表较规范 2.指标计算较正确 3.小组分工较明确、组织较合理	一般	概念正确、表述较清晰、逻辑较清楚	回答问题比较清楚、重要观点正确	原理与步骤正确、内容记录较全面、能运用相关理论和技能解决问题、有一定的体会，报告格式基本规范	中等

续表

小组报告	小组展示			个人报告	总评
	PPT制作	陈述	回答问题		
能简单描述、论据较充分	能够制作PPT	表述一般、逻辑一般、概念正确	回答问题一般	实训原理与步骤基本正确、内容记录比较全面、能基本掌握和运用有关理论知识，报告格式基本规范	及格
缺少描述、文字表达差	差	差	差	实训目的不明确、原理与步骤不正确、内容记录不全、没有体会，报告有抄袭现象，报告格式不规范	不及格

实训一　新建工程经济评价

一、实训目的

1.能够识别财务收益和费用，能够收集、预测财务评价的基础数据，准确熟练地编制财务报表，完成财务评价指标的计算与评价。

2.能够识别国民经济评价的费用和效益，完成影子价格及国民经济评价参数的计算；能够在财务评价的基础上完成国民经济费用效益流量表，完成国民经济评价指标的计算与评价。

3.掌握可行性报告的写作规范，培养学生公司运营综合分析能力、规划能力以及决策能力。

二、理论知识

（一）前期要求掌握的知识

1.资金时间价值及等值计算：现金流量的概念，投资及其构成，成本及其构成，销售收入、利润及税金，资金的时间价值及相关概念，资金时间价值及其等值计算。

2.经济效果评价方法：三种经济效果评价指标的计算（时间型经济评价指标、价值型经济评价指标、效率型经济评价指标）、备选方案与经济性评价。

3.不确定性分析：盈亏平衡分析、敏感性分析、概率分析。

（二）本实训项目的知识点

1.项目资金规划与清偿能力分析：项目筹资渠道及其特点、资金成本计算、项目筹资决策、还款方式及还款付息额的计算、项目清偿能力分析。

2.项目财务盈利能力分析：全投资财务效果评价，自有资金财务效果评价，相关盈利指标计算，创汇、节汇能力及外汇平衡分析，不确定性分析。

3.国民经济评价费用和效益的识别与分类。

4.国民经济评价的影子价格及评价参数：确定影子价格的基本方法、一般货物的影子价格、影子汇率的计算方法、贸易费用率计算、特殊投入物的影子价格。

5.国民经济效果评价：国民经济评价步骤、国民经济评价指标体系、国民经济评价报表。

6.可行性研究报告的写作规范。

三、实训教学的重点及难点

重点：可行性研究报告的写作规范；收集财务数据、编制财务报表、财务评价指标的计算与评价；国民经济评价的费用和效益识别、影子价格及国民经济评价参数计算、编制国民经济费用效益流量表、国民经济评价指标的计算与评价。

难点：编制财务报表；影子价格及国民经济评价参数计算、编制国民经济费用效益流量表。

四、实训内容

小组合作，研读一份可行性研究报告，并对该报告中的财务评价和国民经济评价部分进行分析，提交研究报告。

完成以下任务：

1.分析该项目的财务偿债能力、财务盈利能力及不确定性。

2.指出该项目国民经济评价是否可行。

3.对该项目的经济评价做出结论。

要求介绍项目背景，论证清晰、逻辑严谨、图表准确、文字规范。

五、实训步骤

1.课堂集中讲解相关理论知识的重点和难点，布置本次实训任务。本课程采取项目化教学，要求学生做好项目前准备，认真预习，熟悉项目资料，明确任务分工及小组成员合作形式；项目实施中，按照已确定的工作步骤和程序工作。

2.学生组建团队。2~3人为一个小组，自愿组合，明确成员之间的任务分工。

3.小组讨论并确定研究项目后，集体研读所收集的资料，熟悉待分析的项目背景，分析需要解决的问题。

4.完成财务评价。

（1）根据资料提供的信息，归纳整理基础财务报表，主要有投资估算表、借款还本付息表、成本费用表、利润表等。

（2）分析财务评价所需报表，主要包括现金流量表、资产负债表、资金来源与运用表、财务外汇平衡表等。

（3）根据财务净现值、财务内部收益率、财务动态投资回收期等财务评价所需指标，判断项目财务可行性。

5.完成国民经济评价。

（1）识别国民经济评价的费用和效益，完成影子价格及国民经济评价参数的计算。

（2）在财务评价的基础上完成国民经济费用效益流量表，完成国民经济评价指标的计算与评价。

（3）判断项目国民经济可行性。

6.不确定性分析，包括盈亏平衡分析、敏感性分析和概率分析。

7.研究报告写作。

8.教师点评与总结，各小组进行汇报与交流。

六、思考题

1.国民经济评价与财务评价的主要不同点有哪些？

2.投资项目国民经济评价中，如何识别费用和效益？

七、实训报告模板

××工程经济评价报告

一、项目介绍

说明建设项目提出的背景和项目概况，包括投资方概况，机会分析，市场需求状况，项目实施的基本条件，公司目标等。

二、基础数据

主要基础数据介绍，包括总投资与资金筹措、投资估算、流动资金、销售收入及生产情况、人员及工资福利、产品成本及构成、税金及利润等。

三、财务评价

1.盈利能力分析。

根据"现金流量表（全部投资）""现金流量表（自有资金）"分别计算出全部投资和自有资金的所得税后财务内部收益率（FIRR）、财务净现值、投资回收期。

根据"工程投资估算表""利润表"计算项目的投资利润率、投资利税率和资本金利润率。

项目财务净现值均大于零，且各项财务指标均大于行业基准水平，盈利能力满足行业要求。

2.清偿能力分析。

根据"借款还本付息计算表""资金来源与运用表""资产负债表"计算项目建设投资借款偿还期内各年的财务状况及偿债能力，计算资产负债率、流动比率和速动比率，然后据此判断项目是否具有良好的偿债能力。

3.不确定性分析。

4.结论。

整理财务评价经济指标（示例见表3-4），从财务角度判断项目是否可行。

表3-4　　　　　　　　　　××项目财务评价经济指标

序号	项目	指标
1	机组容量	2*600MW
2	项目总投资（动态）	21 454万元
3	建设期利息	8 469万元
4	达产年流动资金	8 469万元
5	财务内部收益率	
	其中：全部投资	8.63%
	自有资金	10.25%

续表

序号	项目	指标
6	财务净现值 其中：全部投资	 53 711万元
	自有资金	49 599万元
7	投资回收期 其中：全部投资 自有资金	 11.8年 13.2年
8	投资利润率	11.52%
9	投资利税率	14.82%
10	资本金利润率	48.10%

资料来源：徐莉，陆菊春，张清. 技术经济学［M］. 武汉：武汉大学出版社，2016.

四、国民经济评价

（一）调整效益和费用的范围及数值，编制项目的效益费用流量表

在项目财务评价的基础上，再进行国民经济评价。首先，对效益和费用的范围进行调整。分析效益和费用中的转移支付，识别间接效益和间接费用，对能定量的进行定量计算，不能定量的进行定性分析。

其次，对效益和费用的数值进行调整，主要包括固定资产投资的调整、经营费用的调整和销售收入调整。项目涉及外汇时，应用影子汇率计算外汇借款的成本。

最后，编制项目的效益费用流量表。

（二）经济盈利能力

根据相应的国民经济评价报表计算经济净现值（ENPV）、经济净现值率（ENPVI）和经济内部收益率（EIRR），判断项目的经济盈利能力。

（三）国民经济外汇效果

计算经济换汇成本（EFC）和经济节汇成本，判断项目的国民经济外汇效果。

（四）结论

整理国民经济评价指标，从国民经济角度判断项目是否可行。

五、××项目经济评价结论

撰写结论。

实训二　新建市政工程的成本效能分析

一、实训目的

1.能够识别公用事业项目的收益与成本。

2.能够完成公用事业项目方案的评价与选择。

二、理论知识

1.公用事业项目概述。

2.公用事业项目的收益与成本：分类及识别、计算原则。

3.公用事业项目评价方法：成本收益分析法、成本效用分析法。

三、实训教学的重点及难点

公用事业项目的收益与成本的识别、成本效益分析法、成本效用分析法的运用。

四、实训内容

小组合作，设计某新建市政工程评价的调查方案。完成以下任务：

1.分析项目的利益相关者。

2.分析各利益相关者的成本、收益/效用。

3.设计调查方案，说明如何获得评价所需相关数据。

要求介绍项目背景，论证充分、逻辑严谨、图表准确、文字规范，调查方案具有可操作性。

五、实训步骤

1.小组讨论并确定研究项目后，集体分析需要解决的问题，明确该市政工程要实现的目标；

2.分析项目的利益相关者；

3.分析各利益相关者的成本、收益/效用，确定反映效能水平的计量指标；

4.设计调查方案，说明如何获得评价所需相关数据；

5.调查方案写作；

6.教师点评与总结，各小组进行汇报与交流。

六、思考题

1.公用事业项目包括哪些领域？

2.什么是项目PPP模式？它有哪些优点和缺点？

七、实训报告模板

××市政工程评价报告

（一）项目介绍

说明建设项目提出的背景和项目概况。

（二）不同利益相关者成本–收益/效用分析

在项目的建设过程中，利益相关者的角色不同，受益或受损的情况也相差悬殊。利益相关者，尤其是受损的利益相关者的观念、行为在很大程度上会影响到项目的进展，因此，深入分析项目给其带来的利弊，提出化解冲突的最佳方法，才能保证项目的顺利实施和利益最大化。分析中可列表格，见表3-5。

表3-5　　　　　　　　　　　××垃圾填埋场利益相关者分析

利益相关者	实施项目后收益	实施项目后损失	利弊对比
政府	环境得到改善，有利于人民安居乐业，地区经济发展	失地人民的妥善安置	受益利益相关者
项目办	项目营运带来的相关收入	人力、物力、财力的投入	受益利益相关者
选址所在村委会	征地带来的部分经济收入	配合参与部分工作	受益利益相关者
选址周边村民	留在村集体的征地补偿款建设村内生活生产设施带来的便利	环境可能被污染	受损利益相关者
被征地者（对土地依赖性较大）	获得征地补偿款	失去土地，减少了收入来源的依靠	受损利益相关者
被征地者（对土地依赖性较小）	获得征地补偿款	失去土地，减少了收入的来源	受损利益相关者
被拆迁者	不直接受益	搬迁期间带来的不便，原有社会网络的断裂	受损利益相关者
城区居民	良好的环境	垃圾处理费的增长	受益利益相关者

（三）调查方案的设计

调查的主要利益相关者及方法有：

1.城区居民。主要采用问卷调查的方法，在项目每个选址地区随机调查50个样本，共100个样本。了解城区居民对于环境现状的看法、项目的支持度、垃圾处理费的支付意愿。

2.项目办及政府。采用座谈会的方法，包括项目办、业主单位、环保局、国土资源局等与项目相关机构，了解其对项目实施带来的影响、冲突等问题的看法。

3.选址周边村民。采用个体访谈、问卷调查方法，每个选址所在村及邻近村随机调查20个样本，共计40个样本。了解村民对项目的态度、意见和建议。

4.被征地者。采用问卷调查、个体访谈、座谈会的调查方法，抽样比例一般为征地影响人口的20%，若征地影响人口较少，则全部调查，两地合计调查农户20户。了解征地村民对于项目建设的态度、生机来源以及安置意愿。

5.被拆迁者。采用问卷调查、个体访谈、座谈会的调查方法，采用百分之百的调查比例，两地合计调查68户，拆迁企业3家。了解拆迁户对于项目建设的态度、住宅及设施情况以及安置意愿。

实训三 制造业企业生产线改造

一、实训目的

1.理解设备的折旧和设备的经济寿命，掌握各自的计算方法。

2.了解设备磨损的分类及补偿方式。

3.掌握设备更新方案的选择。

4.掌握设备租赁与购买的选择。

二、理论知识

1.设备磨损的分类及度量、设备磨损的补偿。

2.设备经济寿命的计算原理和计算方法。

3.设备更新、大修及现代化改装的决策方法。

4.设备租赁的技术经济分析。

三、实训教学的重点及难点

设备更新决策、设备租赁分析、设备的经济寿命计算。

四、实训内容

小组合作，选择一个制造业企业生产线改造的案例，撰写案例分析报告。

完成以下任务：

1.相关背景介绍。要求区域、行业、公司、事件等相关背景内容详实充分。

2.生产线改造案例主体介绍。要求陈述客观平实、所述内容及相关数据完备，改造方案选择的流程清晰（各更新方案各年分项费用原始资料收集、设备更新投资收益表分析、不同服务年限各方案总费用的计算、对所提出的各种方案进行评价并选择）。

3.案例研究结果、研究发现与讨论。要求运用合理的分析工具和方法，对案例进行深入分析，总结所分析案例的具体利弊，并进行相关问题的延伸性思考。

写作中，要求论证清晰、逻辑严谨、图表准确、文字规范。

五、实训步骤

1.小组讨论并确定研究项目后，集体研读所收集的资料，熟悉待分析的项目背景，分析需要解决的问题。

2.研究报告写作。

3.小组汇报与交流，教师点评与总结。

六、思考题

1.怎样选择设备更新时机？

2.设备融资租赁和经营租赁的主要区别在哪里？在进行租购决策分析时应该如何处理？

实训四　产品价值分析

一、实训目的
掌握价值工程的原理和实施步骤，熟悉功能分析原理和功能评价方法。

二、理论知识
1.价值工程的基本原理和基本概念。

2.价值工程的实施步骤和方法：研究对象选择、情报收集、功能分析与功能评价。

3.方案的创造与评价，方案的综合选择。

三、实训教学的重点及难点
重点：价值工程的实施步骤，功能分析与研究对象选择，方案创新与评价。

难点：功能分析与研究对象选择，方案创新与评价。

四、实训内容
小组合作，选择一个价值工程案例，撰写案例分析报告。

完成以下任务：

1.相关背景介绍：区域、行业、公司、事件等相关背景内容详实充分。

2.价值工程案例主体介绍：陈述客观平实、所述内容及相关数据具备完整性和一致性。

3.案例研究结果、研究发现与讨论：要求运用合理的分析工具和方法，对案例进行深入分析，总结所分析案例的具体利弊，并进行相关问题的延伸性思考。

写作中，要求论证清晰、逻辑严谨、图表准确、文字规范。

五、实训步骤
1.小组讨论并确定研究项目，集体研读所收集的资料，分析需要解决的问题。

2.研究报告写作。

3.小组汇报与交流，教师点评与总结。

六、思考题
1.提高产品价值的主要途径有哪些？

2.试举例说明新产品开发中的价值分析的重要性。

第四章

贸易经济实践训练1

一、实训简介

"物流学"（项目化教学）是经济学专业贸易经济方向的专业模块课程，该课程要求学生掌握物流学的基本原理、分析问题的基本理论以及实践应用的科学方法；让学生熟悉整个物流活动（包装、装卸搬运、储存、运输、流通加工、配送、物流信息管理等）过程，学会用系统的观点去研究物的动态流转过程问题，掌握城市物流、区域物流专业知识，提高应用能力。

本课程设置了四个实训项目：一是"物流业务流程调查与设计"，主要根据物流系统的要求，设计出物流系统的运行机制，学会分析企业物流业务流程及改进；二是"物流配送中心调查与设计"，主要掌握制造企业、流通企业和物流企业的配送中心流程设计，实现物流配送合理化；三是"物流园区规划与设计"，要求掌握物流园区规划与设计的理论、方法；四是"区域物流产业规划与设计"，要求掌握区域物流体系建设的结构模式，区域物流产业规划与设计。

二、先修课程

西方经济学、贸易经济学。

三、实训项目与课时分配

实训项目与课时分配见表4-1。

表4-1　　　　　　　　　　　　　实训项目与课时分配

序号	实训项目	内容提要	实训要求	每组人数	项目学时	实训类型
1	物流业务流程调查与设计	掌握物流业务流程设计的原理、方法	必修	4～5	4	综合
2	物流配送中心调查与设计	掌握物流配送中心设计的原理、方法	必修	4～5	4	综合
3	物流园区规划与设计	掌握物流园区规划与设计的原理、方法	必修	4～5	4	综合
4	区域物流产业规划与设计	掌握区域物流产业规划与设计的原理、方法	必修	4～5	4	综合

四、考核方法及标准

实训结束后，上交小组报告和个人实训报告。

1.小组项目报告成绩（60%）。各小组按要求完成4个项目规定的任务，上交项目报告，并由组长说明组内成员各自的贡献。教师分别对四份项目报告评分，取平均分作为小组项目学习得分。

2.个人实训报告成绩（20%）。每人上交一份实训报告，根据实训项目的具体内容，写明实训目的、实训过程、实训的收获和体会等。

3.作业成绩（20%）。

实训一　物流业务流程调查与设计

一、实训目的

1.熟悉物流信息管理软件，掌握物流业务操作程序，熟悉整个物流活动（运输、储存、包装、装卸搬运、流通加工、配送等）过程，掌握组织物流活动的知识。

2.掌握实训报告的写作规范，培养学生对物流业务的综合分析能力、设计能力以及决策能力。

二、实训教学的重点及难点

实训报告的写作规范；运输及运输技术、装卸搬运、包装及包装技术、储存、流通加工、配送和物流信息等业务流程的设计与评价。

三、实训内容

小组合作，调查一家物流企业，并对该企业的物流业务进行分析，提交实训报告。

完成以下任务：

1.企业的经营情况；

2.企业的业务流程；

3.企业的物流改进。

要求介绍项目背景，论证清晰、逻辑严谨、图表准确、文字规范。

四、实训步骤

1.学生组建团队。4～5人为一个小组，自愿组合，明确成员之间的任务分工。

2.展开实地调查，完成企业物流业务的设计与改进。

3.实训报告写作。

4.教师点评与总结，各小组进行汇报与交流。

五、思考题

企业物流业务中常见的问题有哪些？怎样改进？

实训二　物流配送中心调查与设计

一、实训目的

掌握物流配送中心的功能、作业流程、装卸搬运合理化、配送中心成本分析等知识。

二、实训教学的重点及难点

重点：配送中心的选址条件、配送中心的运作模式、配送中心的功能改善。

难点：配送中心的功能改善措施。

三、实训内容

小组合作，调查一家物流配送中心，并对该配送中心的业务流程进行分析，提交实训报告。

完成以下任务：

1.配送中心的经营情况介绍；

2.配送中心的选址条件介绍；

3.配送中心的运作模式介绍；

4.配送中心的功能改进介绍。

要求介绍项目背景，论证清晰、逻辑严谨、图表准确、文字规范。

四、实训步骤

1.学生组建团队。4～5人为一个小组，自愿组合，明确成员之间的任务分工。

2.实地调查，完成配送中心设计与改进的调研任务。

3.实训报告写作。

4.教师点评与总结，各小组进行汇报与交流。

五、思考题

1.配送中心的选址条件是什么？

2.配送中心的运作模式有哪些？

3.配送中心业务中存在的问题与改进措施有哪些？

实训三　　物流园区规划与设计

一、实训目的

掌握物流园区的功能、布局、定位、可行性分析等知识。

二、实训教学的重点及难点

重点：物流园区的空间布局、目标定位、运作模式和功能改善。

难点：物流园区的功能改善措施。

三、实训内容

小组合作，完成一家物流园区的调研，对该物流园区的基础条件、功能定位、运作模式进行分析，提交实训报告。

完成以下任务：

1.物流园区的经营情况介绍；

2.物流园区的空间布局介绍；

3.物流园区的运作模式介绍；

4.物流园区的功能改进介绍。

要求介绍项目背景，论证清晰、逻辑严谨、图表准确、文字规范。

四、实训步骤

1.学生组建团队。4～5人为一个小组，自愿组合，明确成员之间的任务分工。

2.实地调查，完成物流园区设计与改进的调研任务。

3.实训报告写作。

4.教师点评与总结，各小组进行汇报与交流。

五、思考题

1.物流园区的空间布局要考虑哪些因素？

2.物流园区的运作模式有哪些？

3.物流园区的目标定位是什么？

4.物流园区经营中存在的问题与改进措施有哪些？

实训四　区域物流产业规划与设计

一、实训目的

掌握区域物流产业的基础条件、战略定位、发展目标、规划程序等知识。

二、实训教学的重点及难点

重点：区域物流产业的基础条件、发展目标、战略定位和主要任务。

难点：区域物流产业发展的对策措施。

三、实训内容

小组合作，完成一个区域的物流产业调查，对该区域物流产业的功能定位、发展目标、改善措施进行分析，提交实训报告。

完成以下任务：

1.区域物流产业的基础条件介绍；

2.区域物流产业的战略定位介绍；

3.区域物流产业的发展目标介绍；

4.区域物流产业发展的对策措施。

要求介绍项目背景，论证清晰、逻辑严谨、图表准确、文字规范。

四、实训步骤

1.学生组建团队。4~5人为一个小组，自愿组合，明确成员之间的任务分工。

2.实地调查，完成区域物流产业设计与改进的调研任务。

3.实训报告写作。

4.教师点评与总结，各小组进行汇报与交流。

五、思考题

1.区域物流产业的基础条件有哪些？

2.区域物流产业的战略定位是什么？

3.区域物流产业的发展目标是什么？

4.区域物流产业发展中存在的问题有哪些？相应的对策措施是什么？

第五章

经济学课程项目化实践训练1

一、实训简介

"经济学课程项目化实践训练1"是关于区域经济学和产业经济学的课程实训。区域经济学是一门理论性与实践性密切结合的课程，学科的交叉性、综合性特点十分明显。通过讲授区域经济的发展规律和区际的经济联系，以及区域布局与决策等基本经济理论，培养学生运用区域经济理论，分析和解决区域经济问题，制定区域发展规划或战略的能力。本课程设置了两个实训项目：一是"区域经济产业结构分析"，对区域产业结构进行多角度、多层次定量分析评价，了解掌握已形成的区域产业结构的现状和存在的问题，提出相应对策；二是"区域经济发展比较分析"，区域经济发展与区域产业结构转变密不可分，区域经济发展主要受区域产业结构变动影响，通过区域产业结构静态比较、动态比较等方法比较分析不同城市产业结构特征及区域经济发展水平。

产业经济学要求学生理解产业经济学的基本理论、掌握产业经济分析的基本方法，通过研究产业内企业之间的关系，为各级政府制定科学合理的产业组织政策和反垄断与政府管制政策提供理论依据；同时，通过学习产业演进、产业布局、产业关联、产业生态与产业安全等理论知识，能评价产业结构合理性、产业政策有效性，提高产业间的投入产出效率，为建立安全、生态和可持续发展的经济政策提供科学依据。本课程设置了两个实训项目：项目一是"嘉兴××行业的SCP分析"，主要从产业组织的视角，选取具有一定垄断特征的产业，分析其市场结构-市场行为-市场绩效之间的逻辑关系；二是"典型产业集群的调查"，了解某一产业集群形成的历史，剖析其竞争优势，理解产业竞争力和产业区域布局理论的科学性，为以后能引导扶持产业集群健康可持续发展提供更多的实践探索。

二、先修课程

微观经济学、宏观经济学、政治经济学、经济数学。

三、实训项目与课时分配

实训项目与课时分配见表5-1。

表5-1 实训项目与课时分配

序号	实训项目	内容提要	实训要求	每组人数	项目学时	实训类型
1	区域经济产业结构分析	掌握产业结构效益评价	必修	1	4	综合
2	区域经济发展比较分析	掌握产业结构相似系数和专业化指数的评价	必修	1	4	综合
3	嘉兴××行业的SCP分析	掌握结构-行为-绩效分析的基本方法	必修	3~5	4	综合
4	典型产业集群的调查	理解集群竞争优势的理论与政策逻辑	必修	3~5	4	综合

四、考核方法及标准

（一）考核方法

　　每一次实践训练结束后，上交一份小组报告并附小组成员个人贡献度比例，该比例由组长根据小组成员的实际贡献打分，最高是100%，最低是0%。每个成员的成绩是根据小组报告成绩乘以贡献度来计算的，四次实训项目报告的个人得分的平均分为个人的最终得分。

（二）考核标准

　　1.小组报告要求写明实训项目名称、目的、实训内容、分析方法与过程、基本结论、政策建议和实训的收获与体会等。

　　2.实训项目报告成绩=报告本身质量水平成绩+个人汇报展示与交流成绩。

　　3.进行展示时，要能清楚完整地表达报告的内容和观点，并接受教师和其他同学提问，小组成员都可以参与回答。

表5-2　　　　　　　　　**"经济学课程项目化实践训练1"考核评分标准**

考核依据	建议分值	考核/评价细则
1.结构完整、层次清晰、图表规范、表达顺畅 2.指标计算正确、论证充分 3.小组分工明确、组织合理、工作效率高	90～100	PPT制作：简洁、明确、重点突出、画面布局良好 陈述：表述简洁、概念正确、逻辑清晰；衣着正式、表情自然、谈吐得体 互动与交流：回答问题简洁、准确；重要观点正确完整 个人汇报：实训目的明确、原理与步骤正确、内容记录全面、能熟练地综合运用本专业的理论和技能解决实际问题、体会深刻，报告格式规范
1.结构完整、层次较清晰、图表较规范、表达较顺畅 2.指标计算正确、论证较充分 3.小组分工较明确、组织较合理、工作效率较高	80～89	PPT制作：重点较突出、画面布局良好 陈述：表述清晰、概念正确、逻辑清楚 互动与交流：回答问题清晰、重要观点正确，没有重大漏洞 个人汇报：实训目的明确、原理与步骤正确、内容记录较全面、能运用本专业的基本理论和基本技能解决相关问题，有一定的体会和感受，报告格式规范
1.结构较完整、层次较清晰、图表较规范 2.指标计算较正确 3.小组分工较明确、组织较合理	70～79	PPT制作：重点不够突出、内容展示一般 陈述：概念正确、表述较清晰、逻辑较清楚 互动与交流：回答问题比较清楚、重要观点正确 个人汇报：原理与步骤正确、内容记录较全面、能运用相关理论和技能解决问题、有一定的体会，报告格式基本规范
1.能简单描述分析内容 2.论据较充分	60～69	PPT制作：能够制作PPT 陈述：表述一般、逻辑一般、概念正确 互动与交流：回答问题一般，互动不多 个人汇报：实训原理与步骤基本正确、内容记录比较全面、能基本掌握和运用有关理论知识，报告格式基本规范
1.缺少描述、文字表达差 2.描述内容偏离主题	0～59	PPT制作：格式不规范，错误多 陈述：语言逻辑混乱，词不达意 互动与交流：没有互动交流 个人汇报：实训目的不明确、原理与步骤不正确、内容记录不全、没有体会，报告有抄袭现象，报告格式不规范

实训一　区域经济产业结构分析

一、实训目的

1.了解区域经济产业结构与区域经济发展水平的联系，掌握区域经济产业划分方法和定量分析方法。

2.掌握以标准结构法和相似性系数法来定量评价分析区域产业结构，衡量产业结构演进水平。

二、理论知识

1.区域产业划分方法。

2.产业结构演进规律。

3.区域产业结构度量方法：标准结构法，产值结构、劳动力结构和比较劳动生产率等；相似系数法。

三、实训教学的重点及难点

重点：掌握区域产业结构演进规律和度量方法，学会应用这些方法来分析区域产业结构的特征并撰写分析报告。

难点：区域产业相关数据的收集和处理，利用走访调查和统计年鉴，能为分析报告提供坚实的数据基础。

四、实训内容

浙江区域块状经济特征明显，有许多有着较高知名度和影响力的区域产业集群。选取一个县级以上城市，通过查阅统计年鉴或者实地走访收集该城市主要产业相关统计数据，描述这些主要产业发展现状，通过标准结构法、相似系数法等方法定量分析该区域主要产业结构特征，分析现有区域产业结构存在的问题并提出对策建议。

1.城市主要产业有哪些？主导产业是哪个？简述它们的发展现状。

2.区域产业结构度量指标有哪些？各指标的优缺点是什么？

3.区域产业结构的各度量方法需用到哪些数据？其处理需注意的事项有哪些？

4.区域产业结构合理化评价及其注意事项有哪些？

5.区域产业结构高级化评价及其注意事项有哪些？

6.政策建议有哪些？

五、实训步骤

1.布置本次实训任务。本次实训要求学生做好项目前准备，认真预习，熟悉项目资料，明确任务分工及小组成员合作形式；项目实施中，按照已确定的工作步骤和程序工作。

2.学生组建团队。3~5人为一个小组，自愿组合，成员之间有合理细致的任务分工。

3.明确实训项目选题。在了解本次实训所需要的相关理论知识的基础上，能初步拟定有一定的理论意义和实际价值的选题。

4.小组讨论并确定研究项目后，集体研读所收集的资料，熟悉待分析的项目背景，分析需要解决的问题。

5.撰写区域经济产业结构分析报告。

（1）根据调查资料和统计年鉴等提供的信息，收集和处理基础数据、典型案例等。

（2）分析研究对象区域产业结构特征，在定量评价的基础上分析其存在的问题，提出区域产业结构改进方向和路径。

（3）基于上述定量分析，提出相应优化区域产业结构的对策建议。

6.教师点评与总结，各小组进行汇报与交流。

六、思考题

1.区域产业结构与区域经济发展的关系如何？

2.区域产业结构与区域要素禀赋的关系如何？

实训二　区域经济发展比较分析

一、实训目的

1.掌握区域经济发展阶段的划分方法。

2.运用区域产业结构比较理论来分析各区域经济发展水平，比较其差异性。

二、理论知识

1.区域产业划分方法。

2.区域经济发展阶段划分方法。

3.区域产业结构比较理论：区域产业结构的静态比较，包括非农产业发展水平的区域比较、制造业构成技术水平的区域比较等；区域产业结构的动态比较，包括产业结构变化指数、专业化指数等。

三、实训教学的重点及难点

重点：掌握区域产业结构比较理论，学会应用这些理论来比较分析区域经济发展水平并撰写分析报告。

难点：区域产业相关数据的收集和处理。

四、实训内容

选取至少2个同区域县级以上城市，收集这些城市主要产业3年以上相关统计数据，描述这些主要产业的发展现状，通过区域产业结构静态比较和动态比较等方法比较不同城市产业结构特征及区域经济发展水平，分析这些城市现有区域产业结构存在的问题，并提出对策建议。

1.这些城市主要产业有哪些？主导产业是哪些？简述它们的发展现状。

2.区域产业结构静态比较、动态比较指标有哪些？各指标的优缺点是什么？

3.区域产业结构比较需要用到哪些数据？其处理需注意哪些事项？

4.进行区域产业结构静态比较。

5.进行区域产业结构动态比较。

6.在区域产业结构比较基础上分析不同区域经济发展水平，指出当前区域经济发展中存在的问题，并提出相应的对策建议。

五、实训步骤

1.布置本次实训任务。

2.学生组建团队，3～5人为一个小组。

3.明确实训项目选题。

4.撰写区域经济发展比较分析报告。

（1）收集数据和资料。

（2）比较研究对象区域产业结构和区域经济发展水平，在定量分析基础上指出其存在的问题，提出区域产业结构和区域经济发展提升方向和路径。

（3）提出相应对策建议。

5.教师点评与总结，各小组进行汇报与交流。

六、思考题

1.简述区域经济发展阶段性特征。

2.区域经济主导产业如何选择？选择指标有哪些？

实训三　××行业的SCP分析

一、实训目的

1.通过学习，了解SCP分析的前提条件、基本思路和基本方法。

2.以结构-行为-绩效方法，描述某一产业的发展状态，评估产业的竞争强度、上下游关系等结构特征。

3.考察产业内企业的市场行为，以把握产业的盈利能力、绩效水平和挖掘投资机会。

二、理论知识

（一）市场结构

1.市场集中度指标构建与测度方法。

2.产品差异化分析与测度。

3.进入与退出壁垒的基本内容。

（二）市场行为

1.价格行为：价格竞争行为和价格协调行为。

2.非价格行为：产品政策、技术开发、销售行为。

3.组织协调行为：企业内部和外部的协调行为。

（三）市场绩效

1.宏观市场绩效：资源配置效率、技术进步效率、规模结构效率。

2.微观市场绩效：X非效率、企业投资效率。

三、实训教学的重点及难点

重点：掌握SCP分析的基本思路和基本方法，学会应用该方法来分析具体产业的特征并撰写产业分析报告。

难点：相关产业数据的调研和收集。

四、实训内容

利用SCP范式，撰写产业分析报告。要求：选取一个具有一定市场势力的寡头垄断产业，收集该产业发展的实际数据，分析该产业组织的结构性特征；选取具有代表性的几个大企业，分析它们的市场行为，并从企业和产业的视角，分析该产业的市场绩效。报告写作中，注意回答以下问题：

1. 产业市场集中度的测度指标有哪些？如何界定各指标的优缺点？
2. 集中度测量的主要步骤和注意事项有哪些？
3. 市场行为的主要内容包括哪些？
4. 各市场行为的相互影响机制是什么？
5. 市场绩效的测度方法和各方法有哪些优点与不足？
6. 政策建议有哪些？根据SCP分析的结论，指出当前该产业发展的不足之处，结合提升产业绩效的根本目标，提出相应的政策建议。

五、实训步骤

1. 布置本次实训任务。
2. 学生组建团队，3～5人为一个小组。
3. 明确实训项目选题。
4. 撰写产业分析报告。

（1）根据资料提供的信息，归纳整理基础数据，基本事实和典型案例等。

（2）分析研究对象产业的结构-行为-绩效的发展变迁历史，并结合现状特征，提出影响市场绩效水平的经济学因素。

（3）评价研究对象产业未来的发展趋势和投资机会。

5. 教师点评与总结，各小组进行汇报与交流。

六、思考题

1. SCP分析方法的科学性和局限性体现在哪里？
2. 市场结构如何影响企业创新？如何理解企业间的开放式创新模式？

实训四　　××产业集群的调查

一、实训目的

1. 通过实地调研，了解产业集群发展的历史渊源和演进轨迹，熟悉产业的结构特征和价值链构成，理解产业集群和区域经济发展的相互关系。

2. 通过调查，能够分析产业集群发展的动力、优势和劣势，指出影响产业集群升级的制约因素，能为地方经济的发展提供相关意见和建议。

二、理论知识

1. 产业集群研究的代表性理论。
2. 产业集群的基本特征及形成类型。

3.产业集群和工业园区建设在地方经济及产业发展中的作用。

三、实训教学的重点及难点

重点：了解产业集群演进与变迁的历史脉络，分析当前时期产业集群的竞争优势，明确推动产业集群竞争力提升的具体路径和对策。

难点：深入调研产业集群中企业发展的相关数据，构筑产业集群竞争力指标体系并收集相关产业数据。

四、实训内容

以小组为单位，选择嘉兴具有代表性的产业集群进行社会调查，实地了解其具体运作模式，撰写调研报告。报告应包含以下内容。

1.××产业集群的发展状况：包括发展现状和发展历史轨迹。

2.××产业集群的基本特征：区位特征，产业链特征，集群企业间的网络分工与协作，集群本身或集群内代表性企业的技术装备水平与创新能力，集群的品牌影响力，集群产品的主要市场流向与变迁，行业协会、科研院所、政府等外部组织机构对产业集群的影响机制。

3.××产业集群升级的对策建议。

4.推动产业集群升级的具体路径。

五、实训步骤

1.小组讨论，确定调研的对象。制订调查计划，讨论制定访谈及调查的大纲，包括调查目的、范围、目标、内容和方法等。

2.设计问卷并进行实地调查。要求学生认真走访企业、行业协会，政府机关等部门，广泛收集数据。调查内容主要包括集群名称、所属行业、集群企业总数、主导产品、从业人员、营业收入、利税、协会（商会）、知名品牌数目、公共技术平台，产业集群内企业获得的中国驰名商标、中国名牌产品数目等基本数据指标。在此基础上，针对有代表性的部门开展重点调查。

3.对调查掌握的资料加以整理归类，并保存调查原始记录。

4.加工整理资料，完成调研报告。

5.汇报与交流，结合报告撰写质量和汇报情况，指导老师酌情评价打分。

六、思考题

1.产业集群竞争优势如何体现？不同历史时期构筑产业集群竞争优势的要素会怎样变动？如何克服？

2.构造产业竞争力评价指标体系应注意哪些原则？

3.嘉兴能否复制一个中关村或硅谷产业集群？为什么？

七、实训报告参考模板

中国移动通信产业的SCP分析

（一）本次分析报告的目的

改革开放以来，通信事业特别是移动通信事业快速发展，通信产业从无到有，从2G、3G、4G到5G，成为最具潜力且增长最快的行业之一。本文以我国移动通信产业的三家运营商——中国移动、中国电信、中国联通为主要研究对象，利用西方产业组织理论的"市场结构−市场行为−市场绩效"（SCP）分析范式，研究我国移动通信产业市场结构的变化，并分析这些变化会对运营商的市场行为产生怎样的影响，从而导致市场绩效发生了怎样的变化。最后，给出中国移动通信产业的发展建议。

（二）主要理论知识

产业组织理论哈佛学派构建了现代产业组织的描述性研究范式，即市场结构（structure）、市场行为（conduct）、市场绩效（performance）分析框架，简称SCP范式。SCP范式假定可以对市场绩效进行客观的度量，并认为市场绩效取决于市场行为，而市场行为又取决于市场结构。由于存在这种单向的决定关系，可以用市场结构来解释市场绩效。

根据SCP范式，企业产品的价格P与其边际成本MC的关系以及经济利润的大小取决于市场结构。因此，在垄断产业中，企业具有市场力量，可以将价格提高到边际成本以上，从而获得经济利润，资源配置效率越低，市场绩效也就越差。企业之间的竞争程度越高，企业的市场势力就越小，价格越接近边际成本，难以获得经济利润。资源配置效率比较高，市场绩效好。

（三）案例分析的重点及难点

重点：梳理中国移动通信行业的发展历史，了解移动通信行业的市场结构变化，行业内企业的市场行为以及行业的市场绩效变化；应用SCP分析范式，从市场结构、市场行为、市场绩效三方面分析中国移动通信产业，得到三者之间的关系。

难点：SCP分析所需数据的收集与分析方法选择。

（四）本次案例分析的步骤

1.明确案例与已学课程内容的联系，确定能应用的基本理论与分析的依据。

2.确定案例分析的问题与目的。

3.根据问题，搜集整合分析所需的资料。

4.认真思考，应用已学的理论分析资料。

5.提出建议。

（五）案例分析的主要内容

1.市场结构分析

决定市场结构的因素包括：市场集中度、产品差异化、进入和退出壁垒。

（1）市场集中度

市场集中度一般用该产业中最大的主要几家厂商所拥有的市场份额占整个市场的比重来表示，它描述了特定市场的规模结构，衡量特定市场的集中程度，以反映特定市场受到大型经济组织控制的状况。市场集中度指标又包括绝对集中度指标、HHI指数、洛伦茨曲线与基尼系数。运用绝对集中度指标与HHI指数分析中国移动通信行业的市场集中度。

①绝对集中度指标

最基本的市场集中度指标是绝对集中度，通常用在规模上处于前几位企业的生产、销售、资产或职工的累计数量（数额）占整个市场的生产、销售、资产、职工总量的比重来表示，又称领先企业累计份额。我们用三大运营商的主营业务收入占整个市场的收入来计算绝对集中度指标，具体数据见表5-3。

表5-3　　　　2016—2018年中国移动通信行业三大运营商每年的主营业务收入　　　单位：亿元

年份 运营商	2016年	2017年	2018年
中国移动	7 084.00	7 405.00	7 368.00
中国电信	3 522.85	3 662.00	3 771.24
中国联通	2 742.00	2 748.29	2 908.77

根据表5-3数据，可以看出，虽然2018年中国移动的营业收入略有下降，但2016—2018年中国移动通信市场的三家运营商的主营业务收入都呈增加趋势。中国移动每年的主营业务收入最多，而中国联通的主营业务收入在这三家企业中最少。根据表5-3的数据，可以计算出中国移动和中国电信在该市场中的占有率分别为CR_1与CR_2，具体数据见表5-4。

表5-4　　　　2016—2018年中国移动通信行业绝对集中度指标

年份　CRₙ	2016年	2017年	2018年
CR_1	0.5307	0.5360	0.5245
CR_2	0.2639	0.2651	0.2685

由表5-4可看出，2016—2018年，中国移动的绝对集中度在下降，但其在移动通信行业中仍占有较大的市场份额。

目前，我国移动通信行业的市场结构属于三寡头垄断，国内仅有中国移动、中国电信和中国联通三大运营商，这个三寡头的局面形成于2008年。而在改革开放以前，政企合一的邮电部垄断了整个电信市场。1994年中国联通成立后，我国移动通信产业由完全垄断的市场格局转变为双寡头垄断格局。

随着2019年携号转网政策的落地实施，移动通信用户能够选择更换运营商，可能会导致三大运营商之间的市场份额发生变化，营业收入也会因此受到影响。

②HHI指数

H指数，也称赫芬达尔-赫希曼指数或赫芬达尔指数。赫希曼使用该指数平方根形式，赫芬达尔在此基础上使用了本形式，其具体计算公式为：

$$HHI = \sum_{i=1}^{n}(X_i/X)^2 = \sum_{i=1}^{n}S_i^2$$

其中：X为市场的总规模；X_i为i企业的规模；$S_i = X_i/X$，即第i个企业的市场占有率；n为该产业内的企业数。

由于绝对集中度指标无法反映出产业内企业在规模上的分布情况，而HHI指数能综合反映企业的数目和相对规模，因此，根据表5-4数据计算得H指数，见表5-5。

表5-5　　　　2016—2018年中国移动通信行业H指数

年份	2016年	2017年	2018年
H指数	0.3935	0.3971	0.3900

在实际应用中，人们常用 10 000 乘以份额平方和来便利地表达 H 指数。在乘以 10 000 后，2016—2018 年的 H 指数分别为 3 935、3 971 和 3 900。根据美国司法部的标准（见表 5-6），中国移动通信市场的市场结构属于高寡占垄断型，但是 2016—2018 年，HHI 指数下滑，市场集中度下降。

表 5-6　　　　　　　　　　基于赫芬达尔-赫希曼指数 HHI 的市场结构分类

市场结构	寡占型				竞争型	
	高寡占Ⅰ型	高寡占Ⅱ型	低寡占Ⅰ型	低寡占Ⅱ型	竞争Ⅰ型	竞争Ⅱ型
HHI值	HHI≥3 000	3 000>HHI≥1 800	1 800>HHI≥1 400	1 400>HHI≥1 000	1 000>HHI≥500	500>HHI

（2）产品差异化

各个运营商在适应通信技术上基本保持一致，在技术更迭上，以 5G 通信技术为例，2019 年三大运营商都推出了 5G 套餐，套餐价格、内容也相差不多；在通信速度上，根据工信部下宽带发展联盟发布的 2019 年第二季度中国网速报告可知，三家运营商的 4G 平均下载速度分别是：中国联通 3.11M/s，中国移动 2.93M/s，中国电信 2.9MB/s。三家运营商的下载速度并没有很大的差异。但是在通信质量、广告策略和服务的便利性上，各个运营商之间存在差异。截止到 2018 年 12 月 31 日，移动作为最大的主导运营商，4G 基站数达到 241 万个，而中国电信和中国联通的 4G 基站保有量分别为 138 万个和 99 万个，中国移动的 4G 覆盖率要大于其余两家运营商。

（3）进入和退出壁垒

移动通信行业的进入壁垒主要是政策性壁垒。因为无线电频率资源的有限性，为使资源得到充分有效的配置，移动通信市场上只能容纳数量有限的运营商。除此之外，基础网络建设和通信技术开发需要高固定成本。

2.市场行为分析

市场行为是指企业为在市场上赢得更大利润和更高市场占有率所采取的一系列策略性的行为，包括价格行为和产品差异化，广告、研究与开发等非价格行为。

价格竞争是基本的价格行为，在电信行业增速放缓、国家要求运营商"提速降费"的背景下，中国移动、中国电信、中国联通正进入大流量、低资费套餐的激烈竞争。以学校的学生套餐为例，每年的新生季，三大运营商都会推出不同的学生套餐，以大流量、低资费吸引学生用户；并且运营商对不同年级的学生采取价格歧视的定价策略，新生第一年充值返的金额要大于第三年时办的套餐。

除此之外，考虑到越来越多的用户使用流量观看 APP 中的视频，中国联通和中国电信最早也是最多推出互联网资费套餐。运营商与腾讯、支付宝、优酷等互联网服务平台合作，推出了各种不同的互联网资费卡，如腾讯大王卡、蚂蚁宝卡等，使用自家的 APP 流量费用全免。这样的非价格行为可以吸引一些经常使用固定 APP 观看视频的用户办理互联网资费卡。

3.市场绩效分析

市场绩效是指在特定市场结构下，通过一定的市场行为使某一产业在价格、成本、产量、利润、产品质量、品种及技术进步等方面达到的最终经济成果。它反映的是在特定的市场结构和市场行为条件下市场运行的效率。

（1）经济绩效

2016—2018年，移动通信业务收入从8 586亿元增长到了9 134亿元。而移动电话用户的人数也在短短的3年间增长了2.5亿户，具体数据见表5-7。

表5-7　　　　2016—2018年我国移动通信业务收入与移动电话用户人数变化

年份	2016年	2017年	2018年
移动通信业务收入（亿元）	8 586	9 071	9 134
移动电话用户人数（亿户）	13.2	14.2	15.7

如图5-1所示，2000年，我国的移动电话普及率仅有6.7部/百人，而到了2018年，移动电话用户普及率达到112.2部/百人。中国移动通信业的发展带来了用户数量的增长，也促使移动通信行业营业收入的不断增长。

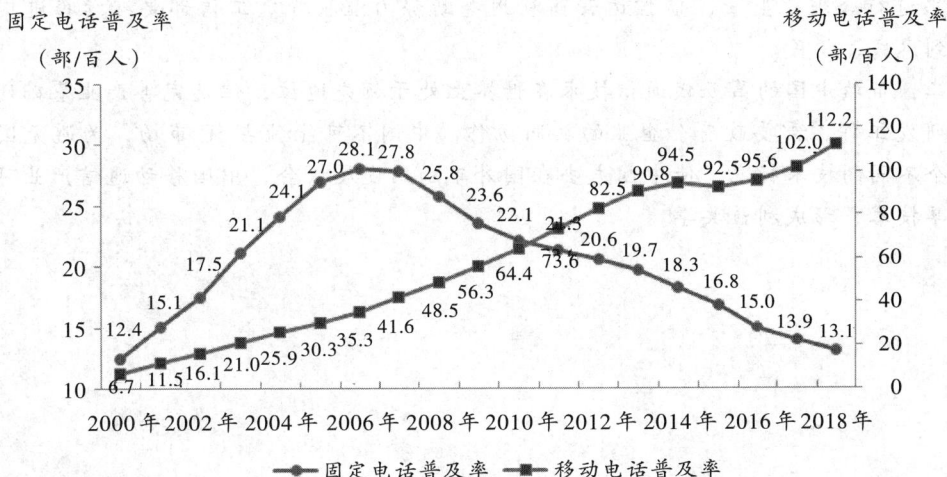

图5-1　2000—2018年固定电话及移动电话普及率发展情况

（2）技术绩效

中国的移动通信产业在过去的40年里，基本上每8到10年就会更新一次。1G就是第一代移动通信，通常是指由摩托罗拉公司生产的"大哥大"和BB机。在1G时代，中国基本上是从零起步，只有少数人买得起的"大哥大"全部要从国外进口。到了90年代中期，移动通信进入2G时代，中国也组建了中国移动公司专门从事移动通信业务，使用的是在国际上处于主流地位，由欧洲主导的GSM标准，技术是基于TDMA（时分多址）技术。这时世界上移动通信主要设备生产厂家有十几家，都是知名的电子企业，像美国的摩托罗拉、朗讯，欧洲的诺基亚、爱立信、阿尔卡特，加拿大的北方电讯，日本的富士通、NEC，韩国的三星等都在其列，中国的中兴、华为则刚刚起步。在2G到3G的技术升级过程中，中国提出了自己的TD-SCDMA标准，并于2000年5月得到国际电信联盟（ITU）的批准，挤进了三代移动通信的标准，和WCDMA、CDMA 2000一起成为第三个三代移动通信标准。2002年10月，信息产业部颁布了中国的3G频率规划，为TD-SCDMA分配了155MHZ频率。在4G时代，欧洲在他们原有的技术基础上发展了基于FDD（频分多址）

技术的4G标准，而中国的TD-LTE标准是基于TDD（时分双工）技术。在最新的5G通信中，华为获得的专利占比达22.93%，中国移动、中兴也获得了一些5G专利，中国5G专利数超过了美国。

中国移动通信技术的进步，证明了该市场拥有良好的技术创新能力。这种技术创新推动着产业进步，促进了良性竞争。中国在移动通信技术上不再受制于国外的技术，在基于自己国家的技术标准上不断创新，获得更高的效益。

（六）思考与未来研究展望

中国的移动通信市场发展到现在，在技术上已经领先于国外，这与国内大量研发资金的投入、政府的大力支持密不可分。但通信市场发展还存在一些问题，以下是一些建议：

第一，中国移动通信行业的三大运营商用不同的竞争行为吸引用户，推出了令人眼花缭乱的套餐，但是很多套餐中的实际网络使用速度达不到所宣传的水平。政府要对其进行指导和监管，加大监管力度，健全法律法规，规范移动通信市场的竞争行为。要对套餐的资费价格进行合理化监管，监控运营商利用垄断势力滥收费。工信部要继续推进提速降费，做到惠民、便民。

第二，虽然中国的第五代通信技术在世界上处于领先地位，但是完善产业基础还需要大量的研发工作，需要政府、企业的共同协作。中国不可能独占5G市场，为避免国外形成另一个不同的技术标准，使中国失去在国外市场的发展机会，中国移动通信产业可以与国外分享技术，形成利益共享。

第六章

"计量经济学" 课程实训

一、实验简介

"计量经济学"是一门以经济理论和经济数据事实为依据，根据实际统计资料，运用数学和统计学的方法，研究社会经济现象的数量联系和变动规律的经济学科，因此，运用计量分析软件对经济数据进行实证分析是本课程必不可少的重要环节。学生只有通过计量软件的实践操作，才能巩固、应用所学理论，进一步加深对相关内容的理解，并以此培养学生动手操作基本技能。

本课程实训要求完成6个实验项目，主要围绕针对截面数据，如何建立多元线性回归方程，违反经典假定如何处理及建立虚拟变量模型设置3个实验；针对时间序列数据则围绕序列的自相关如何处理，序列是否平稳及不平稳如何处理，变量短期波动影响、变量间长期均衡关系和变量间相互因果关系检验等设置了3个实验。

二、先修课程

西方经济学、线性代数、概率论与数理统计。

三、实训项目与课时分配

实训项目与课时分配见表6-1。

表6-1 实训项目与课时分配

序号	实验项目	内容提要	实验要求	每组人数	项目学时	实训类型
1	多元线性回归模型	建立多元线性回归模型及进行检验	必做	1	2	综合
2	多重共线性和异方差问题	掌握多重共线性、异方差的检验及修正	必做	1	2	综合
3	内生解释变量问题和虚拟变量模型	掌握内生解释变量问题的检验及修正、掌握虚拟变量模型的建立	必做	1	2	综合
4	时间序列自相关检验	掌握序列自相关检验及修正	必做	1	2	综合
5	时间序列平稳性检验和协整检验	掌握时间序列平稳及协整检验	必做	1	2	综合
6	误差修正模型和格兰杰因果关系检验	掌握建立误差修正模型和格兰杰因果关系检验	必做	1	2	综合

四、考核方法及标准

实验结束后，上交个人实验报告，根据实验时学生的认真态度、实验完成的完整程度和实验报告的质量进行综合考核。考核以A、B、C、D、E五档等级制进行评价。

1.优（A）：实验态度认真，完成实验时过程完整，独立完成实验报告，实验报告完整，字迹端正。

2.良（B）：实验态度认真，完成实验时过程完整，独立完成实验报告，实验报告较完整，字迹比较端正。

3.中（C）：实验态度较认真，完成实验时过程较完整，独立完成实验报告，实验报告完整程度一般，字迹端正程度一般。

4.及格（D）：实验态度一般，完成实验时过程较完整，独立完成实验报告，实验报告不太完整，字迹端正程度一般。

5.不及格（E）：实验态度不认真，完成实验时过程不完整，不能独立完成实验报告，实验报告不完整，字迹潦草。

实验一　多元线性回归模型

一、实验目的

1.熟悉EViews软件在多元回归模型中的基本使用方法。

2.掌握多元线性回归模型中回归参数的OLS估计方法。

3.掌握多元线性回归模型中回归参数的t检验方法。

4.掌握多元线性回归模型中回归方程的F检验方法。

5.掌握多元线性回归模型中回归方程的预测方法。

二、理论知识

（一）前期要求掌握的知识

了解EViews软件的基本操作，如新建workfile，截面数据、时间序列数据的选择，变量的定义及数据的输入，如何画图，如何估计方程等。

（二）本实验知识点

1.理解多元线性回归模型的基本假设：（1）模型没有设定偏误；（2）解释变量与随机干扰项不相关；（3）随机干扰项零均值、同方差、序列不相关；（4）解释变量之间无完全线性相关等。

2.掌握多元回归分析中的普通最小二乘法（OLS）的统计思想和EViews实现。

3.掌握模型统计检验：（1）拟合优度检验；（2）变量的显著性检验（t检验）；（3）方程的显著性检验（F检验）。

4.掌握统计模型的预测。

三、实验重点及难点

重点：掌握EViews软件的基本操作，理解估计结果中各指标的含义及相互之间的关系，解读实验估计结果，判断模型拟合的优劣，能解释模型的经济意义。

难点：理解估计结果中各指标的含义及相互之间的关系，解读实验估计结果并对模型进行判断。

四、实验内容

根据提供的数据，个人完成以下任务：

1.建立多元线性回归方程；

2.对方程进行经济意义检验；

3.对方程进行统计检验（方程的F检验、变量的t检验）；

4.求出参数的置信区间；

5.进行回归预测和置信区间预测。

五、实验步骤

实验材料和原始数据：

在一项对某社区家庭对某种消费品的消费需要调查中，得到表6-2所示的资料。

表6-2 某社区家庭消费需要调查 单位：元

序号	对某商品的消费支出Y	商品单价X_1	家庭月收入X_2	序号	对某商品的消费支出Y	商品单价X_1	家庭月收入X_2
1	591.9	23.56	7 620	6	644.4	34.14	12 920
2	654.5	24.44	9 120	7	680.0	35.3	14 340
3	623.6	32.07	10 670	8	724.0	38.7	15 960
4	647.0	32.46	11 160	9	757.1	39.63	18 000
5	674.0	31.15	11 900	10	706.8	46.68	19 300

要求：请对该社区家庭对该商品的消费需求支出作二元线性回归分析。

（1）估计回归方程的参数及随机干扰项的方差$\hat{\sigma}^2$，计算R^2及$\bar{R}^2$。

（2）对方程进行F检验，对参数进行t检验，并构造参数95%的置信区间。

（3）如果商品单价变为35元，则某一月收入为20 000元的家庭的消费支出估计是多少？构造该估计值的95%的置信区间。

（一）加载工作文件

建立工作文件的方法是点击File/New/Workfile，选择新建对象类型为工作文件，选择unstructured/undated，observation里输入观测值个数，建立工作文件。在命令窗口输入"data Y X1 X2"，创建三个变量序列Y、X1、X2，并输入数据。

（二）建立方程

$Y = \beta_0 + \beta_1 X_1 + \beta_2 X_2$

点击主界面菜单Quick/Estimate Equation选项，在弹出的对话框中输入"Y C X1 X2"，点击确定即可得到回归结果，如图6-1所示。

根据图6-1的信息，得到回归模型的估计结果为：

$Y = 626.5093 - 9.79057 X_1 + 0.028618 X_2$

　　(15.61)　(−3.06)　　(4.90)

$R^2 = 0.902218$　　$\bar{R}^2 = 0.874281$　　D.W. = 1.650804

$\sum e_i^2 = 2\,116.847$　　F = 32.29408　　df = (2,7)

随机干扰项的方差估计值为：

$$\hat{\sigma}^2 = \frac{2\,116.847}{7} = 302.4067$$

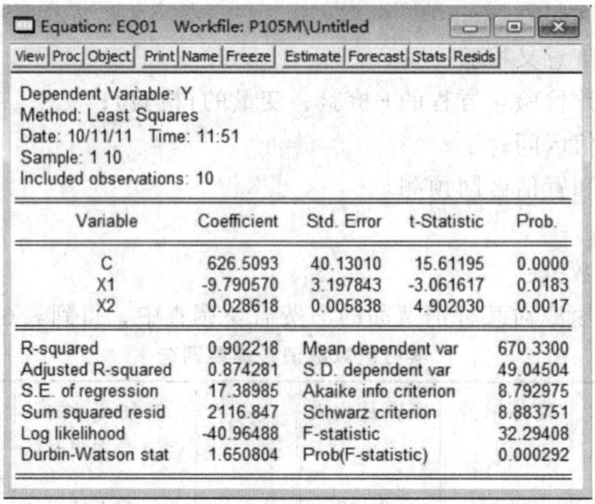

Equation: EQ01 Workfile: P105M\Untitled

View | Proc | Object | Print | Name | Freeze | Estimate | Forecast | Stats | Resids

Dependent Variable: Y
Method: Least Squares
Date: 10/11/11 Time: 11:51
Sample: 1 10
Included observations: 10

Variable	Coefficient	Std. Error	t-Statistic	Prob.
C	626.5093	40.13010	15.61195	0.0000
X1	-9.790570	3.197843	-3.061617	0.0183
X2	0.028618	0.005838	4.902030	0.0017

R-squared	0.902218	Mean dependent var	670.3300
Adjusted R-squared	0.874281	S.D. dependent var	49.04504
S.E. of regression	17.38985	Akaike info criterion	8.792975
Sum squared resid	2116.847	Schwarz criterion	8.883751
Log likelihood	-40.96488	F-statistic	32.29408
Durbin-Watson stat	1.650804	Prob(F-statistic)	0.000292

图6-1 消费需求模型估计结果

（三）结果的分析与检验

1.方程的F检验

由图6-1，回归模型的F值为：$F=32.29408$。

因为在5%的显著性水平下，F统计量的临界值为$F_{0.05}(2,7)=4.74$，所以有$F>F_{0.05}(2,7)$。

因此，回归方程通过F检验，方程显著成立。

2.参数的t检验

由图6-1，常数项、X_1、X_2系数的参数估计的t值分别为：

$t_0=15.61195$，$t_1=-3.061617$，$t_2=4.902030$

在5%的显著性水平下，t统计量的临界值为：

$t_{0.025}(7)=2.3646$

显然有$|t_i|>t_{0.025}(7)$，$i=0,1,2$。所以拒绝原假设H_0，即回归方程的三个估计参数均显著不为0，通过t检验。

（四）参数的置信区间

由图6-1，可得：

$S_{\hat{\beta}_0}=40.13010$，$S_{\hat{\beta}_1}=3.197843$，$S_{\hat{\beta}_2}=0.005838$

因为参数的区间估计为：

$[\hat{\beta}_i-t_{a/2}\cdot S_{\hat{\beta}_i},\hat{\beta}_i+t_{a/2}\cdot S_{\hat{\beta}_i}]$ ，$i=0,1,2$

又因为在$\alpha=0.05$的显著性水平下，

$t_{0.025}(7)=2.3646$

所以得：

$\hat{\beta}_0\pm t_{a/2}\cdot S_{\hat{\beta}_0}=626.5093\pm 2.3646\times 40.13010$

于是，常数项的95%的置信区间为：

[531.6177，721.4009]

同样的有：

$$\hat{\beta}_1 \pm t_{a/2} \cdot S_{\hat{\beta}_1} = -9.790570 \pm 2.3646 \times 3.197843$$

于是，X_1回归系数的95%的置信区间为：

$[-17.3522，-2.2290]$

$$\hat{\beta}_2 \pm t_{a/2} \cdot S_{\hat{\beta}_2} = 0.028618 \pm 2.3646 \times 0.005838$$

于是，X_2回归系数的95%的置信区间为：

$[0.0148，0.0424]$

（五）回归预测

1.内插预测

在Equation框中，点击"Forecast"，在Forecast name框中可以为所预测的预测值序列命名，软件默认为YF，点击"OK"，得到样本期内被解释变量的预测值序列YF（也称拟合值序列）的图形形式，如图6-2所示。同时在Workfile中出现一个新序列对象YF。

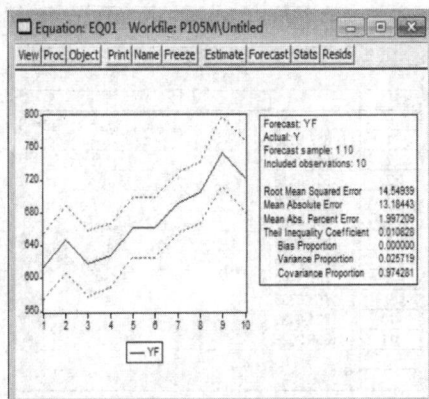

图6-2 样本回归模型拟合值折线图

2.外推预测

（1）录入数据

双击Workfile菜单下的Range所在行，出现Workfile structured对话框，将右侧Observation旁边的数值改为11，然后点击"OK"，将Workfile的Range以及Sample的Range改为11。

点击主窗口中的X1序列，将编辑状态切换为"可编辑"，在X1序列中补充输入X1=35，同样的方法录入X2=20000。

（2）进行预测

在Equation框中，点击"Forecast"，弹出一对话框，在其中为预测的序列命名，如YF2。点击"OK"即可得到预测结果的图形形式，如图6-3所示。

点击Workfile中新出现的序列YF2，可以看到预测值为856.2025（如图6-4所示）。

（3）结果查看

按住Ctrl键，同时选中Y、YF、RESID，点击右键，在右键菜单中选Open/as Group可打开实际值、预测值、残差序列，在View菜单选择Grap/Line，画折线图，如图6-5所示。

（六）置信区间的预测

消费支出Y的个别值的预测置信区间为：

$$\hat{Y}_0 \pm t_{a/2} \cdot S_{\hat{Y}_0}$$

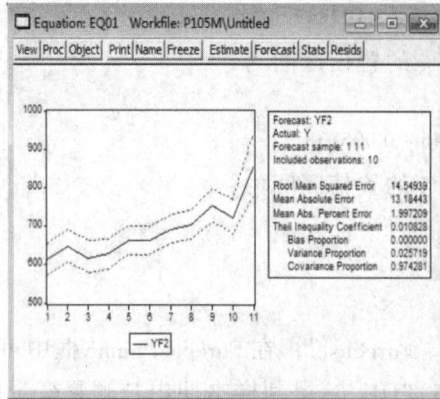

图6-3　样本回归模型预测值折线图

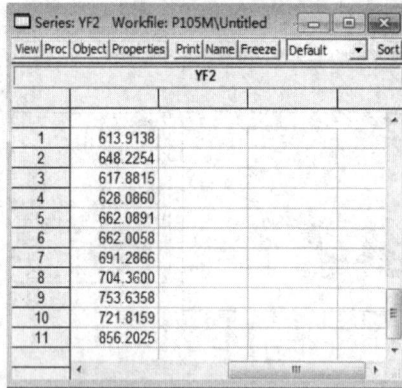

图6-4　样本回归模型预测结果

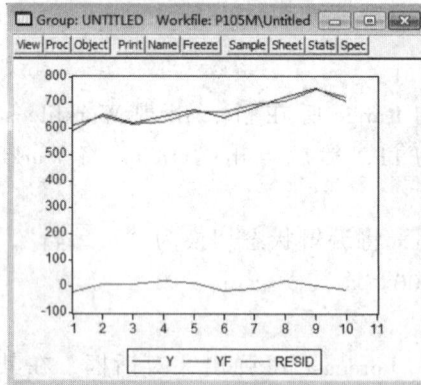

图6-5　实际值、预测值、残差折线图

其中，$S_{\hat{Y}_0}$ 为 Y 的个别值预测的标准差。

$$S_{\hat{Y}_0} = \sqrt{\hat{\sigma} \cdot [1 + X_0(X'X)^{-1}X_0']}$$

消费支出 Y 的均值的预测置信区间为：

$$\hat{Y}_0 \pm t_{a/2} \cdot S_{E(\hat{Y}_0)}$$

其中，$S_{E(\hat{Y}_0)}$ 为 Y 的均值预测的标准差。

$$S_{E(\hat{Y}_0)} = \sqrt{\hat{\sigma} \cdot X_0(X'X)^{-1}X_0'}$$

1.Y个别值的置信区间的预测

在 Equation 框中，点击"Forecast"，弹出 Forecast 话框，如图6-6所示。

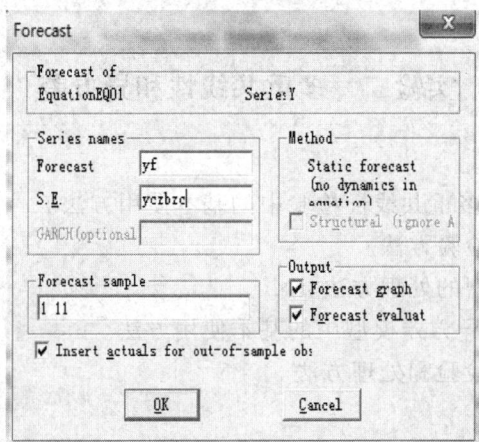

图6-6 预测过程选择图

图6-6中，S.E.那一栏为预测值的标准差，命名为 YCZBZC，然后点击"OK"，即可在 Workfile 界面看到一个名为 YCZBZC 的序列。双击打开这一序列，如图6-7所示，在第11行（预测行）即可看到个别值的预测值标准差为：

$S_{\hat{Y}_0} = 40.92713$

图6-7 预测结果图

把结果代入 $\hat{Y}_0 \pm t_{a/2} \cdot S_{\hat{Y}_0}$，即得 Y 个别值的95%的置信区间为：

[759.4262 , 952.9788]

2.Y均值的置信区间的预测

由于 $S_{\hat{Y}_0} = \sqrt{\hat{\sigma} \cdot [1 + X_0(X'X)^{-1}X_0']} = 40.92713$，且 $\hat{\sigma}^2 = 302.41$，所以可计算得：

$X_0(X'X)^{-1}X_0' = 4.539$

代入公式即可得到 Y 均值的预测标准差为：

$S_{E(\hat{Y}_0)} = \sqrt{\hat{\sigma} \cdot X_0(X'X)^{-1}X_0'} = 37.049$

再把结果代入均值的置信区间公式 $\hat{Y}_0 \pm t_{a/2} \cdot S_{E(\hat{Y}_0)}$，得到 Y 均值的95%的置信区间为：

[768.5964，943.8086]

实验二　多重共线性和异方差

一、实验目的

1. 熟悉 EViews 软件在多重共线性检验中的基本使用方法。
2. 掌握多重共线性的检验方法。
3. 掌握多重共线性模型的处理方法。
4. 熟悉 EViews 软件在异方差模型中的基本使用方法。
5. 掌握异方差模型的检验和处理方法。

二、理论知识

（一）前期要求掌握的知识

了解 EViews 软件在多重共线性、异方差处理中的基本功能，理解多重共线性异方差产生的原因，解决这两类问题的基本理论和软件实现方法。

（二）本实验知识点

1. 理解多元线性回归模型违背基本假设：多重共线性异方差的含义及在实际经济问题中产生的原因。
2. 掌握多元线性回归模型多重共线性、异方差检验的统计思想和 EViews 实现。
3. 掌握多元线性回归模型多重共线性、异方差处理方法的统计思想和 EViews 实现。

三、实验重点及难点

重点：掌握多重共线性、异方差的后果及产生原因，理解多重共线性、异方差的检验方法和修正方法的统计思想及在 EViews 软件中的实现。

难点：理解多重共线性、异方差的检验方法及修正方法的统计思想。

四、实验内容

根据提供的数据，个人完成以下任务：

1. 对表 6-3 建立多元线性回归方程并进行多重共线性检验，对模型进行修正。
2. 对表 6-4 建立多元线性回归模型并进行异方差检，同时按加权最小二乘法进行修正。

五、实验步骤

材料一：表 6-3 为某地区各个县粮食产量（Y），影响粮食产量的因素包括农业化肥施用量（X_1）、粮食播种面积（X_2）、成灾面积（X_3）、农业机械总动力（X_4）、农业劳动力（X_5）数据资料。

要求：

1. 建立粮食产量对各影响因素的多元线性回归模型；
2. 检验模型是否存在多重共线性；
3. 对模型多重共线性进行检验，对输出结果做较详细的分析，能结合数据提出自己的见解。

表6-3   某地区各县粮食生产与相关投入资料

序号	Y	X_1	X_2	X_3	X_4	X_5
1	38 728	1 659.8	114 047	16 209.3	18 022	31 645.1
2	40 731	1 739.8	112 884	15 264	19 497	31 685
3	37 911	1 775.8	108 845	22 705.3	20 913	30 351.5
4	39 151	1 930.6	110 933	23 656	22 950	30 467
5	40 208	1 999.3	111 268	20 392.7	24 836	30 870
6	39 408	2 141.5	110 123	23 944.7	26 575	31 455.7
7	40 755	2 357.1	112 205	24 448.7	28 067	32 440.5
8	44 624	2 590.3	113 466	17 819.3	28 708	33 330.4
9	43 529	2 806.1	112 314	27 814	29 389	34 186.3
10	44 264	2 930.2	110 560	25 894.7	30 308	34 037
11	45 649	3 151.9	110 509	23 133	31 817	33 258.2
12	44 510	3 317.9	109 544	31 383	33 802	32 690.3
13	46 662	3 593.7	110 060	22 267	36 118	32 334.5
14	50 454	3 827.9	112 548	21 233	38 547	32 260.4
15	49 417	3 980.7	112 912	30 309	42 016	32 434.9
16	51 230	4 083.7	113 787	25 181	45 208	32 626.4
17	50 839	4 124.3	113 161	26 731	48 996	32 911.8
18	46 218	4 146.4	108 463	34 374	52 574	32 797.5

材料二：表6-4为某一年份全国各地区农村居民家庭人均消费支出 Y、从事农业经营收入 X_1 与其他收入 X_2。

表6-4   各地区农村居民家庭人均纯收入与消费支出   单位：元

地区	人均消费支出	从事农业经营的收入	其他收入	地区	人均消费支出	从事农业经营的收入	其他收入
	Y	X_1	X_2		Y	X_1	X_2
北京	3 552.1	579.1	4 446.4	湖北	2 703.36	1 242.9	2 526.9
天津	2 050.9	1 314.6	2 633.1	湖南	1 550.62	1 068.8	875.6
河北	1 429.8	928.8	1 674.8	广东	1 357.43	1 386.7	839.8
山西	1 221.6	609.8	1 346.2	广西	1 475.16	883.2	1 088
内蒙古	1 554.6	1 492.8	480.5	海南	1 497.52	919.3	1 067.7

续表

地区	人均消费支出	从事农业经营的收入	其他收入	地区	人均消费支出	从事农业经营的收入	其他收入
	Y	X_1	X_2		Y	X_1	X_2
辽 宁	1 786.3	1 254.3	1 303.6	重 庆	1 098.39	764	647.8
吉 林	1 661.7	1 634.6	547.6	四 川	1 336.25	889.4	644.3
黑龙江	1 604.5	1 684.1	596.2	贵 州	1 123.71	589.6	814.4
上 海	4 753.2	652.5	5 218.4	云 南	1 331.03	614.8	876
江 苏	2 374.7	1 177.6	2 607.2	西 藏	1 127.37	621.6	887
浙 江	3 479.2	985.8	3 596.6	陕 西	1 330.45	803.8	753.5
安 徽	1 412.4	1 013.1	1 006.9	甘 肃	1 388.79	859.6	963.4
福 建	2 503.1	1 053	2 327.7	青 海	1 350.23	1 300.1	410.3
江 西	1 720	1 027.8	1 203.8	宁 夏	2 703.36	1 242.9	2 526.9
山 东	1 905	1 293	1 511.6	新 疆	1 550.62	1 068.8	875.6
河 南	1 375.6	1 083.8	1 014.1				

要求：

1.建立人均消费支出对两类收入的二元线性回归模型；

2.对模型进行异方差的检验；

3对模型的异方差进行加权最小二乘法估计。

（一）多重共线性分析

1.加载工作文件

建立工作文件的方法是点击 File/New/Workfile，选择新建对象类型为工作文件，选择数据类型，注意本数据是截面数据。建立工作文件，创建 5 个序列 Y（粮食产量）、X_1（农业化肥用量）、X_2（粮食播种面积）、X_3（成灾面积）、X_4（农业机械总动力）、X_5（农业劳动力）并输入数据。

2.选择方程

（1）考虑一般线性回归模型：

$Y = \beta_0 + \beta_1 X_1 + \beta_2 X_2 + \beta_3 X_3 + \beta_4 X_4 + \beta_5 X_5 + \mu$

（2）先对模型进行估计。方法如下：Object/New Object/Equation，如图 6-8 所示，回归方程结果如下：

$\hat{Y} = -12\,815.75 + 6.212562 X_1 + 0.42138 X_2 - 0.16626 X_3 - 0.09777 X_4 - 0.028425 X_5$

$R^2 = 0.982798, \bar{R}^2 = 0.97563, D.W = 1.810512, F = 137.1164$

由于 R^2 较大且接近 1，而且 $F = 137.1164 > F_{0.05}(5, 12) = 3.11$，故可认为粮食生产与上述解释变量之间总体线性关系成立。但由于 X_4，X_5 前面的参数估计值未能通过 t 检验，且符号的经济意义不合理，故可判断解释变量间存在多重共线性。

（3）检验简单相关系数。过程为 Quick/Group statistics/correlations，结果如图 6-9，由图发现，X_1 与 X_4 间存在高度相关性。

Dependent Variable: Y
Method: Least Squares
Date: 05/02/10 Time: 13:54
Sample: 1983 2000
Included observations: 18

Variable	Coefficient	Std. Error	t-Statistic	Prob.
C	-12815.75	14078.90	-0.910280	0.3806
X1	6.212562	0.740881	8.385373	0.0000
X2	0.421380	0.126925	3.319919	0.0061
X3	-0.166260	0.059229	-2.807065	0.0158
X4	-0.097770	0.067647	-1.445299	0.1740
X5	-0.028425	0.202357	-0.140471	0.8906

R-squared	0.982798	Mean dependent var	44127.11
Adjusted R-squared	0.975630	S.D. dependent var	4409.100
S.E. of regression	688.2984	Akaike info criterion	16.16752
Sum squared resid	5685056.	Schwarz criterion	16.46431
Log likelihood	-139.5077	F-statistic	137.1164
Durbin-Watson stat	1.810512	Prob(F-statistic)	0.000000

图 6-8　粮食产量模型估计结果

Correlation Matrix

	X1	X2	X3	X4	X5
X1	1.000000	0.011823	0.640175	0.960278	0.545450
X2	0.011823	1.000000	-0.454908	-0.038479	0.182359
X3	0.640175	-0.454908	1.000000	0.689565	0.355735
X4	0.960278	-0.038479	0.689565	1.000000	0.454169
X5	0.545450	0.182359	0.355735	0.454169	1.000000

图 6-9　各变量相关系数矩阵

（4）逐步回归。以 X_1 为初始解释变量，逐步将其他变量引入，得到图 6-10、图 6-11、图 6-12、图 6-13。

Dependent Variable: Y
Method: Least Squares
Date: 05/02/10 Time: 14:20
Sample: 1983 2000
Included observations: 18

Variable	Coefficient	Std. Error	t-Statistic	Prob.
C	-43872.27	14512.82	-3.023002	0.0086
X1	4.561055	0.246993	18.46632	0.0000
X2	0.670491	0.130022	5.156760	0.0001

R-squared	0.961029	Mean dependent var	44127.11
Adjusted R-squared	0.955833	S.D. dependent var	4409.100
S.E. of regression	926.6166	Akaike info criterion	16.65197
Sum squared resid	12879274	Schwarz criterion	16.80036
Log likelihood	-146.8677	F-statistic	184.9504
Durbin-Watson stat	2.014913	Prob(F-statistic)	0.000000

图 6-10　引入 X_2 变量方程估计结果

从模型的拟合优度和变量的显著性检验可得：以变量 X_1, X_2, X_3 为解释变量的回归模型效果最好，因此，最终的粮食生产函数应以 $Y = f(X_1, X_2, X_3)$ 为最优，拟合结果如下：

$$\hat{Y} = -11978.18 + 5.255935X_1 + 0.408432X_2 - 0.194609X_3$$

Dependent Variable: Y
Method: Least Squares
Date: 05/02/10 Time: 14:24
Sample: 1983 2000
Included observations: 18

Variable	Coefficient	Std. Error	t-Statistic	Prob.
C	-11978.18	14072.92	-0.851151	0.4090
X1	5.255935	0.268595	19.56828	0.0000
X2	0.408432	0.121974	3.348522	0.0048
X3	-0.194609	0.054533	-3.568637	0.0031

R-squared	0.979593	Mean dependent var	44127.11
Adjusted R-squared	0.975220	S.D. dependent var	4409.100
S.E. of regression	694.0715	Akaike info criterion	16.11616
Sum squared resid	6744293.	Schwarz criterion	16.31402
Log likelihood	-141.0454	F-statistic	224.0086
Durbin-Watson stat	1.528658	Prob(F-statistic)	0.000000

图6-11 引入X_3变量方程估计结果

Dependent Variable: Y
Method: Least Squares
Date: 05/02/10 Time: 14:25
Sample: 1983 2000
Included observations: 18

Variable	Coefficient	Std. Error	t-Statistic	Prob.
C	-13056.00	13437.43	-0.971614	0.3490
X1	6.167476	0.642080	9.605468	0.0000
X2	0.416026	0.116413	3.573713	0.0034
X3	-0.168603	0.054646	-3.085344	0.0087
X4	-0.094481	0.061028	-1.548172	0.1456

R-squared	0.982769	Mean dependent var	44127.11
Adjusted R-squared	0.977468	S.D. dependent var	4409.100
S.E. of regression	661.8392	Akaike info criterion	16.05806
Sum squared resid	5694404.	Schwarz criterion	16.30538
Log likelihood	-139.5225	F-statistic	185.3683
Durbin-Watson stat	1.799755	Prob(F-statistic)	0.000000

图6-12 引入X_4变量方程估计结果

Dependent Variable: Y
Method: Least Squares
Date: 05/02/10 Time: 14:26
Sample: 1983 2000
Included observations: 18

Variable	Coefficient	Std. Error	t-Statistic	Prob.
C	-12815.75	14078.90	-0.910280	0.3806
X1	6.212562	0.740881	8.385373	0.0000
X2	0.421380	0.126925	3.319919	0.0061
X3	-0.166260	0.059229	-2.807065	0.0158
X4	-0.097770	0.067647	-1.445299	0.1740
X5	-0.028425	0.202357	-0.140471	0.8906

R-squared	0.982798	Mean dependent var	44127.11
Adjusted R-squared	0.975630	S.D. dependent var	4409.100
S.E. of regression	688.2984	Akaike info criterion	16.16752
Sum squared resid	5685056.	Schwarz criterion	16.46431
Log likelihood	-139.5077	F-statistic	137.1164
Durbin-Watson stat	1.810512	Prob(F-statistic)	0.000000

图6-13 引入X_5变量方程估计结果

（二）异方差分析

1.加载工作文件

创建三个序列Y（人均消费支出）、X_1（从事农业经营的收入）、X_2（其他收入）并输入数据。进入界面后输入数据如图6-14，图6-15所示。

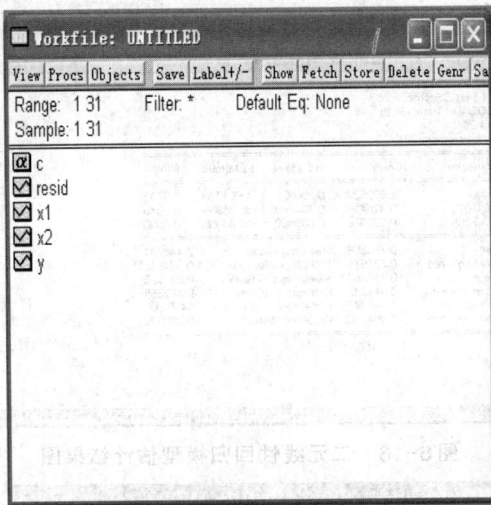

图6-14 建立新变量序列结果图

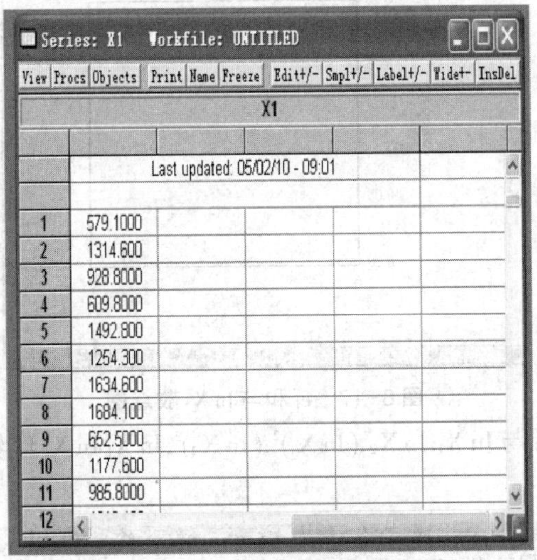

图6-15 输入 X_1 变量数据结果图

2.选择方程

根据消费理论，中国农村居民人均消费主要由人均纯收入决定，为了考察从事农业经营的收入和其他收入对农村居民消费支出增长的影响，考虑双对数模型：

$\ln Y = \beta_0 + \beta_1 \ln X_1 + \beta_2 \ln X_2 + \mu$

（1）先对模型进行估计。方法如下：Object/New Object/Equation，结果如图6-16所示。

得到OLS法估计结果为：

$\ln \hat{Y} = 1.6025 + 0.3254 \ln X_1 + 0.5071 \ln X_2$

$\bar{R}^2 = 0.7820, D.W = 1.9647$，拟合效果不好，下面对模型进行异方差检验。

（2）异方差检验。农村居民人均消费支出的差别可以认为主要是非农经营收入及其他收入的差别，因此，若存在异方差，则可能是由 X_2 引起的。将残差平方 $\hat{e}_i^2$ 和与 $\ln X_2$ 做散点图，如图6-17所示，结果表明，存在单调递增型异方差。

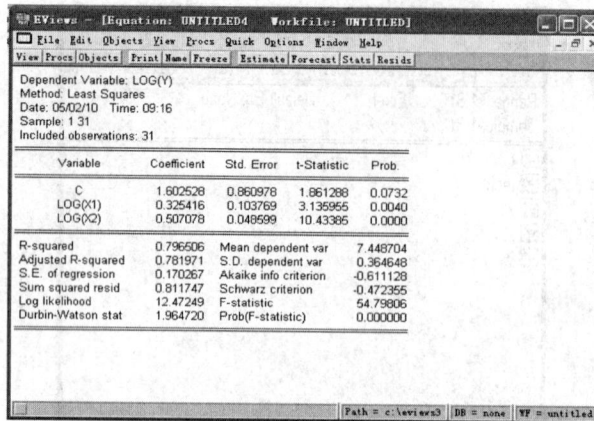

图 6-16　二元线性回归模型估计结果图

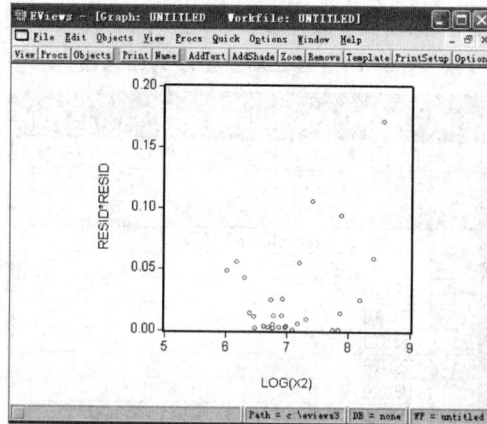

图 6-17　$\hat{e}_i^2$ 和与 $\ln X_2$ 散点图

再进行怀特检验，$\hat{e}_i^2$ 与 $\ln X_1, \ln X_2, (\ln X_1)^2, (\ln X_2)^2, \ln X_1 \ln X_2$ 作辅助回归，估计结果如图 6-18 所示。

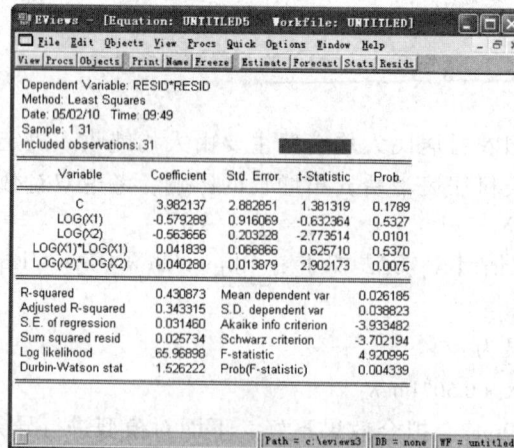

图 6-18　辅助回归方程估计结果图

由怀特统计量 $nR^2 = 31 \times 0.4309 = 13.36$，该值大于 5% 显著性水平下自由度为 5 的 χ^2 分布的相应临界值 $\chi^2_{0.05} = 11.07$，故拒绝同方差性的原假设。

（3）异方差的修正。存在异方差的模型，一般选择采用加权最小二乘法对原模型进行修正。选择1/abs(resid)为权重进行加权最小二乘估计，结果如图6-19所示。

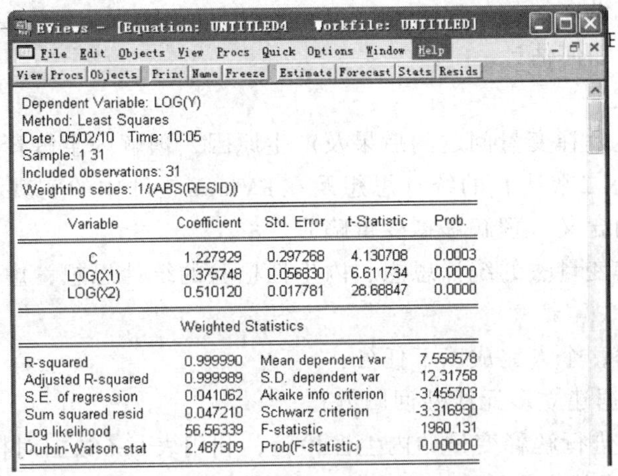

Dependent Variable: LOG(Y)
Method: Least Squares
Date: 05/02/10 Time: 10:05
Sample: 1 31
Included observations: 31
Weighting series: 1/(ABS(RESID))

Variable	Coefficient	Std. Error	t-Statistic	Prob.
C	1.227929	0.297268	4.130708	0.0003
LOG(X1)	0.375748	0.056830	6.611734	0.0000
LOG(X2)	0.510120	0.017781	28.68847	0.0000

Weighted Statistics

R-squared	0.999990	Mean dependent var	7.558578
Adjusted R-squared	0.999989	S.D. dependent var	12.31758
S.E. of regression	0.041062	Akaike info criterion	-3.455703
Sum squared resid	0.047210	Schwarz criterion	-3.316930
Log likelihood	56.56339	F-statistic	1960.131
Durbin-Watson stat	2.487309	Prob(F-statistic)	0.000000

图6-19 加权最小二乘法估计结果图

$\ln\hat{Y} = 1.2279 + 0.3757\ln X_1 + 0.5101\ln X_2$，$\bar{R}^2 = 0.99999, D.W. = 2.4873$

由于各解释变量显著性检验的Prob值都较小（<0.05），变量和方程都通过显著性检验。

也可采用下列做法：

①对原模型进行OLS估计，得到残差e；

②估计模型$\ln e^2 = \beta_0 + \beta_1\ln X_{i1} + \beta_2\ln X_{i2} + \beta_3\ln^2 X_{i1} + \beta_4\ln^2 X_{i2}$，剔除不显著的解释变量。

③用$w_i = 1/\sqrt{\hat{f}_i} = 1/\sqrt{\exp(\hat{\beta}_0 + \hat{\beta}_1\ln X_{i1} + \hat{\beta}_2\ln X_{i2} + \hat{\beta}_3\ln^2 X_{i1} + \hat{\beta}_4\ln^2 X_{i2})}$作为权数对原模型进行加权最小二乘估计。

④检验经加权的回归模型是否存在异方差。

实验三 内生解释变量问题和虚拟变量模型

一、实验目的

1.熟悉EViews软件在内生解释变量模型中的基本使用方法。

2.掌握内生解释变量模型的检验方法。

3.掌握内生解释变量模型的处理方法。

4.掌握虚拟变量模型的EViews实现方法。

二、理论知识

（一）前期要求掌握的知识

1.了解EViews软件在内生解释变量问题中的基本功能，理解违背线性回归模型的基本假设中内生解释变量问题产生的原因，解决这类问题的基本理论和软件实现方法。

2.了解EViews软件在虚拟变量和滞后变量模型中的基本概念和基本功能。

（二）本实验知识点

1.理解内生解释变量的含义及在实际经济问题中产生的原因。

2.掌握内生解释变量检验的统计思想和 EViews 实现。

3.掌握内生解释变量处理方法的统计思想和 EViews 实现。

4.虚拟变量如何设定。

5.虚拟变量模型如何估计。

三、实验重点及难点

重点：理解内生解释变量问题的后果及产生原因，理解内生解释变量修正方法（工具变量法和两阶段最小二乘法）的统计思想及在 EViews 软件中的实现；理解虚拟变量模型中虚拟变量前系数的含义，理解虚拟变量陷阱。

难点：理解工具变量法的统计思想、内生性检验的统计思想；虚拟变量的设置。

四、实验内容

根据提供的数据，个人完成以下任务：

1.对表6-5的数据建立多元线性回归方程；

2.对建立的方程进行解释变量的内生性检验，利用表6-6数据对模型进行修正；

3.对表6-7建立虚拟变量模型，并阐述模型中虚拟变量前系数的经济意义。

五、实验步骤

实验材料和原始数据：

表6-5为中国各地区城镇居民家庭2006年人均消费支出（Y）、人均可支配收入（X_1）和2005年人均消费支出（X_2）数据资料。表6-6为中国各地区城镇居民家庭2005年人均可支配收入（Z）。

表6-5 　中国各地区城镇居民家庭人均全年可支配收入与人均全年消费性支出　　单位：元

地区	2006年消费支出 Y	2006年可支配收入 X_1	2005年消费支出 X_2	地区	2006年消费支出 Y	2006年可支配收入 X_1	2005年消费支出 X_2
北 京	14 825.4	19 977.5	13 244.2	湖 北	7 397.3	9 802.7	6 736.6
天 津	10 548.1	14 283.1	9 653.3	湖 南	8 169.3	10 504.7	7 505.0
河 北	7 343.5	10 304.6	6 699.7	广 东	12 432.2	16 015.6	11 809.9
山 西	7 170.9	10 027.7	6 342.6	广 西	6 792.0	9 898.8	7 032.8
内蒙古	7 666.6	10 358.0	6 928.6	海 南	7 126.8	9 395.1	5 928.8
辽 宁	7 987.5	10 369.6	7 369.3	重 庆	9 398.7	11 569.7	8 623.3
吉 林	7 352.6	9 775.1	6 794.7	四 川	7 524.8	9 350.1	6 891.3
黑龙江	6 655.4	9 182.3	6 178.0	贵 州	6 848.4	9 116.6	6 159.3
上 海	14 761.8	20 667.9	13 773.4	云 南	7 379.8	10 069.9	6 996.9
江 苏	9 628.6	14 084.3	8 621.8	西 藏	6 192.6	8 941.1	8 617.1
浙 江	13 348.5	18 265.1	12 253.7	陕 西	7 553.3	9 267.7	6 656.5
安 徽	7 294.7	9 771.1	6 367.7	甘 肃	6 974.2	8 920.6	6 529.2
福 建	9 807.7	13 753.3	8 794.4	青 海	6 530.1	9 000.4	6 245.3
江 西	6 645.5	9 551.1	6 109.4	宁 夏	7 205.6	9 177.3	6 404.3
山 东	8 468.4	12 192.2	7 457.3	新 疆	6 730.0	8 871.3	6 207.5
河 南	6 685.2	9 810.3	6 038.0				

表6-6 　　　　　　　　　　**2005年各地区城镇居民人均可支配收入** 　　　　　　　单位：元

地区	可支配收入Z	地区	可支配收入Z	地区	可支配收入Z	地区	可支配收入Z
北 京	17 653.0	上 海	18 645.0	湖 北	8 785.9	云 南	9 265.9
天 津	12 638.6	江 苏	12 318.6	湖 南	9 524.0	西 藏	9 431.2
河 北	9 107.1	浙 江	16 293.8	广 东	14 769.9	陕 西	8 272.0
山 西	8 913.9	安 徽	8 470.7	广 西	9 286.7	甘 肃	8 086.8
内蒙古	9 136.8	福 建	12 321.3	海 南	8 123.9	青 海	8 057.9
辽 宁	9 107.6	江 西	8 619.7	重 庆	10 243.5	宁 夏	8 093.6
吉 林	8 690.6	山 东	10 744.8	四 川	8 386.0	新 疆	7 990.2
黑龙江	8 272.5	河 南	8 668.0	贵 州	8 151.1		

要求：

1.建立中国城镇居民家庭人均消费支出对可支配收入和上一年消费支出的二元线性回归模型；

2.对解释变量可支配收入进行变量内生性检验；

3.用2005年中国城镇居民人均可支配收入作为工具变量对模型进行工具变量法估计。

表6-7 　　　　　　　　　　**我国城镇居民人均消费支出和可支配收入统计资料** 　　　　　单位：元

收入等级	1998年			1999年		
	消费支出Y	可支配收入X	D	消费支出Y	可支配收入X	D
困难户	2 214.47	2 198.88	0	2 327.54	2 325.7	1
最低收入户	2 397.6	2 476.75	0	2 523.1	2 617.8	1
低收入户	2 979.27	3 303.17	0	3 137.34	3 492.27	1
中等偏下户	3 503.24	4 107.26	0	3 694.46	4 363.78	1
中等收入户	4 179.64	5 118.99	0	4 432.48	5 512.12	1
中等偏上户	4 980.88	6 370.59	0	5 347.09	6 904.96	1
高收入户	6 003.21	7 877.69	0	6 443.33	8 631.94	1
最高收入户	7 593.95	10 962.16	0	8 262.42	12 083.79	1

要求：

1.利用虚拟变量分析两年的消费函数是否有显著差异；

2.利用混合样本建立我国城镇居民消费函数。

（一）内生解释变量问题分析

1.选择方程

（1）利用表6-5的数据资料，考虑一般线性回归模型，采用如下二元回归模型：

$Y = \beta_0 + \beta_1 X_1 + \beta_2 X_2 + \mu$

进行二元线性回归分析，结果如图6-20所示。

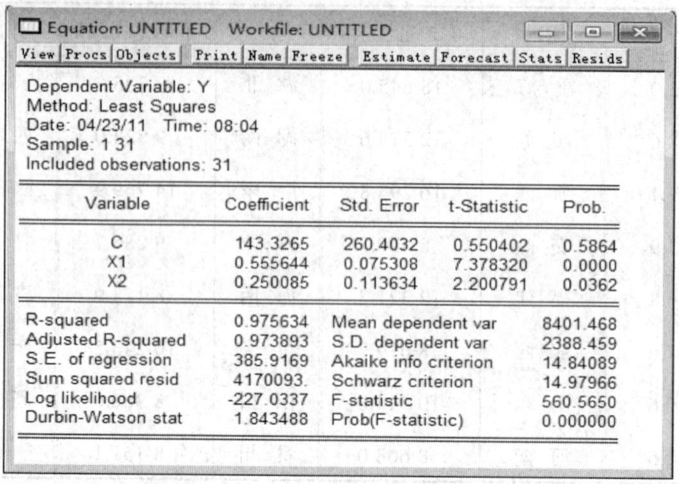

图6-20 二元线性回归模型估计结果

估计方程为：

$\hat{Y} = 143.327 + 0.556X_1 + 0.250X_2$

考虑到居民人均消费支出由人均可支配收入决定的同时，人均可支配收入又反过来受同期的居民人均消费支出的影响，因此，容易判断人均可支配收入（X_1）为随机变量，且与μ同期相关，用2005年人均可支配收入（Z）作为X_1的工具变量，也可用Hausman检验对X_1的内生性进行检验。

（2）工具变量法：Object/New Object/Equation，在对话框Method中选择TSLS，如图6-21所示，在Instrument list中输入工具变量C、Z、X_2，点击"OK"。

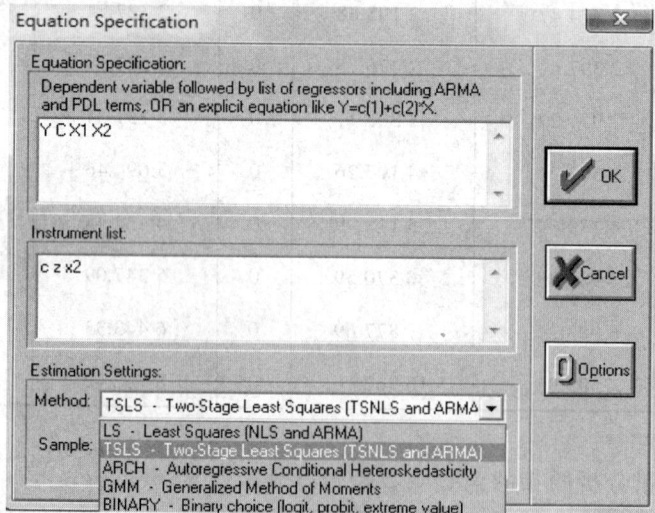

图6-21 工具变量选择

估计结果如图6-22所示。

这样，利用工具变量法，对普通最小二乘估计量对截距项的低估和斜率项的高估做出了修正，而且各项检验指标也都有进一步的改进。估计结果为：

$\hat{Y} = 155.697 + 0.450X_1 + 0.403X_2$

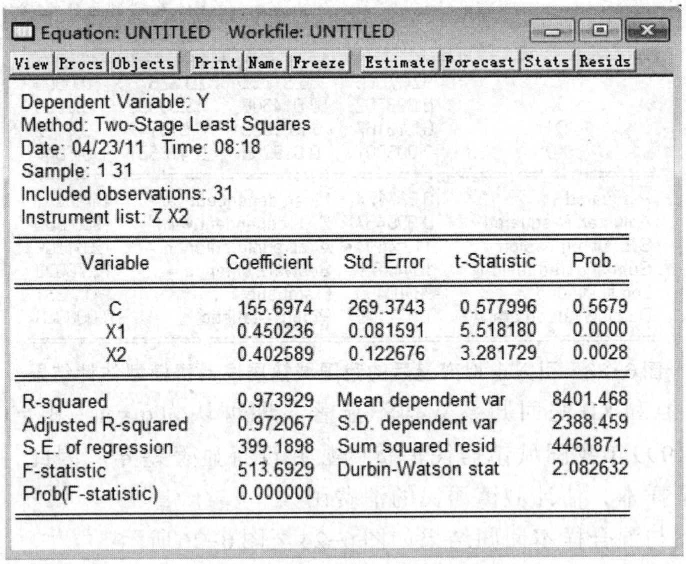
Equation: UNTITLED Workfile: UNTITLED

View | Procs | Objects | Print | Name | Freeze | Estimate | Forecast | Stats | Resids

Dependent Variable: Y
Method: Two-Stage Least Squares
Date: 04/23/11 Time: 08:18
Sample: 1 31
Included observations: 31
Instrument list: Z X2

Variable	Coefficient	Std. Error	t-Statistic	Prob.
C	155.6974	269.3743	0.577996	0.5679
X1	0.450236	0.081591	5.518180	0.0000
X2	0.402589	0.122676	3.281729	0.0028

R-squared	0.973929	Mean dependent var	8401.468
Adjusted R-squared	0.972067	S.D. dependent var	2388.459
S.E. of regression	399.1898	Sum squared resid	4461871.
F-statistic	513.6929	Durbin-Watson stat	2.082632
Prob(F-statistic)	0.000000		

图6-22 工具变量法估计结果

（二）虚拟变量模型分析

设1998年、1999年我国城镇居民消费函数如下。

1998年：

$Y_i = \beta_0 + \beta_1 X_i + \mu_i$

1999年：

$Y_i = \alpha_0 + \alpha_1 X_i + \varepsilon_i$

为了比较两年的数据，估计以下模型：

$Y_i = \beta_0 + \beta_1 X_i + \alpha D_i + \beta X D_i + \varepsilon_i$

其中，$\alpha = a_0 - \beta_0$，$\beta = \alpha_1 - \beta_1$。具体估计过程如下：

CREATE U 16 建立工作文件

DATA Y X

（输入1998年，1999年消费支出和可支配收入的数据，1~8期为1998年资料，9~16期为1999年资料）

SMPL 1 8 样本期调成1998年

GENR D1=0 输入虚拟变量的值

SMPL 9 16 样本期调成1999年

GENR D1=1 输入虚拟变量的值

SMPL 1 16 样本期调成1998—1999年

GENR XD=X*D1 生成XD的值

LS Y C X D1 X D 利用混合样本估计模型

则估计结果如图6-23所示。

$\hat{Y}_i = 924.7058 + 0.6237x_i + 61.1917D_i - 0.0080XD_i$

(10.776) (43.591) (0.510) (-0.417)

$R^2 = 0.9972$ $\bar{R}^2 = 0.9965$ $F = 1411.331$ $S.E. = 113.459$

Variable	Coefficient	Std. Error	t-Statistic	Prob.
C	924.7058	85.81333	10.77578	0.0000
X	0.623702	0.014308	43.59096	0.0000
D1	61.19167	119.9503	0.510142	0.6192
XD	-0.008001	0.019209	-0.416531	0.6844
R-squared	0.997174	Mean dependent var		4376.251
Adjusted R-squared	0.996467	S.D. dependent var		1908.906
S.E. of regression	113.4594	Akaike info criterion		12.51309
Sum squared resid	154476.5	Schwarz criterion		12.70623
Log likelihood	-96.10468	F-statistic		1411.331
Durbin-Watson stat	1.532135	Prob(F-statistic)		0.000000

图 6-23　引入虚拟变量后的我国城镇居民消费模型估计结果

根据 t 检验，D 和 XD 的回归系数均不显著，即可认为 $\alpha = a_0 - \beta_0 = 0$，$\beta = \alpha_1 - \beta_1 = 0$；这表明 1998 年、1999 年我国城镇居民消费函数并没有显著差异。因此，可以将两年的样本数据合并成一个样本，估计城镇居民的消费函数。

独立样本回归与混合样本回归结果如图 6-24 至图 6-26 所示。

Variable	Coefficient	Std. Error	t-Statistic	Prob.
C	924.7058	86.42618	10.69937	0.0000
X	0.623702	0.014410	43.28185	0.0000
R-squared	0.996807	Mean dependent var		4231.533
Adjusted R-squared	0.996275	S.D. dependent var		1872.330
S.E. of regression	114.2697	Akaike info criterion		12.52732
Sum squared resid	78345.39	Schwarz criterion		12.54718
Log likelihood	-48.10927	F-statistic		1873.319
Durbin-Watson stat	1.597733	Prob(F-statistic)		0.000000

图 6-24　1998 年城镇居民消费模型估计结果

Variable	Coefficient	Std. Error	t-Statistic	Prob.
C	985.8974	83.20738	11.84868	0.0000
X	0.615701	0.012724	48.38751	0.0000
R-squared	0.997444	Mean dependent var		4520.970
Adjusted R-squared	0.997018	S.D. dependent var		2062.744
S.E. of regression	112.6433	Akaike info criterion		12.49865
Sum squared resid	76131.07	Schwarz criterion		12.51851
Log likelihood	-47.99459	F-statistic		2341.351
Durbin-Watson stat	1.385570	Prob(F-statistic)		0.000000

图 6-25　1999 年城镇居民消费模型估计结果

Variable	Coefficient	Std. Error	t-Statistic	Prob.
C	955.6680	55.91039	17.09285	0.0000
X	0.619476	0.008911	69.51719	0.0000
R-squared	0.997111	Mean dependent var		4376.251
Adjusted R-squared	0.996905	S.D. dependent var		1908.906
S.E. of regression	106.1964	Akaike info criterion		12.28493
Sum squared resid	157887.4	Schwarz criterion		12.38150
Log likelihood	-96.27941	F-statistic		4832.640
Durbin-Watson stat	1.506428	Prob(F-statistic)		0.000000

图 6-26　混合样本回归城镇居民消费模型估计结果

将不同样本估计的消费函数结果列在表 6-8 中，可以看出，使用混合回归明显地降低了系数的估计误差。

表6-8　　　　　　　　　　利用不同样本估计的消费模型

样本	$\hat{a}$	$\hat{b}$	$S(\hat{a})$	$S(\hat{b})$	R^2
1998—1999年	955.67	0.6195	55.91	0.0089	0.9971
1998年	924.71	0.6237	86.43	0.0144	0.9968
1999年	985.90	0.6157	83.21	0.0127	0.9974

实验四　时间序列自相关检验

一、实验目的

1.熟悉 EViews 软件在序列自相关检验中的基本使用方法。

2.掌握序列自相关的检验方法。

3.掌握序列自相关的处理方法。

二、理论知识

（一）前期要求掌握的知识

了解 EViews 软件在序列自相关问题中的基本功能，理解序列自相关问题产生的原因，解决这类问题的基本理论和软件实现方法。

（二）本实验知识点

1.理解序列自相关的含义及在实际经济问题中产生的原因。

2.掌握序列自相关检验的统计思想（回归检验法、DW 检验法、LM 检验法）和 EViews 实现。

3.掌握序列自相关问题处理方法（广义最小二乘法、广义差分法）的统计思想和 EViews 实现。

三、实验重点及难点

重点：理解序列自相关问题的后果及产生原因，序列自相关的检验方法原理（DW 检验），理解序列自相关的修正方法（广义最小二乘法和广义差分法）的统计思想及在 EViews 软件中的实现。

难点：理解 DW 检验法的5个判断区间，理解广义差分法的统计思想。

四、实验内容

根据提供的数据，个人完成以下任务：

1.对表6-9数据建立一元线性回归方程；

2.对建立的方程进行序列自相关检验；

3.利用广义差分法对模型的序列自相关进行修正。

五、实验步骤

实验材料和原始数据：

表6-9为中国1980—2007年全社会固定资产投资总额 X 与工业总产值 Y 的统计资料。

表6-9 **中国1980—2007年全社会固定资产投资总额和工业总产值表** 单位：亿元

年份	全社会固定资产投资（X）	工业总产值（Y）	年份	全社会固定资产投资（X）	工业总产值（Y）
1980	910.9	1 996.5	1994	17 042.1	19 480.7
1981	961	2 048.4	1995	20 019.3	24 950.6
1982	1 230.4	2 162.3	1996	22 913.5	29 447.6
1983	1 430.1	2 375.6	1997	24 941.1	32 921.4
1984	1 832.9	2 789.0	1998	28 406.2	34 018.4
1985	2 543.2	3 448.7	1999	29 854.7	35 861.5
1986	3 120.6	3 967.0	2000	32 917.7	40 033.6
1987	3 791.7	4 585.8	2001	37 213.5	43 580.6
1988	4 753.8	5 777.2	2002	43 499.9	47 431.3
1989	4 410.4	6 484.0	2003	55 566.6	54 945.5
1990	4 517	6 858.0	2004	70 477.4	65 210.0
1991	5 594.5	8 087.1	2005	88 773.6	77 230.8
1992	8 080.1	10 284.5	2006	109 998.2	91 310.9
1993	13 072.3	14 188.0	2007	137 323.9	107 367.2

要求：

1.当设定模型为$\ln Y_t=\beta_0+\beta_1\ln X_t+\mu_t$时，是否存在序列相关性？

2.若按一阶自相关假设$\mu_t=\rho\mu_{t-1}+\varepsilon_t$，试用广义最小二乘法估计原模型；

3.采用差分形式$X_t^*=X_t-X_{t-1}$与$Y_t^*=Y_t-Y_{t-1}$作为新数据，估计模型$Y_t^*=\alpha_0+\alpha_1X_t^*+\upsilon_t$，该模型是否存在序列相关？

（一）建立Workfile和对象

录入1980—2007年全社会固定资产投资X以及工业增加值Y，如图6-27所示。

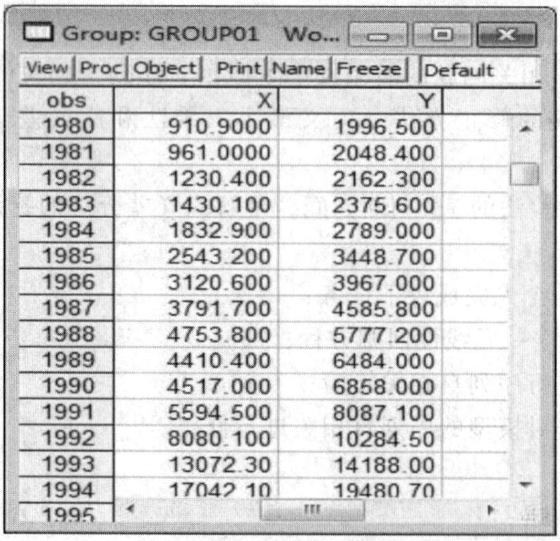

obs	X	Y
1980	910.9000	1996.500
1981	961.0000	2048.400
1982	1230.400	2162.300
1983	1430.100	2375.600
1984	1832.900	2789.000
1985	2543.200	3448.700
1986	3120.600	3967.000
1987	3791.700	4585.800
1988	4753.800	5777.200
1989	4410.400	6484.000
1990	4517.000	6858.000
1991	5594.500	8087.100
1992	8080.100	10284.50
1993	13072.30	14188.00
1994	17042.10	19480.70
1995		

图6-27 原始数据图

（二）参数估计

设定模型为：

$$\ln Y_t = \beta_0 + \beta_1 \ln X_t + \mu_t$$

点击主界面菜单 Quick/Estimate Equation，在弹出的对话框中输入"log（Y）C log（X）"，点击确定即可得到回归结果，如图6-28所示。

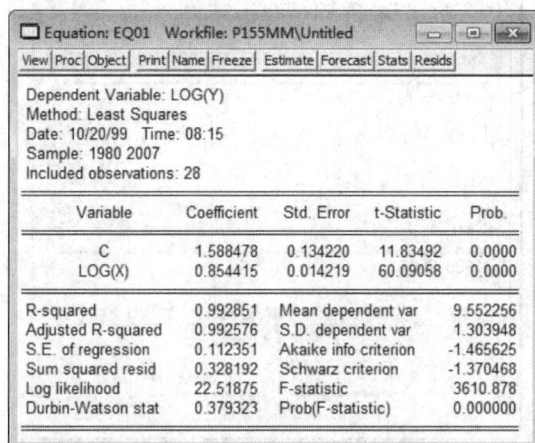

图6-28 双对数模型估计结果图

根据图6-28中数据，得到模型的估计结果为：

$$\ln \hat{Y}_t = 1.5885 + 0.8544 \ln X_t$$
$$(11.83) \quad (60.09)$$

$R^2 = 0.992851 \qquad \bar{R}^2 = 0.992576 \qquad D.W. = 0.379323$

$F = 3610.878 \qquad RSS = 0.328192$

该回归方程的可决系数较高，回归系数显著。n=28，k=1，5%的显著性水平，查D.W.统计表可知，$d_L = 1.33$，$d_U = 1.48$，模型中D.W.<d_L，显然模型中存在正自相关。

（三）检验模型的自相关性

1.图示法

点击Eviews方程输出窗口的按钮"Resids"可以得到残差图，如图6-29所示。

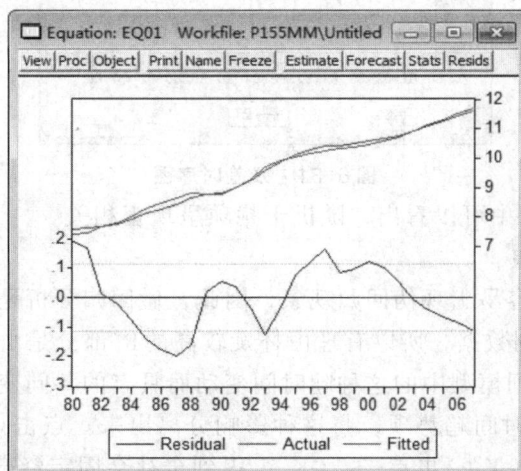

图6-29 残差时序图

图6-29的残差图中，残差的变动有规律，连续为正或连续为负，表明残差存在一阶正自相关，模型中t统计量和F统计量的结论不可信，需要采取补救措施。

点击工作文件窗口工具栏中的Object/Generate Series…，在弹出的对话框中输入"et=resid"，如图6-30所示，点击"OK"得到残差序列et。

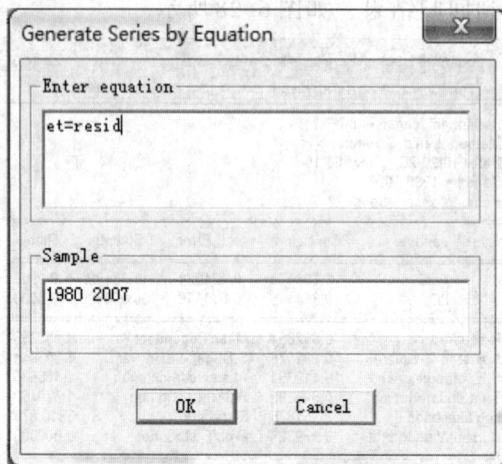

图6-30　生成新序列过程图

点击Quick/Graph/Line Graph，在弹出的对话框中输入"et"，再点击"OK"，得到残差项$\tilde{e}_t$与时间的关系图，如图6-31所示；点击Quick/Graph/Scatter，在弹出的对话框中输入"et（-1）et"，再点击"OK"，得到残差项"$\tilde{e}_t$与$\tilde{e}_{t-1}$"的散点图，如图6-32所示。

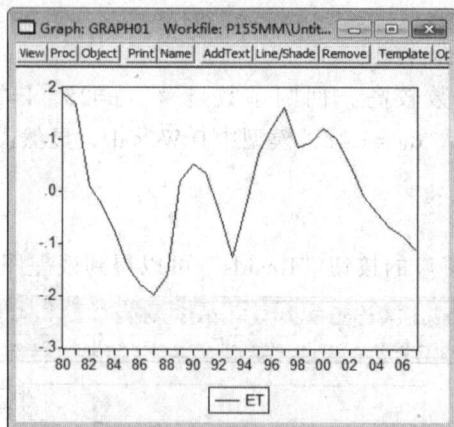

图6-31　残差时序图

从图6-31和图6-32中可以看出，随机干扰项呈现正相关。

2.虚假序列相关检验

由于时间序列数据容易出现伪回归现象，因此，做回归分析是需要格外谨慎的。本例中，Y和X都是时间序列数据，所以有理由怀疑较高的R^2部分是由这一共同的变化趋势带来的。为了排除时间序列模型中的这种随时间变动而具有的共同变化趋势的影响，一种解决方案是在模型中引入时间趋势项，将这种影响分离出来。点击Quick/Graph/Line Graph，在弹出对话框中输入"X Y"，再点击"OK"，得到全社会固定资产投资X与工业增加值Y的时序图，如图6-33所示。

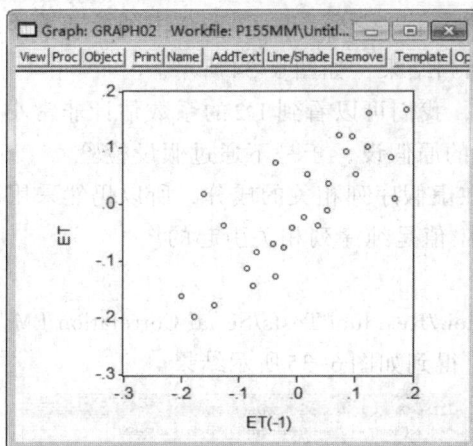

图 6-32 $\tilde{e}_t$ 与 $\tilde{e}_{t-1}$ 散点图

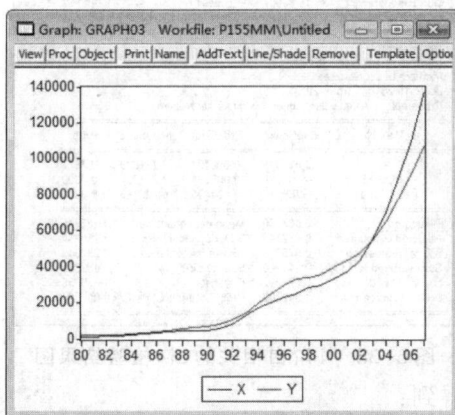

图 6-33 X 和 Y 时序图

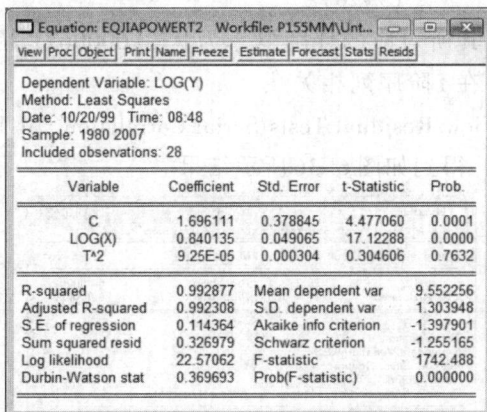

图 6-34 引入新变量 T^2 方程估计结果图

由图 6-33 可以看出，由于全社会固定资产投资 X 与工业增加值 Y 均呈现非线性变化态势，我们引入时间变量 T（T = 1, 2, …, 28）以平方的形式出现。

点击工作文件窗口工具栏中的 Object/ Generate Series…，在弹出的对话框中输入"T=@TREND+1"，点击"OK"得到时间变量序列 T。

点击主界面菜单Quick/Estimate Equation，在弹出的对话框中输入“log（Y）C log（X）T^2”，点击确定即可得到回归结果，如图6-34所示。

根据图6-34中的数据，我们可以看到T^2的系数估计非常小，而且其伴随概率P值为0.7632，即接受其系数为0的原假设，于是不通过假设检验。

我们认为原模型不存在虚假序列相关的成分，所以仍然采用原模型，即不引入时间趋势项，原模型中较低的D.W.值是纯序列相关引起的。

3.拉格朗日乘数检验

在图6-28中，点击View/Residual Tests/Serial Correlation LM Test…，在弹出的对话框中输入“1”，点击“OK”，得到如图6-35所示结果。

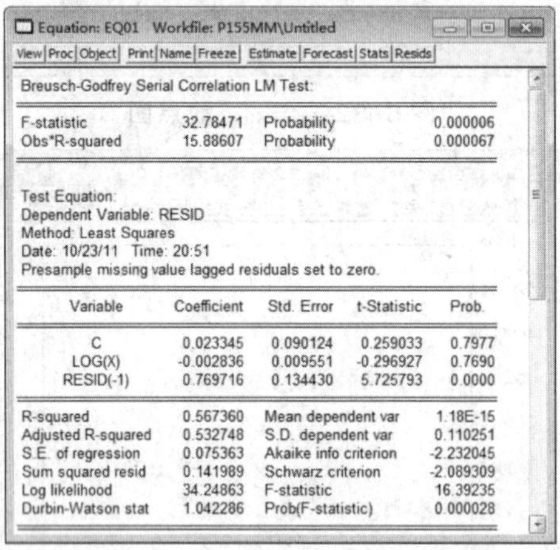
Equation: EQ01　Workfile: P155MM\Untitled

View | Proc | Object | Print | Name | Freeze | Estimate | Forecast | Stats | Resids

Breusch-Godfrey Serial Correlation LM Test:

F-statistic	32.78471	Probability	0.000006
Obs*R-squared	15.88607	Probability	0.000067

Test Equation:
Dependent Variable: RESID
Method: Least Squares
Date: 10/23/11　Time: 20:51
Presample missing value lagged residuals set to zero.

Variable	Coefficient	Std. Error	t-Statistic	Prob.
C	0.023345	0.090124	0.259033	0.7977
LOG(X)	-0.002836	0.009551	-0.296927	0.7690
RESID(-1)	0.769716	0.134430	5.725793	0.0000

R-squared	0.567360	Mean dependent var	1.18E-15
Adjusted R-squared	0.532748	S.D. dependent var	0.110251
S.E. of regression	0.075363	Akaike info criterion	-2.232045
Sum squared resid	0.141989	Schwarz criterion	-2.089309
Log likelihood	34.24863	F-statistic	16.39235
Durbin-Watson stat	1.042286	Prob(F-statistic)	0.000028

图6-35　1阶自相关的LM检验结果图

根据图6-35中的数据得到：

$$\tilde{e}_t = 0.023345 - 0.002836\ln X + 0.769716\tilde{e}_{t-1}$$

$$(0.259)\qquad(-0.297)\qquad(5.726)$$

$LM = nR^2 = 15.88607$，其所对应的伴随概率为$P = 0.000067$，因此，如果取显著性水平5%，则可以判断原模型存在1阶序列相关性。

在图6-28中，点击View/Residual Tests/Serial Correlation LM Test…，在弹出的对话框中输入“2”，点击“OK”，得到如图6-36所示结果。

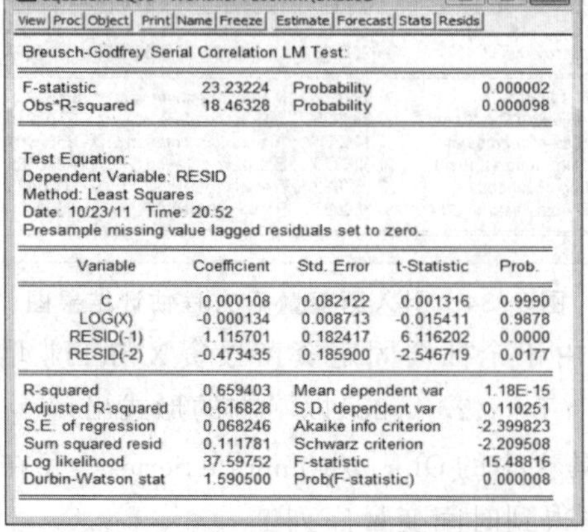
Equation: EQ01　Workfile: P155MM\Untitled

View | Proc | Object | Print | Name | Freeze | Estimate | Forecast | Stats | Resids

Breusch-Godfrey Serial Correlation LM Test:

F-statistic	23.23224	Probability	0.000002
Obs*R-squared	18.46328	Probability	0.000098

Test Equation:
Dependent Variable: RESID
Method: Least Squares
Date: 10/23/11　Time: 20:52
Presample missing value lagged residuals set to zero.

Variable	Coefficient	Std. Error	t-Statistic	Prob.
C	0.000108	0.082122	0.001316	0.9990
LOG(X)	-0.000134	0.008713	-0.015411	0.9878
RESID(-1)	1.115701	0.182417	6.116202	0.0000
RESID(-2)	-0.473435	0.185900	-2.546719	0.0177

R-squared	0.659403	Mean dependent var	1.18E-15
Adjusted R-squared	0.616828	S.D. dependent var	0.110251
S.E. of regression	0.068246	Akaike info criterion	-2.399823
Sum squared resid	0.111781	Schwarz criterion	-2.209508
Log likelihood	37.59752	F-statistic	15.48816
Durbin-Watson stat	1.590500	Prob(F-statistic)	0.000008

图6-36　2阶自相关的LM检验结果图

根据图6-36中的数据得到：

$$\tilde{e}_t = 0.000108 - 0.000134\ln X + 1.115701\tilde{e}_{t-1} - 0.473435\tilde{e}_{t-2}$$
$$(0.0013)\quad(-0.0154)\qquad(5.1162)\qquad(-2.5467)$$

$LM = nR^2 = 18.46328$，其所对应的伴随概率 $P = 0.000098$，模型存在序列相关性，又 $\tilde{e}_{t-2}$ 的参数通过了5%的显著性检验，表明模型存在2阶序列相关性。

同样的，在图6-28中，点击View/Residual Tests/Serial Correlation LM Test…，在弹出的对话框中输入“3”，点击“OK”，得到如图6-37所示结果。

Equation: EQ01 Workfile: P155MM\Untitled

View | Proc | Object | Print | Name | Freeze | Estimate | Forecast | Stats | Resids

Breusch-Godfrey Serial Correlation LM Test:

F-statistic	14.97751	Probability	0.000013
Obs*R-squared	18.52001	Probability	0.000344

Test Equation:
Dependent Variable: RESID
Method: Least Squares
Date: 10/23/11 Time: 20:53
Presample missing value lagged residuals set to zero.

Variable	Coefficient	Std. Error	t-Statistic	Prob.
C	0.004190	0.084359	0.049669	0.9608
LOG(X)	-0.000605	0.008965	-0.067492	0.9468
RESID(-1)	1.152317	0.210377	5.477401	0.0000
RESID(-2)	-0.558721	0.297820	-1.876033	0.0734
RESID(-3)	0.079894	0.215356	0.370984	0.7140

R-squared	0.661429	Mean dependent var	1.18E-15
Adjusted R-squared	0.602547	S.D. dependent var	0.110251
S.E. of regression	0.069506	Akaike info criterion	-2.334360
Sum squared resid	0.111117	Schwarz criterion	-2.096467
Log likelihood	37.68105	F-statistic	11.23313
Durbin-Watson stat	1.637381	Prob(F-statistic)	0.000034

图6-37 3阶自相关的LM检验结果图

根据图6-37中的数据得到：

$$\tilde{e}_t = 0.004190 - 0.000605\ln X + 1.152317\tilde{e}_{t-1} - 0.558721\tilde{e}_{t-2} + 0.079894\tilde{e}_{t-3}$$
$$(0.0497)\quad(-0.0675)\qquad(5.4774)\qquad(-1.8760)\qquad(0.3710)$$

$LM = nR^2 = 18.52001$，其所对应的伴随概率为 $P = 0.000344$，因此，如果取显著性水平5%，则可以判断原模型存在序列相关性，但 $\tilde{e}_{t-3}$ 的参数未通过5%的显著性检验，表明并不存在3阶序列相关性。结合2阶滞后残差项的辅助回归情况，可以判断模型存在显著的2阶序列相关性。

点击主界面Quick/Estimate Equation，在弹出的对话框中输入“log（Y）C log（X）AR（1）AR（2）”，点击确定即可得到回归结果，如图6-38所示。

Equation: EQ02 Workfile: P155MM\Untitled

View | Proc | Object | Print | Name | Freeze | Estimate | Forecast | Stats | Resids

Dependent Variable: LOG(Y)
Method: Least Squares
Date: 10/23/11 Time: 20:54
Sample (adjusted): 1982 2007
Included observations: 26 after adjustments
Convergence achieved after 8 iterations

Variable	Coefficient	Std. Error	t-Statistic	Prob.
C	1.462411	0.220309	6.638005	0.0000
LOG(X)	0.865725	0.022741	38.06892	0.0000
AR(1)	1.153100	0.179489	6.424365	0.0000
AR(2)	-0.516672	0.168869	-3.059610	0.0057

R-squared	0.998087	Mean dependent var	9.701508
Adjusted R-squared	0.997826	S.D. dependent var	1.229613
S.E. of regression	0.057334	Akaike info criterion	-2.739210
Sum squared resid	0.072318	Schwarz criterion	-2.545657
Log likelihood	39.60973	F-statistic	3825.609
Durbin-Watson stat	1.819703	Prob(F-statistic)	0.000000
Inverted AR Roots	.58-.43i	.58+.43i	

图6-38 广义差分模型的估计结果图

根据图6-38中的数据得到广义最小二乘法的估计结果为：

$$\ln \hat{Y}_t = 1.462411 + 0.865725 \ln X_t + 1.153100 AR(1) - 0.516672 AR(2)$$

$$\quad (6.6380) \quad\quad (38.0689) \quad\quad (6.4244) \quad\quad\quad (-3.0596)$$

$$R^2 = 0.998087 \quad\quad \bar{R}^2 = 0.997826 \quad\quad D.W. = 1.819703$$

在5%的显著性水平下，查D.W.统计表可知，$d_L = 1.14$，$d_U = 1.65$（样本容量为26），则有 $d_U < D.W. < 4 - d_U$，即序列已经不存在相关性。

1阶自相关LM检验结果如图6-39所示。

Breusch-Godfrey Serial Correlation LM Test:

F-statistic	0.091138	Probability	0.765705
Obs*R-squared	0.112350	Probability	0.737484

图6-39　1阶自相关的LM检验结果图

（四）使用广义最小二乘法估计模型

按题目第二个要求，假设存在1阶自相关 $\mu_t = \rho \mu_{t-1} + \varepsilon_t$，然后使用广义最小二乘法进行估计。

对于原模型 $\ln Y_t = \beta_0 + \beta_1 \ln X_t + \mu_t$，存在序列相关性，于是要找到一个可逆矩阵 D，用 D^{-1} 乘上式两边，得到一个新的模型：

$$D^{-1} \ln Y_t = D^{-1} \beta_0 + D^{-1} \beta_1 \ln X_t + D^{-1} \mu_t$$

即：

$$Y_* = \beta_{0*} + X_* \beta_1 + \mu_*$$

由1阶自相关假设 $\mu_t = \rho \mu_{t-1} + \varepsilon_t$，可得：

$$D^{-1} = \begin{bmatrix} \sqrt{1-\rho^2} & 0 & 0 & \cdots & 0 & 0 & 0 \\ -\rho & 1 & 0 & \cdots & 0 & 0 & 0 \\ 0 & -\rho & 1 & \cdots & 0 & 0 & 0 \\ \vdots & \vdots & \vdots & & \vdots & \vdots & \vdots \\ 0 & 0 & 0 & \cdots & 1 & 0 & 0 \\ 0 & 0 & 0 & \cdots & -\rho & 1 & 0 \\ 0 & 0 & 0 & \cdots & 0 & -\rho & 1 \end{bmatrix}$$

首先计算 ρ 的值，我们可以根据OLS估计出来的D.W.值来计算。

因为样本容量较大时可根据 $\rho = 1 - D.W./2$ 计算，又 $D.W. = 0.379323$，因此，得 $\rho = 0.8103385$，由此，我们可以直接计算新产生的序列 Y_* 跟 X_*。

点击工作文件窗口工具栏中的Object/Generate Series…，在弹出的对话框中输入命令"lnY=log（Y）"，来产生取了自然对数后的 Y 序列，如图6-40所示。同样的，使用命令"YX=-0.8103385×lnY（-1）+lnY"，来生成新的序列 Y_*，如图6-41所示，此时产生的 Y_*，只有后 n-1 项，我们必须人工计算 $Y_{*1} = \sqrt{1-\rho^2} \times \ln Y_1$，然后补充到新产生的YX序列中去。

同样的操作，我们生成 X_*，即为XX序列，其第一项也是要人工计算然后补充的。产生的新序列如图6-42所示。

于是我们就可以对新序列 Y_*（YX）跟 X_*（XX）进行最小二乘估计了。

点击主界面Quick/Estimate Equation，在弹出的对话框中输入"YX C XX"，点击确定即可得到回归结果如图6-43所示。

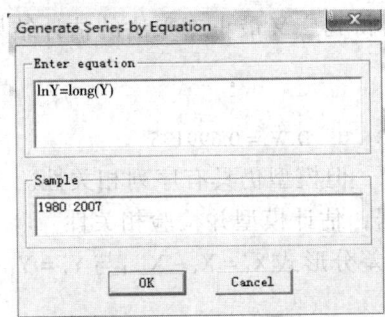

图6-40　生成新序列 lnY=log（Y）过程图

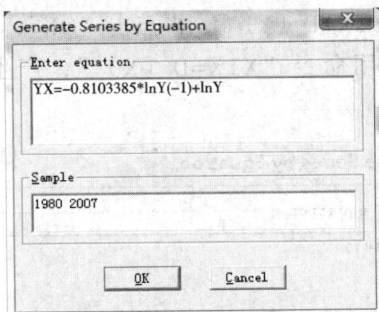

图6-41　生成新序列 Y* 过程图

图6-42　新序列 X*、Y* 数据结果图

图6-43　广义最小二乘法估计结果图

根据图6-43中的数据，可得到广义最小二乘法的估计结果：

$Y_t = -0.137478 + 1.080952X_t$

　　　（-1.51）　　（24.52）

$R^2 = 0.958557$　　　$\bar{R}^2 = 0.956963$　　　D.W. = 0.699135

可见D.W.值已经有所改善，但模型仍具有序列相关性。

（五）采用差分形式作为新数据，估计模型并检验相关性

按题目第三个要求，采用差分形式 $X_t^* = X_t - X_{t-1}$ 与 $Y_t^* = Y_t - Y_{t-1}$ 作为新数据，并估计模型 $Y_t^* = \alpha_0 + \alpha_1 X_t^* + \upsilon_t$。

首先要产生新序列 Y_t^* 跟 X_t^*。点击工作文件窗口工具栏中的Object/Generate Series…，在弹出的对话框中输入命令"YTX=D（Y）"，再点击"OK"，就产生了新的序列 Y_t^*（YTX），如图6-44所示；同样的，使用命令"XTX=D（X）"，产生新的序列 X_t^*（XTX），如图6-45所示。

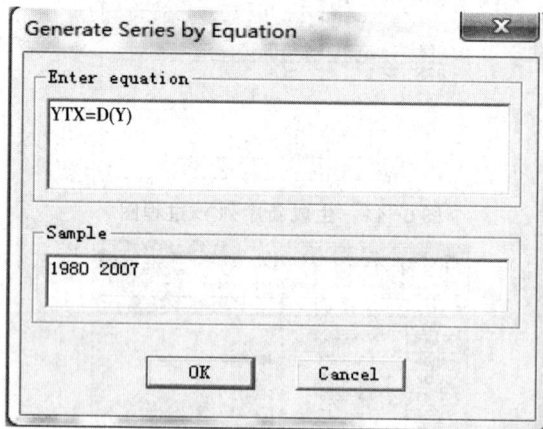

图6-44　产生新序列 Y_t^*（YTX）过程图

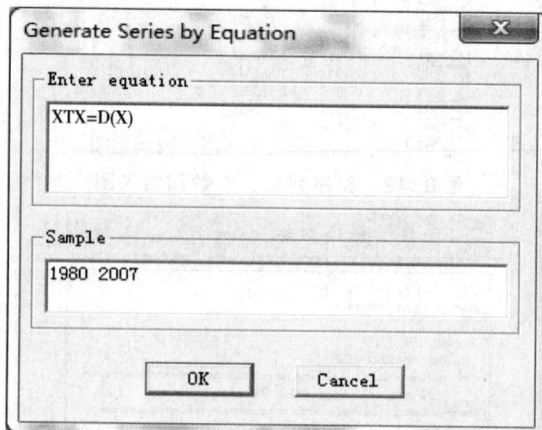

图6-45　产生新序列 X_t^*（XTX）过程图

于是，就可以对新序列进行估计，采用普通最小二乘法估计。点击主界面Quick/Estimate Equation，在弹出的对话框中输入"YTX C XTX"，点击确定，得到回归结果如图6-46所示。

根据图6-46中的数据，得到模型估计结果为：

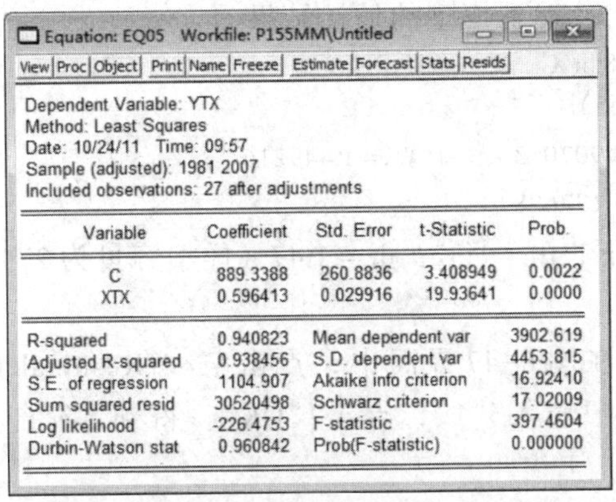
Equation: EQ05 Workfile: P155MM\Untitled

View | Proc | Object | Print | Name | Freeze | Estimate | Forecast | Stats | Resids

Dependent Variable: YTX
Method: Least Squares
Date: 10/24/11 Time: 09:57
Sample (adjusted): 1981 2007
Included observations: 27 after adjustments

Variable	Coefficient	Std. Error	t-Statistic	Prob.
C	889.3388	260.8836	3.408949	0.0022
XTX	0.596413	0.029916	19.93641	0.0000

R-squared	0.940823	Mean dependent var	3902.619
Adjusted R-squared	0.938456	S.D. dependent var	4453.815
S.E. of regression	1104.907	Akaike info criterion	16.92410
Sum squared resid	30520498	Schwarz criterion	17.02009
Log likelihood	-226.4753	F-statistic	397.4604
Durbin-Watson stat	0.960842	Prob(F-statistic)	0.000000

图6-46 1阶差分模型估计结果图

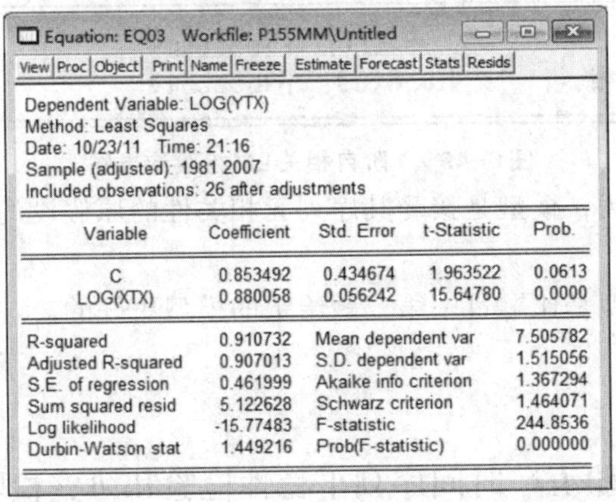
Equation: EQ03 Workfile: P155MM\Untitled

View | Proc | Object | Print | Name | Freeze | Estimate | Forecast | Stats | Resids

Dependent Variable: LOG(YTX)
Method: Least Squares
Date: 10/23/11 Time: 21:16
Sample (adjusted): 1981 2007
Included observations: 26 after adjustments

Variable	Coefficient	Std. Error	t-Statistic	Prob.
C	0.853492	0.434674	1.963522	0.0613
LOG(XTX)	0.880058	0.056242	15.64780	0.0000

R-squared	0.910732	Mean dependent var	7.505782
Adjusted R-squared	0.907013	S.D. dependent var	1.515056
S.E. of regression	0.461999	Akaike info criterion	1.367294
Sum squared resid	5.122628	Schwarz criterion	1.464071
Log likelihood	-15.77483	F-statistic	244.8536
Durbin-Watson stat	1.449216	Prob(F-statistic)	0.000000

图6-47 取对数后1阶差分模型估计结果图

$Y_t^* = 889.3388 + 0.596413X_t^*$

(3.4089) (19.9364)

$R^2 = 0.940823$ $\bar{R}^2 = 0.938456$ $D.W. = 0.960842$

$F = 397.4604$ $RSS = 30520498$

在5%的显著性水平下，$d_L = 1.32$，$d_U = 1.47$（样本容量为27），有$D.W. < d_L$，即序列存在正自相关。

其1阶LM检验结果如图6-48所示。

Breusch-Godfrey Serial Correlation LM Test:

F-statistic	8.074951	Probability	0.009012
Obs*R-squared	6.797319	Probability	0.009129

图6-48 1阶自相关LM检验结果图

从图中数据也可以看到，模型是拒绝其序列无相关性的假设的，模型存在序列相关性。

接下来，我们不妨考虑双对数模型对此新数据进行估计。设定模型为：

$\ln Y_t^* = \gamma_0 + \gamma_1 \ln X_t^* + \omega_t$

采用最小二乘法估计，点击主界面Quick/Estimate Equation，在弹出的对话框中输入

"log（YTX）C log（XTX）"，点击"OK"，得到如图6-47所示结果。

根据图6-47中的数据，得到模型的估计结果为：

$$\ln Y_t^* = 0.853492 + 0.880058 \ln X_t^*$$
$$\quad\quad\quad (1.96) \quad\quad\quad (15.65)$$

$R^2 = 0.910732 \quad\quad \bar{R}^2 = 0.907013 \quad\quad D.W. = 1.449216$

$F = 244.8536 \quad\quad RSS = 5.122628$

在5%的显著性水平下，$d_L = 1.32$，$d_U = 1.47$（样本容量为27），有 $d_L < D.W. < d_U$，序列相关性不能确定。

于是进行LM检验，在图6-47界面中，点击View/Residual Tests/Serial Correlation LM Test…，在弹出的对话框中输入"1"，点击"OK"。得到1阶自相关LM检验结果，如图6-49所示。

Breusch-Godfrey Serial Correlation LM Test:

F-statistic	0.954650	Probability	0.338704
Obs*R-squared	1.036163	Probability	0.308716

图6-49　1阶自相关LM检验结果图

从图中数据可以看到，模型是接受其序列无相关性的原假设的，即模型已经不存在序列相关性了。

可见采用双对数模型是比题目中第三题给定的模型更好的。

实验五　时间序列平稳性检验和协整检验

一、实验目的

1.熟悉EViews软件在时间序列平稳性和协整性检验中的基本使用方法。

2.掌握时间序列平稳性的检验方法。

3.掌握时间序列协整性的检验方法。

二、理论知识

（一）前期要求掌握的知识

了解EViews软件在建立时间序列模型时的基本功能，理解截面数据和时间序列数据建立模型的不同，理解为什么要对时间序列进行平稳性检验和协整检验。

（二）本实验知识点

1.理解时间序列平稳的含义。

2.掌握时间序列平稳性检验的原理。

3.理解时间序列协整的含义。

4.掌握时间序列协整检验方法的原理。

三、实验重点及难点

重点：理解时间序列进行平稳性检验和协整检验的原因；掌握时间序列进行平稳性检验和协整检验的方法。

难点：掌握时间序列平稳性检验方法中ADF检验的三个模型检验顺序及EViews中的实现，理解使用不同模型时ADF分布临界值表的不同；理解协整的含义。

四、实验内容

根据提供的数据，个人完成以下任务：

1.检验1978—2006年中国CPI时间序列数据的平稳性和单整性；

2.对中国居民总量消费和支出数据取对数，然后检验二者的协整性。

五、实验步骤

实验材料和原始数据：

1978—2006年中国居民消费价格指数CPI见表6-10。

表6-10　　　　1978—2006年中国居民消费价格指数CPI（1990年=100）

年份	CPI	年份	CPI	年份	CPI
1978	46.21	1988	82.3	1998	202.59
1979	47.07	1989	97	1999	199.72
1980	50.62	1990	100	2000	200.55
1981	51.9	1991	103.42	2001	201.94
1982	52.95	1992	110.03	2002	200.32
1983	54	1993	126.2	2003	202.73
1984	55.47	1994	156.65	2004	210.63
1985	60.65	1995	183.41	2005	214.42
1986	64.57	1996	198.66	2006	217.65
1987	69.3	1997	204.21		

要求：

1.对CPI序列进行单位根检验，明确它们的平稳性。

2.检验CPI的单整性。

中国居民总消费支出与收入资料见表6-11。

表6-11　　　　　　　　中国居民总消费支出与收入资料　　　　　　　　单位：亿元

年份	GDP	CONS	CPI	TAX	X	Y
1980	4 592.90	2 331.20	50.62	571.70	7 944.20	4 605.50
1981	5 008.80	2 627.90	51.90	629.89	8 438.00	5 063.90
1982	5 590.00	2 902.90	52.95	700.02	9 235.20	5 482.40
1983	6 216.20	3 231.10	54.00	775.59	10 074.60	5 983.20
1984	7 362.70	3 742.00	55.47	947.35	11 565.00	6 745.70
1985	9 076.70	4 687.40	60.65	2 040.79	11 601.70	7 729.20
1986	10 508.50	5 302.10	64.57	2 090.37	13 036.50	8 210.90
1987	12 277.40	6 126.10	69.30	2 140.36	14 627.70	8 840.00

年份	GDP	CONS	CPI	TAX	X	Y
1988	15 388.60	7 868.10	82.30	2 390.47	15 794.00	9 560.50
1989	17 311.30	8 812.60	97.00	2 727.40	15 035.50	9 085.50
1990	19 347.80	9 450.90	100.00	2 821.86	16 525.90	9 450.90
1991	22 577.40	10 730.60	103.42	2 990.17	18 939.60	10 375.80
1992	27 565.20	13 000.10	110.03	3 296.91	22 056.50	11 815.30
1993	36 938.10	16 412.10	126.20	4 255.30	25 897.30	13 004.70
1994	50 217.40	21 844.20	156.65	5 126.88	28 783.40	13 944.20
1995	63 216.90	28 369.70	183.41	6 038.04	31 175.40	15 467.90
1996	74 163.60	33 955.90	198.66	6 909.82	33 853.70	17 092.50
1997	81 658.50	36 921.50	204.21	8 234.04	35 956.20	18 080.60
1998	86 531.60	39 229.30	202.59	9 262.80	38 140.90	19 364.10
1999	91 125.00	41 920.40	199.72	10 682.58	40 277.00	20 989.30
2000	98 749.00	45 854.60	200.55	12 581.51	42 964.60	22 863.90
2001	109 029.0	49 435.90	201.94	15 301.38	46 413.60	24 480.49
2002	120 475.6	53 056.60	200.32	17 636.45	51 337.44	26 485.92
2003	136 613.4	57 649.80	202.73	20 017.31	57 512.99	28 436.74
2004	160 956.6	65 218.50	210.63	24 165.68	64 943.70	30 963.54
2005	187 423.4	72 958.70	214.42	28 778.54	73 987.90	34 026.07
2006	222 712.5	82 575.50	217.65	34 805.35	86 334.55	37 939.58
2007	266 599.2	96 332.50	228.10	45 621.97	96 877.35	42 232.57
2008	315 974.6	111 670.4	241.54	45 223.79	112 093.6	46 232.67
2009	348 775.1	123 584.6	239.83	59 521.59	120 607.7	51 530.08
2010	402 816.5	140 758.6	247.74	73 210.79	133 045.0	56 817.07
2011	472 619.2	168 956.6	261.09	89 738.39	146 647.1	64 712.02
2012	529 399.2	190 584.6	276.20	100 614.3	155 244.4	69 002.39
2013	586 673.0	212 187.5	274.86	110 530.7	173 230.8	77 198.39

要求：

1. 对 lnY 与 lnX 序列进行单位根检验，检验它们的平稳性；

2. 检验 lnY 与 lnX 序列的单整性；

3. 检验 lnY 与 lnX 的协整性；

（一）平稳性、单整性检验

1.建立工作文件并录入数据

1978—2006年中国居民消费价格指数CPI数据如图6-50所示。

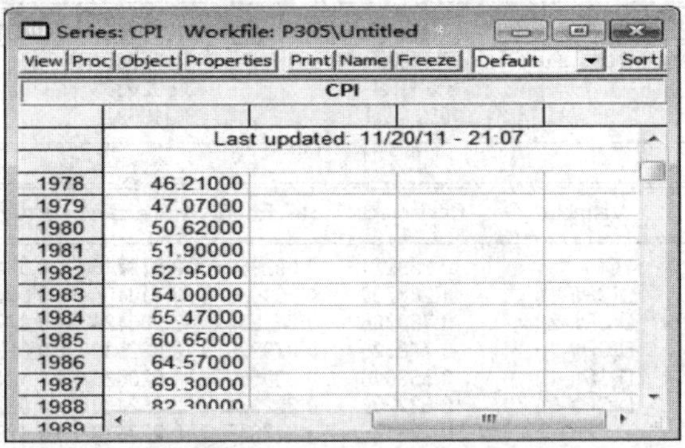

图6-50 1978—2006年中国居民消费价格指数CPI数据

2.平稳性检验

采用ADF检验对CPI序列进行平稳性的单位根检验。点击主界面Quick/Series Statistics/Unit Root Test…，在弹出的Series对话框中输入"CPI"，点击"OK"，就会出现"Unit Root Test"对话框，如图6-51所示。

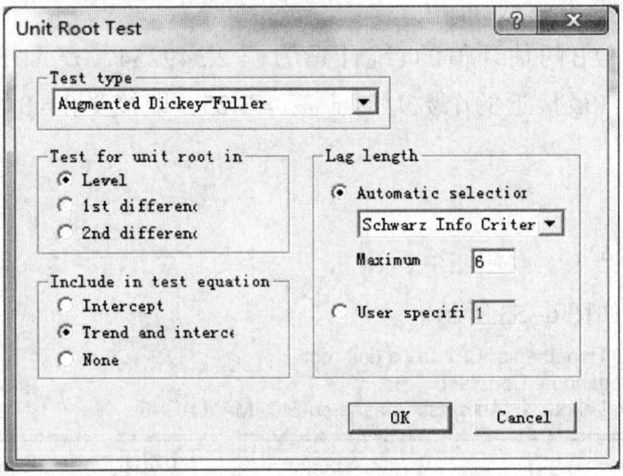

图6-51 ADF单位根检验过程选项示意图

"Unit Root Test"对话框的设置如下："Test for unit root in"栏中，"Level"是水平序列，"1st difference sequence"是1阶差分序列，"2nd difference sequence"是2阶差分序列；"Include in test equation"栏中，"Intercept"是常数项，对应ADF检验中的第2个模型，"Trend and intercept"是趋势项加常数项，对应ADF检验中的第3个模型，None是没有趋势项跟常数项，对应ADF检验中的第1个模型；右侧的"Lag length"是滞后阶数的确定，系统默认是用SC值确定，且默认最大滞后阶数为6阶。

本例中，对于CPI序列的单位根检验是选择Level项，ADF检验结果如下。

对于模型3：

$$\Delta Y_t = \alpha + \beta t + \delta Y_{t-1} + \sum_i^m \beta_i \Delta Y_{t-1}$$

单位根检验结果如图6-52所示。

Null Hypothesis: CPI has a unit root
Exogenous: Constant, Linear Trend
Lag Length: 5 (Automatic based on SIC, MAXLAG=6)

		t-Statistic	Prob.*
Augmented Dickey-Fuller test statistic		-2.573746	0.2939
Test critical values:	1% level	-4.416345	
	5% level	-3.622033	
	10% level	-3.248592	

Variable	Coefficient	Std. Error	t-Statistic	Prob.
CPI(-1)	-0.239274	0.092967	-2.573746	0.0212
D(CPI(-1))	1.288739	0.201039	6.410404	0.0000
D(CPI(-2))	-0.780205	0.341234	-2.286421	0.0372
D(CPI(-3))	0.778529	0.379225	2.052949	0.0579
D(CPI(-4))	-0.553016	0.339560	-1.628628	0.1242
D(CPI(-5))	0.522295	0.222024	2.352430	0.0327
C	0.725175	3.242045	0.223678	0.8260
@TREND(1978)	1.884966	0.802368	2.349254	0.0329

图6-52 模型3单位根检验结果

由图6-52可以看到伴随概率 $P = 0.2939$，在5%的水平下接受有单位根的原假设。模型3的估计结果为：

$$\widehat{\Delta CPI_t} = 0.725 + 1.885t - 0.239CPI_{t-1} + 1.289\Delta CPI_{t-1} - 0.780\Delta CPI_{t-2} + 0.779\Delta CPI_{t-3}$$
$$- 0.553\Delta CPI_{t-4} + 0.522\Delta CPI_{t-5}$$

其中，趋势项参数 β 的估计值的 t 统计量为 $t = 2.349254$，查 ADF 分布临界值表得，模型3样本个数为25个（最接近的个数）时 $\tau_{\beta\,0.025} = 3.25$，即接受 $\beta = 0$ 的原假设，于是可进行模型2的估计。

对于模型2：

$$\Delta Y_t = \alpha + \delta Y_{t-1} + \sum_i^m \beta_i \Delta Y_{t-1}$$

单位根检验结果如图6-53所示。

Null Hypothesis: CPI has a unit root
Exogenous: Constant
Lag Length: 2 (Automatic based on SIC, MAXLAG=6)

		t-Statistic	Prob.*
Augmented Dickey-Fuller test statistic		-0.472559	0.8815
Test critical values:	1% level	-3.711457	
	5% level	-2.981038	
	10% level	-2.629906	

Variable	Coefficient	Std. Error	t-Statistic	Prob.
CPI(-1)	-0.007510	0.015893	-0.472559	0.6412
D(CPI(-1))	1.127597	0.178756	6.308017	0.0000
D(CPI(-2))	-0.524934	0.181473	-2.892634	0.0084
C	3.483783	2.357623	1.477668	0.1537

R-squared	0.681683	Mean dependent var	6.424231
Adjusted R-squared	0.638276	S.D. dependent var	8.304869
S.E. of regression	4.994839	Akaike info criterion	6.195326
Sum squared resid	548.8651	Schwarz criterion	6.388879
Log likelihood	-76.53923	F-statistic	15.70448
Durbin-Watson stat	1.746395	Prob(F-statistic)	0.000011

图6-53 模型2单位根检验结果

由伴随概率 P = 0.8815 可知，在 5% 的水平下接受有单位根的原假设。模型 2 的估计结果为：

$$\Delta Y_t = \delta Y_{t-1} + \sum_i^m \beta_i \Delta Y_{t-1}$$

其中，常数项参数 α 的估计值的 t 统计量为 t = 1.477668，查 ADF 分布临界值表得，模型 2 样本个数为 25 个（最接近的个数）时 $\tau_{\alpha 0.025} = 2.97$，即接受 $\alpha = 0$ 的原假设，于是可以进行模型 1 的估计。

对于模型 1，单位根检验结果如图 6-54 所示。

Null Hypothesis: CPI has a unit root
Exogenous: None
Lag Length: 2 (Automatic based on SIC, MAXLAG=6)

	t-Statistic	Prob.*
Augmented Dickey-Fuller test statistic	1.382149	0.9541
Test critical values:　1% level	-2.656915	
5% level	-1.954414	
10% level	-1.609329	

Variable	Coefficient	Std. Error	t-Statistic	Prob.
CPI(-1)	0.012218	0.008840	1.382149	0.1802
D(CPI(-1))	1.191832	0.177795	6.703404	0.0000
D(CPI(-2))	-0.548991	0.185333	-2.962194	0.0070

R-squared	0.650090	Mean dependent var	6.424231
Adjusted R-squared	0.619663	S.D. dependent var	8.304869
S.E. of regression	5.121736	Akaike info criterion	6.213031
Sum squared resid	603.3400	Schwarz criterion	6.358196
Log likelihood	-77.76940	Durbin-Watson stat	1.736252

图 6-54　模型 1 单位根检验结果

由图 6-54 可知概率 P = 0.9541，在 5% 的水平下接受有单位根的原假设。模型 1 的估计结果为：

$$\Delta CPI_t = 0.0122 CPI_{t-1} + 1.1918 \Delta CPI_{t-1} - 0.5490 \Delta CPI_{t-2}$$

综上所述，根据 ADF 检验知，CPI 序列存在单位根，即序列非平稳。

3. 单整性检验

所谓序列的单整性，就是原序列经过 d 阶差分后变成了平稳序列，就称原序列为 d 阶单整序列。于是对序列的单整性检验又转化为平稳性检验，即可用 ADF 检验，其不同的就仅仅是需要对原序列进行差分。

本例对 CPI 进行单整性检验，跟上述的平稳的 ADF 检验步骤类似，只是在 "Unit Root Test" 对话框的设置中选择 1st 选项，本例的检验结果如图 6-55 所示。

对于模型 3，1 阶差分后单位根检验结果如图 6-55 所示。

伴随概率 P = 0.1186，在 5% 的水平下接受有单位根的原假设。模型 3 的估计结果为：

$$\Delta^2 CPI_t = 2.650 - 0.0068t - 0.407 \Delta CPI_{t-1} + 0.545 \Delta^2 CPI_{t-1}$$

其中，趋势项参数 β 的估计值的 t 统计量为 -0.051258，查 ADF 分布临界值表得，模型 3 样本个数为 25 个（最接近的个数）时 $\tau_{\beta 0.025} = 3.25$，即接受 $\beta = 0$ 的原假设，于是可进行模型 2 的估计。

对于模型 2，1 阶差分后单位根检验结果如图 6-56 所示。

Null Hypothesis: D(CPI) has a unit root
Exogenous: Constant, Linear Trend
Lag Length: 1 (Automatic based on SIC, MAXLAG=6)

		t-Statistic	Prob.*
Augmented Dickey-Fuller test statistic		-3.138907	0.1186
Test critical values:	1% level	-4.356068	
	5% level	-3.595026	
	10% level	-3.233456	

Variable	Coefficient	Std. Error	t-Statistic	Prob.
D(CPI(-1))	-0.406944	0.129645	-3.138907	0.0048
D(CPI(-1),2)	0.544720	0.177936	3.061332	0.0057
C	2.650493	2.379769	1.113761	0.2774
@TREND(1978)	-0.006766	0.132002	-0.051258	0.9596

图 6-55　1 阶差分后模型 3 单位根检验结果

Null Hypothesis: D(CPI) has a unit root
Exogenous: Constant
Lag Length: 1 (Automatic based on SIC, MAXLAG=6)

		t-Statistic	Prob.*
Augmented Dickey-Fuller test statistic		-3.216849	0.0304
Test critical values:	1% level	-3.711457	
	5% level	-2.981038	
	10% level	-2.629906	

图 6-56　1 阶差分后模型 2 单位根检验结果

伴随概率 P = 0.0304 < 0.05，在 5% 的水平下拒绝有单位根的原假设，即 CPI 序列经过 1 阶差分后就已经是平稳的时间序列了，所以得到结论为：CPI 序列为 1 阶单整序列。

（二）协整检验

变量数列都不是平稳的，但它们的某种线性组合可能是稳定的，认为变量数列存在协整关系，即长期均衡关系或协同增长关系。

1. 平稳性、单整性检验

针对表 6-11，利用本次实验前述方法对 lnY 与 lnX 分别进行平稳性检验，结果表明二者均为 1 阶单整序列，即 I（1）序列。

2. EG 两步法协整检验

首先对模型 $\ln Y = \beta_0 + \beta_1 \ln X$ 进行 OLS 估计，估计结果如图 6-57 所示。新定义变量 e 等于估计模型所得残差，并对残差进行平稳性检验，检验结果如图 6-58 所示，结果表明残差是平稳的，所以 lnY 与 lnX 存在协整关系，即可以直接对该一元线性方程进行 OLS 估计。

注意：因为残差是估计量，所以对残差平稳性检验要使用麦金农提供的专门临界值，但如果基于 τ 统计量的临界值在很高的显著性水平上拒绝残差序列有单位根，则无须查表核对麦金农临界值，同时，在进行残差平稳性检验时，要选择在 level 水平下的第 3 个模型。

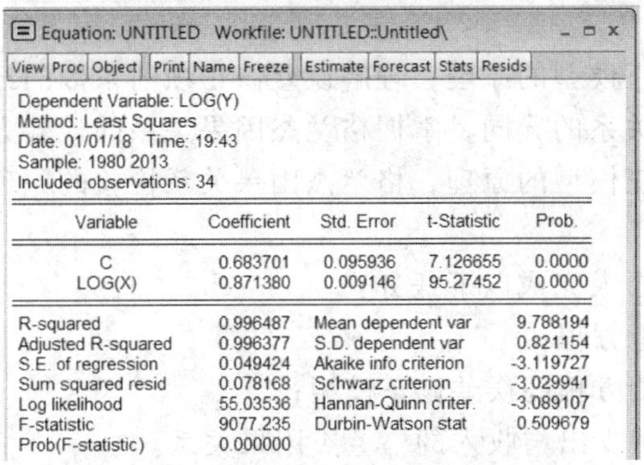

图 6-57　OLS 估计原模型结果图

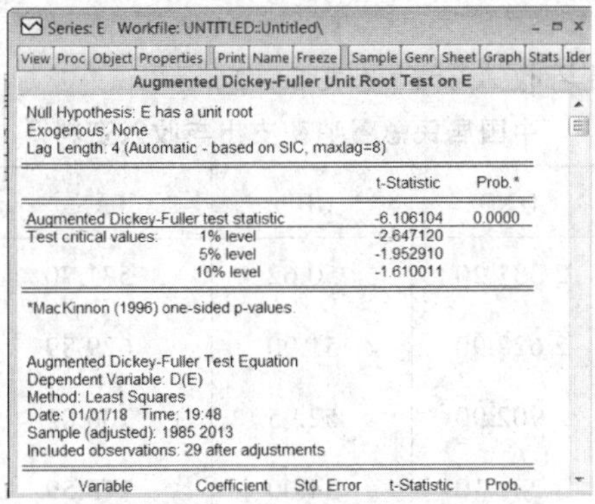

图 6-58　残差平稳性检验结果图

实验六　误差修正模型和格兰杰因果关系检验

一、实验目的

1. 熟悉 EViews 软件在误差修正模型和格兰杰因果关系检验中的基本使用方法。

2. 掌握误差修正模型的原理及 EViews 实现方法。

3. 掌握时间序列变量间格兰杰因果关系检验方法。

二、理论知识

（一）前期要求掌握的知识

了解 EViews 软件在建立误差修正模型和格兰杰因果关系检验时的基本功能，长期均衡关系和短期波动之间的关系，理解何谓格兰杰因果关系。

（二）本实验知识点

1. 理解长期均衡和短期波动之间的关系。

2. 理解误差修正模型的原理。

3. 理解格兰杰因果关系的含义。

4. 掌握格兰杰因果关系检验的原理。

三、实验重点及难点

重点：理解误差修正模型的原理，理解误差修正项前系数的经济含义，掌握格兰杰因果关系和平时所谓因果关系的异同，掌握格兰杰因果关系的检验方法。

难点：理解误差修正模型的原理，格兰杰因果关系检验的原理及滞后期的选择。

四、实验内容

根据提供的数据，个人完成以下任务：

1. 建立中国居民消费方程；
2. 建立中国居民消费方程的误差修正模型；
3. 检验中国居民消费支出与收入的格兰杰因果关系。

五、实验步骤

实验材料和原始数据：

中国居民总量消费支出与收入资料见表6-12。

表6-12　　　　　　　　　中国居民总量消费支出与收入资料　　　　　　　　单位：亿元

年份	GDP	CONS	CPI	TAX	X	Y
1980	4 592.90	2 331.20	50.62	571.70	7 944.20	4 605.50
1981	5 008.80	2 627.90	51.90	629.89	8 438.00	5 063.90
1982	5 590.00	2 902.90	52.95	700.02	9 235.20	5 482.40
1983	6 216.20	3 231.10	54.00	775.59	10 074.60	5 983.20
1984	7 362.70	3 742.00	55.47	947.35	11 565.00	6 745.70
1985	9 076.70	4 687.40	60.65	2 040.79	11 601.70	7 729.20
1986	10 508.50	5 302.10	64.57	2 090.37	13 036.50	8 210.90
1987	12 277.40	6 126.10	69.30	2 140.36	14 627.70	8 840.00
1988	15 388.60	7 868.10	82.30	2 390.47	15 794.00	9 560.50
1989	17 311.30	8 812.60	97.00	2 727.40	15 035.50	9 085.50
1990	19 347.80	9 450.90	100.00	2 821.86	16 525.90	9 450.90
1991	22 577.40	10 730.60	103.42	2 990.17	18 939.60	10 375.80
1992	27 565.20	13 000.10	110.03	3 296.91	22 056.50	11 815.30
1993	36 938.10	16 412.10	126.20	4 255.30	25 897.30	13 004.70
1994	50 217.40	21 844.20	156.65	5 126.88	28 783.40	13 944.20
1995	63 216.90	28 369.70	183.41	6 038.04	31 175.40	15 467.90
1996	74 163.60	33 955.90	198.66	6 909.82	33 853.70	17 092.50
1997	81 658.50	36 921.50	204.21	8 234.04	35 956.20	18 080.60
1998	86 531.60	39 229.30	202.59	9 262.80	38 140.90	19 364.10

年份	GDP	CONS	CPI	TAX	X	Y
1999	91 125.00	41 920.40	199.72	10 682.58	40 277.00	20 989.30
2000	98 749.00	45 854.60	200.55	12 581.51	42 964.60	22 863.90
2001	109 029.0	49 435.90	201.94	15 301.38	46 413.60	24 480.49
2002	120 475.6	53 056.60	200.32	17 636.45	51 337.44	26 485.92
2003	136 613.4	57 649.80	202.73	20 017.31	57 512.99	28 436.74
2004	160 956.6	65 218.50	210.63	24 165.68	64 943.70	30 963.54
2005	187 423.4	72 958.70	214.42	28 778.54	73 987.90	34 026.07
2006	222 712.5	82 575.50	217.65	34 805.35	86 334.55	37 939.58
2007	266 599.2	96 332.50	228.10	45 621.97	96 877.35	42 232.57
2008	315 974.6	111 670.4	241.54	45 223.79	112 093.6	46 232.67
2009	348 775.1	123 584.6	239.83	59 521.59	120 607.7	51 530.08
2010	402 816.5	140 758.6	247.74	73 210.79	133 045.0	56 817.07
2011	472 619.2	168 956.6	261.09	89 738.39	146 647.1	64 712.02
2012	529 399.2	190 584.6	276.20	100 614.3	155 244.4	69 002.39
2013	586 673.0	212 187.5	274.86	110 530.7	173 230.8	77 198.39

要求：

1.对 ln Y 与 ln X 序列进行单位根检验，检验它们的平稳性；

2.检验 ln Y 与 ln X 序列的单整性；

3.检验 ln Y 与 ln X 的协整性；

4.建立 ln Y 与 ln X 的误差修正模型；

5.检验 ln Y 与 ln X 的因果关系。

按实验五的方法分别对上述要求1、2、3进行检验，结果表明 ln Y 与 ln X 均为1阶单整，且二者存在协整关系。

（一）误差修正模型

用 OLS 估计模型 $LnY = \beta_0 + \beta_1 LnX$，得残差序列 e；

估计模型 $\Delta LnY_t = \beta_1 \Delta LnX_t - \lambda e_{t-1}$。

在命令栏中分别输入以下命令并分别回车：

Ls log（Y）c log（X）

Series e=resid

Ls d（log（Y））d（log（X））e（-1）

得到误差修正模型回归结果，如图6-59所示，即，

$\Delta LnY_t = 0.818\Delta LnX_t - 0.2861e_{t-1}$

　　　（14.755）　（-2.391）

再考虑二阶误差修正模型：

$$\Delta LnY_t = \delta\Delta LnY_{t-1} + \beta_2\Delta LnX_{t-1} + \beta_1\Delta LnX_t - \lambda e_{t-1}$$

在命令栏中输入以下命令并回车：Ls d（log（Y））d（log（X））d（log（Y（-1）））d（log（X（-1）））e（-1），结果如图6-60所示，d（log（X（-1）））前系数显著性检验未通过，将其剔除，在命令栏中输入以下命令并回车：Ls d（log（Y））d（log（X））d（log（Y（-1）））　e（-1），如图6-61所示。

所以最终的误差修正模型为：

$$\Delta LnY_t = 0.393\Delta LnY_{t-1} + 0.521\Delta LnX_t - 0.2261e_{t-1}$$
$$(3.850)\qquad(5.847)\qquad(-2.175)$$

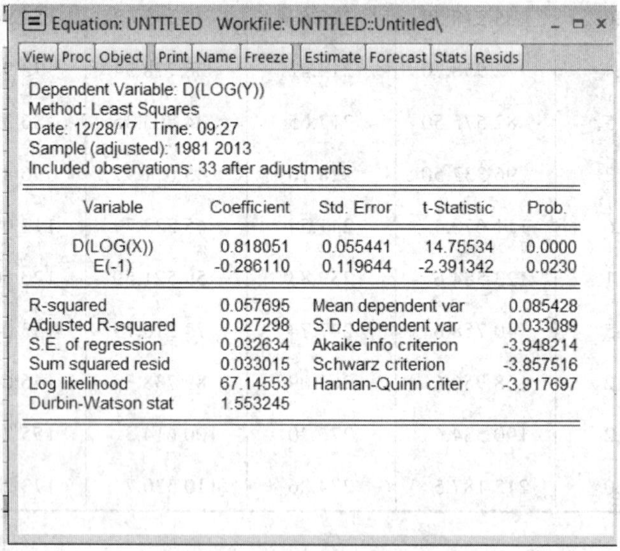

Equation: UNTITLED Workfile: UNTITLED::Untitled\

View | Proc | Object | Print | Name | Freeze | Estimate | Forecast | Stats | Resids

Dependent Variable: D(LOG(Y))
Method: Least Squares
Date: 12/28/17 Time: 09:27
Sample (adjusted): 1981 2013
Included observations: 33 after adjustments

Variable	Coefficient	Std. Error	t-Statistic	Prob.
D(LOG(X))	0.818051	0.055441	14.75534	0.0000
E(-1)	-0.286110	0.119644	-2.391342	0.0230

R-squared	0.057695	Mean dependent var	0.085428
Adjusted R-squared	0.027298	S.D. dependent var	0.033089
S.E. of regression	0.032634	Akaike info criterion	-3.948214
Sum squared resid	0.033015	Schwarz criterion	-3.857516
Log likelihood	67.14553	Hannan-Quinn criter.	-3.917697
Durbin-Watson stat	1.553245		

图6-59　1阶误差修正模型估计结果图

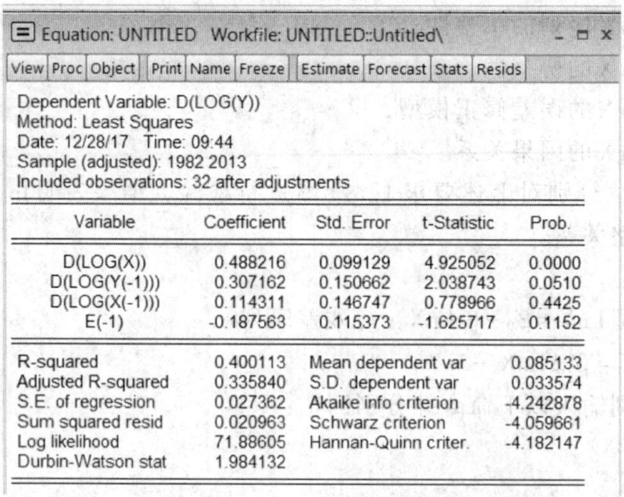

Equation: UNTITLED Workfile: UNTITLED::Untitled\

View | Proc | Object | Print | Name | Freeze | Estimate | Forecast | Stats | Resids

Dependent Variable: D(LOG(Y))
Method: Least Squares
Date: 12/28/17 Time: 09:44
Sample (adjusted): 1982 2013
Included observations: 32 after adjustments

Variable	Coefficient	Std. Error	t-Statistic	Prob.
D(LOG(X))	0.488216	0.099129	4.925052	0.0000
D(LOG(Y(-1)))	0.307162	0.150662	2.038743	0.0510
D(LOG(X(-1)))	0.114311	0.146747	0.778966	0.4425
E(-1)	-0.187563	0.115373	-1.625717	0.1152

R-squared	0.400113	Mean dependent var	0.085133
Adjusted R-squared	0.335840	S.D. dependent var	0.033574
S.E. of regression	0.027362	Akaike info criterion	-4.242878
Sum squared resid	0.020963	Schwarz criterion	-4.059661
Log likelihood	71.88605	Hannan-Quinn criter.	-4.182147
Durbin-Watson stat	1.984132		

图6-60　2阶误差修正模型估计结果图

（二）格兰杰因果关系检验

在命令栏输入以下命令敲回车：group AA log（Y）log（X）。再双击打开组AA，如图6-62所示。

Equation: UNTITLED Workfile: UNTITLED::Untitled\

View | Proc | Object | Print | Name | Freeze | Estimate | Forecast | Stats | Resids

Dependent Variable: D(LOG(Y))
Method: Least Squares
Date: 12/28/17 Time: 09:45
Sample (adjusted): 1982 2013
Included observations: 32 after adjustments

Variable	Coefficient	Std. Error	t-Statistic	Prob.
D(LOG(X))	0.521038	0.089118	5.846575	0.0000
D(LOG(Y(-1)))	0.392987	0.102062	3.850476	0.0006
E(-1)	-0.225698	0.103760	-2.175195	0.0379

R-squared	0.387113	Mean dependent var	0.085133
Adjusted R-squared	0.344845	S.D. dependent var	0.033574
S.E. of regression	0.027176	Akaike info criterion	-4.283939
Sum squared resid	0.021417	Schwarz criterion	-4.146526
Log likelihood	71.54302	Hannan-Quinn criter.	-4.238390
Durbin-Watson stat	2.183047		

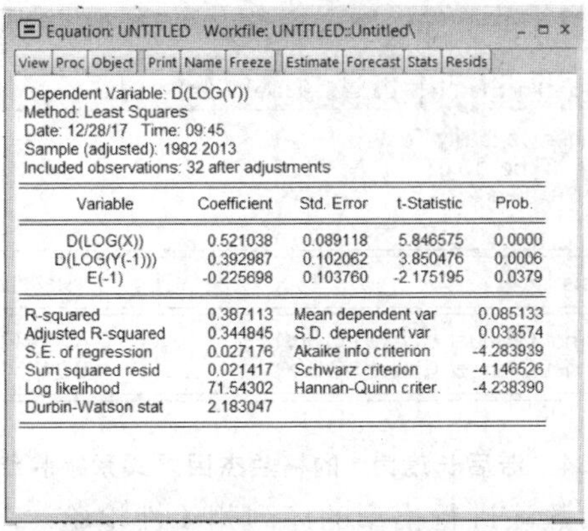

图6-61　最终误差修正模型估计结果图

Group: AA Workfile: UNTITLED::Untitled\

View | Proc | Object | Print | Name | Freeze | Default | Sort | Transpose | Edit+/- | Smpl-

obs	LOG(Y)	LOG(X)
1980	8.435007	8.980197
1981	8.529892	9.040501
1982	8.609298	9.130778
1983	8.696711	9.217773
1984	8.816681	9.355739
1985	8.952761	9.358907
1986	9.013218	9.475508
1987	9.087042	9.590672
1988	9.165396	9.667385
1989	9.114435	9.618169
1990	9.153865	9.712684
1991	9.247231	9.849010
1992	9.377151	10.00136
1993	9.473066	10.16189
1994	9.542819	10.26755
1995	9.646522	10.34738
1996	9.746395	10.42980
1997	9.802595	10.49006
1998	9.871176	10.54904
1999	9.951768	10.60354
2000		

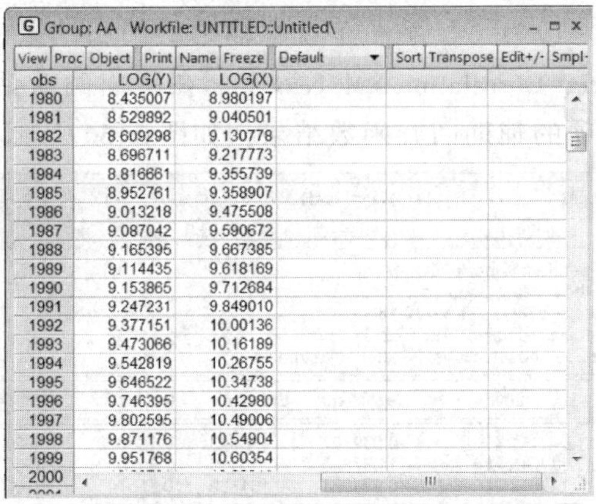

图6-62　数据组AA示意图

在图6-62窗口工具栏中单击View/Granger Causality…，屏幕弹出如图6-63所示的对话框。

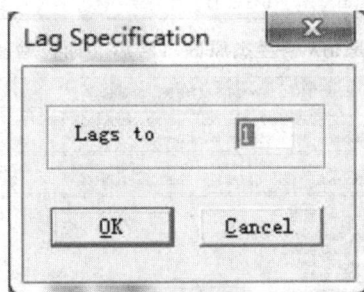

图6-63　格兰杰因果关系检验滞后期选择图

在图6-63所示对话框中输入滞后长度“1”，然后单击“OK”，屏幕会输出格兰杰因果关系检验结果，如图6-64所示。

由图6-64中伴随概率可知，在5%的显著性水平下，拒绝“LOG（X）不是LOG（Y）的格兰杰原因”的原假设，即“LOG（X）是LOG（Y）的格兰杰原因”；同时接受“LOG（Y）不是LOG（X）的格兰杰原因”。因此，从1阶滞后情况来看，取对数的收入（LOG（X））是取对数的消费（LOG（Y））的格兰杰原因，同时取对数的消费（LOG（Y））是取对数的收入（LOG（X））的格兰杰原因，即存在收入到消费的单向格兰杰原因。

Group: AA Workfile: UNTITLED::Untitled\

View | Proc | Object | Print | Name | Freeze | Sample | Sheet | Stats | Spec

Pairwise Granger Causality Tests
Date: 12/28/17 Time: 10:07
Sample: 1980 2013
Lags: 1

Null Hypothesis:	Obs	F-Statistic	Prob.
LOG(X) does not Granger Cause LOG(Y)	33	8.33473	0.0071
LOG(Y) does not Granger Cause LOG(X)		0.04654	0.8306

图 6-64 滞后长度为 1 的格兰杰因果关系检验结果图

下面再利用拉格朗日乘数法进行模型的序列相关性检验。

点击主界面菜单 Quick/Estimate Equation，在弹出的对话框中输入“ls log（X）c log（X（-1））log（Y（-1））”，敲回车，在输出的回归结果中（如图 6-65 所示），点击 View/Residual Tests/Serial Correlation LM Tess…，在弹出的对话框中输入“1”，点击确定即可得到 1 阶滞后残差项的辅助回归函数结果，如图 6-66 所示。

Equation: UNTITLED Workfile: UNTITLED::Untitled\

View | Proc | Object | Print | Name | Freeze | Estimate | Forecast | Stats | Resids

Dependent Variable: LOG(X)
Method: Least Squares
Date: 12/28/17 Time: 10:13
Sample (adjusted): 1981 2013
Included observations: 33 after adjustments

Variable	Coefficient	Std. Error	t-Statistic	Prob.
C	0.039397	0.146643	0.268662	0.7900
LOG(X(-1))	1.037846	0.140419	7.391052	0.0000
LOG(Y(-1))	-0.034851	0.161539	-0.215743	0.8306

R-squared	0.997849	Mean dependent var	10.49285
Adjusted R-squared	0.997705	S.D. dependent var	0.918246
S.E. of regression	0.043988	Akaike info criterion	-3.323300
Sum squared resid	0.058048	Schwarz criterion	-3.187253
Log likelihood	57.83444	Hannan-Quinn criter.	-3.277524
F-statistic	6957.252	Durbin-Watson stat	1.642466
Prob(F-statistic)	0.000000		

图 6-65 lnY 不是 lnX 格兰杰原因（滞后 1 期）检验方程估计结果

Equation: UNTITLED Workfile: UNTITLED::Untitled\

View | Proc | Object | Print | Name | Freeze | Estimate | Forecast | Stats | Resids

Breusch-Godfrey Serial Correlation LM Test:

F-statistic	1.134433	Prob. F(1,29)	0.2956
Obs*R-squared	1.242309	Prob. Chi-Square(1)	0.2650

Test Equation:
Dependent Variable: RESID
Method: Least Squares
Date: 12/28/17 Time: 10:15
Sample: 1981 2013
Included observations: 33
Presample missing value lagged residuals set to zero.

Variable	Coefficient	Std. Error	t-Statistic	Prob.
C	-0.058270	0.156209	-0.373029	0.7118
LOG(X(-1))	-0.075500	0.157017	-0.480842	0.6342
LOG(Y(-1))	0.086566	0.180511	0.479559	0.6351
RESID(-1)	0.217532	0.204236	1.065097	0.2956

R-squared	0.037646	Mean dependent var	4.03E-15
Adjusted R-squared	-0.061908	S.D. dependent var	0.042591

图 6-66 残差自相关的 LM 检验

由图 6-66 知，拉格朗日乘数统计量 $LM = nR^2 = 1.2423$，小于 5% 的显著性水平下自由度 1 的 χ^2 分布临界值 $\chi^2_{0.05}(1) = 3.84$，对应的伴随概率 $P = 0.265$，可以判断模型不存在 1 阶自相关性。

点击主界面菜单 Quick/Estimate Equation，在弹出的对话框中输入"log（Y）c log（X（-1））log（Y（-1））"，在输出的回归结果中（如图6-67所示），点击 View/Residual Tests/Serial Correlation LM Tess…，在弹出的对话框中输入"1"，点击确定即可得到1阶滞后残差项的辅助回归函数结果，如图6-68所示。

图6-67 lnX 不是 lnY 格兰杰原因（滞后1期）检验方程估计结果

图6-68 残差自相关的LM检验

由图6-68可知，拉格朗日乘数统计量 $LM = nR^2 = 1.2779$，小于5%显著性水平下自由度为1的 χ^2 分布的临界值 $\chi^2_{0.05}(1) = 3.84$，对应的伴随概率 $P = 0.2583$，可以判断模型不存在1阶自相关性。

用同样的方法，可以得出2~6阶滞后的检验结果。表6-13给出了1~6阶滞后的格兰杰因果关系检验结果。

表6-13 美国制造业固定厂房设备投资Y和销售量X的格兰杰因果关系检验表

滞后长度	格兰杰因果性	F检验的P值	LM（1）检验的P值	AIC值	SC值	结论
1	LnX $\xrightarrow{\times}$ LnY	0.00000	0.2583	-4.104272	-3.968226	拒绝
	LnY $\xrightarrow{\times}$ LnX	0.00000	0.265	-3.323300	-3.187253	接受
2	LnX $\xrightarrow{\times}$ LnY	0.00000	0.265	-3.323300	-3.586943	拒绝
	LnY $\xrightarrow{\times}$ LnX	0.00000	0.8533	-3.218989	-2.989968	接受

续表

滞后长度	格兰杰因果性	F检验的P值	LM（1）检验的P值	AIC值	SC值	结论
1	LnX $\overset{\times}{\rightarrow}$ LnY	0.00000	0.2583	−4.104272	−3.968226	拒绝
	LnY $\overset{\times}{\rightarrow}$ LnX	0.00000	0.265	−3.323300	−3.187253	接受
2	LnX $\overset{\times}{\rightarrow}$ LnY	0.00000	0.265	−3.323300	−3.586943	拒绝
	LnY $\overset{\times}{\rightarrow}$ LnX	0.00000	0.8533	−3.218989	−2.989968	接受

注：表中“$\overset{\times}{}$”表示“箭头前变量不是箭头后变量的格兰杰原因”。

从表6-13可以看出，在模型LM（1）检验不存在1阶自相关的前提下，AIC和SC最小时滞后期数为滞后2期，所以，在格兰杰因果关系检验的时候，应选择滞后2期，此时存在LnX到LnY的单向关系，即LnX是LnY的格兰杰原因。滞后长度为2~6的格兰杰因果关系检验结果，分别如图6-69至图6-73所示。

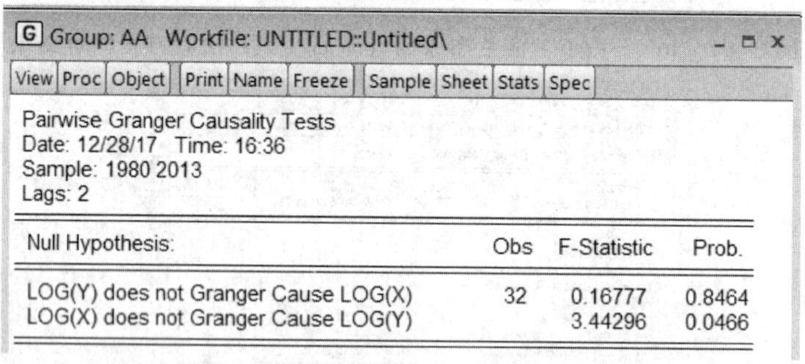
Group: AA Workfile: UNTITLED::Untitled\
View Proc Object Print Name Freeze Sample Sheet Stats Spec

Pairwise Granger Causality Tests
Date: 12/28/17 Time: 16:36
Sample: 1980 2013
Lags: 2

Null Hypothesis:	Obs	F-Statistic	Prob.
LOG(Y) does not Granger Cause LOG(X)	32	0.16777	0.8464
LOG(X) does not Granger Cause LOG(Y)		3.44296	0.0466

图6-69 滞后2阶格兰杰因果关系检验结果

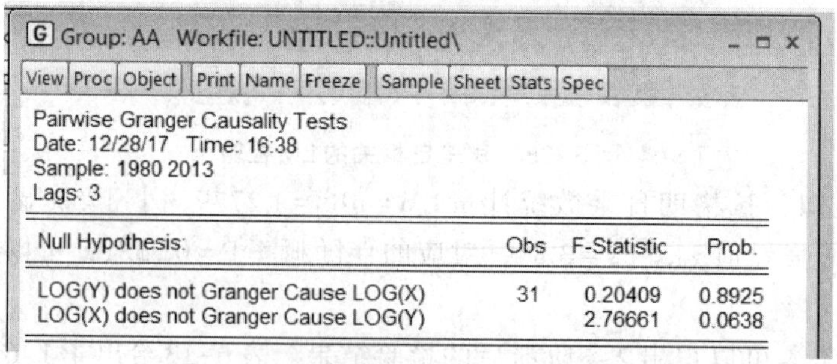
Group: AA Workfile: UNTITLED::Untitled\
View Proc Object Print Name Freeze Sample Sheet Stats Spec

Pairwise Granger Causality Tests
Date: 12/28/17 Time: 16:38
Sample: 1980 2013
Lags: 3

Null Hypothesis:	Obs	F-Statistic	Prob.
LOG(Y) does not Granger Cause LOG(X)	31	0.20409	0.8925
LOG(X) does not Granger Cause LOG(Y)		2.76661	0.0638

图6-70 滞后3阶格兰杰因果关系检验结果

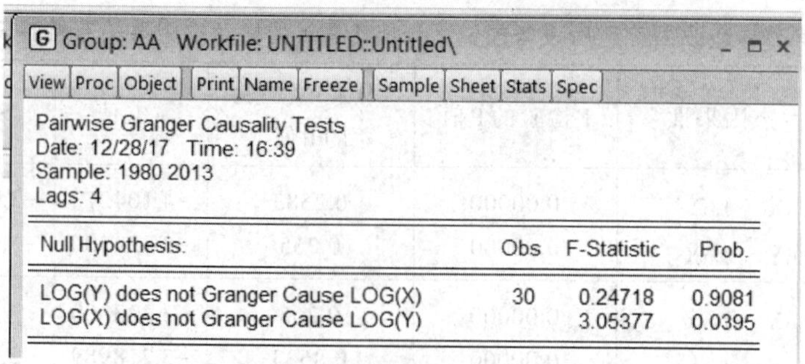
Group: AA Workfile: UNTITLED::Untitled\
View Proc Object Print Name Freeze Sample Sheet Stats Spec

Pairwise Granger Causality Tests
Date: 12/28/17 Time: 16:39
Sample: 1980 2013
Lags: 4

Null Hypothesis:	Obs	F-Statistic	Prob.
LOG(Y) does not Granger Cause LOG(X)	30	0.24718	0.9081
LOG(X) does not Granger Cause LOG(Y)		3.05377	0.0395

图6-71 滞后4阶格兰杰因果关系检验结果

Group: AA Workfile: UNTITLED::Untitled\

View | Proc | Object | Print | Name | Freeze | Sample | Sheet | Stats | Spec

Pairwise Granger Causality Tests
Date: 12/28/17 Time: 16:40
Sample: 1980 2013
Lags: 5

Null Hypothesis:	Obs	F-Statistic	Prob.
LOG(Y) does not Granger Cause LOG(X)	29	4.33892	0.0091
LOG(X) does not Granger Cause LOG(Y)		1.85829	0.1521

图6-72 滞后5阶格兰杰因果关系检验结果

Group: AA Workfile: UNTITLED::Untitled\

View | Proc | Object | Print | Name | Freeze | Sample | Sheet | Stats | Spec

Pairwise Granger Causality Tests
Date: 12/28/17 Time: 16:40
Sample: 1980 2013
Lags: 6

Null Hypothesis:	Obs	F-Statistic	Prob.
LOG(Y) does not Granger Cause LOG(X)	28	2.65276	0.0587
LOG(X) does not Granger Cause LOG(Y)		1.16199	0.3763

图6-73 滞后6阶格兰杰因果关系检验结果

第七章
"国际金融学（英）"课程实训

一、实训简介

　　"国际金融学（英）"是经济学专业的学科基础课，该课程要求学生掌握外汇、外汇市场及外汇交易工具、国际金融投资、汇率制度和外汇政策、国际借贷与金融危机以及开放经济的宏观经济政策等相关知识，能够从国际金融学的基本理论和方法出发，分析国际金融活动中出现的实际问题。本课程设置了一个实训项目，项目名称为"政府政策与外汇市场"，主要分析全球汇率体系历史变迁以及政府的汇率制度与外汇政策对外汇市场的影响。

二、先修课程

　　金融学、国际贸易学。

三、实训项目与课时分配

　　实训项目与课时分配见表7-1。

表7-1　　　　　　　　　　　　　实训项目与课时分配

序号	实训项目	内容提要	实训要求	每组人数	项目学时	实训类型
1	政府政策与外汇市场	汇率体系历史变迁，政府政策对外汇市场影响	必修	8~10	4	综合

四、考核方法及标准

　　实训结束后，上交小组报告和个人实训报告。

　　1.小组项目报告成绩（50%）。各小组按要求完成实训项目规定的任务，上交项目报告，并由组长说明组内成员各自的贡献。

　　2.个人实训报告成绩（30%）。每人上交一份实训报告，写明个人分工部分的实训内容、实训的收获和体会等。

　　3.小组课堂展示成绩（20%）。每个小组选派代表对实训报告的主要内容做PPT展示，并接受教师和同学提问，根据课堂展示的实际表现评定成绩。

实训　政府政策与外汇市场

一、实训目的

　　1.把握全球汇率体系的变迁史，了解一国如何选择汇率制度。

　　2.比较固定汇率制和浮动汇率制的优劣，分析一国政府的外汇政策选择对外汇市场的影响。

二、理论知识

（一）前期要求掌握的知识

　　1.国际收支：国际收支的定义、国际收支表的构成。

2.汇率及其分类：汇率的界定、汇率的基本分类（即期汇率、远期汇率）。

3.外汇市场：外汇的界定、外汇的供给和需求分析。

4.国际金融投资：抵补的国际金融投资、未抵补的国际金融投资。

（二）本实训项目的知识点

1.汇率制度：浮动汇率制的界定、浮动汇率制的基本分类；固定汇率制的界定、固定汇率制的基本分类。

2.外汇政策选择：官方干预的界定、官方干预的具体施行方法；外汇管制的界定、外汇管制的经济效应分析。

三、实训内容

小组合作，从汇率体系历史变迁、一国政府的外汇政策选择对外汇市场的影响等方面自行选择合适的角度进行分析，提交研究报告。

完成以下任务：

1.回顾汇率体系变迁史，分析不同外汇政策对外汇市场的可能影响。

2.对所持有的论点进行论证说明，包括数据分析和案例分析。

3.根据理论分析和案例分析结果得出最终结论。

要求论证清晰、逻辑严谨、数据分析准确、图表清晰、文字规范。

四、实训步骤

1.学生组建团队。8～10人为一个小组，自愿组合，明确成员之间的任务分工。

2.小组讨论并确定研究视角后，通过各种信息渠道收集相关资料，并对资料进行整理、分析。

3.完成研究报告。

4.各小组进行汇报展示与交流，教师点评与总结。

五、思考题

1.浮动汇率制是否优于固定汇率制？

2.外汇管制是不是次优选择？

第八章

经济学专业应用能力实验实训

一、实训简介

本课程是经济学专业的一门实训课,依托全程导师制来指导学生参与多层次学生科研项目(校级 SRT、省级大学生科研创新训练计划、国创项目、挑战杯等),通过个性化培养来提升学生经济学综合分析能力和科研创新能力,引导学生培养严谨求实的科研精神,树立正确的学习观和价值观。

本课程基本内容包括三个方面:一是研究问题的提出,介绍发现研究问题的方法、好的选题所具备的特征;二是资料收集和处理,掌握经济管理领域文字资料和二手数据的来源以及整理方法,一手数据的调查和整理方法,以及常用的数据处理方法;三是科研论文和研究报告写作,结合科研项目撰写研究报告。本课程的实训目标如下:

1.熟悉科研项目申报和管理的一般流程,使学生在文献查阅、阅读翻译、调查设计、数据处理、文献综述、开题报告、项目申请、报告撰写、科研论文写作等方面得到系统学习和体验。

2.通过文献收集、实地调研、问卷数据的采集与整理、统计软件的运行,综合运用经济分析工具来解释经济现象,解决实际经济问题,培养学生的经济学综合分析能力和科研创新能力。

3.培养和强化学生的科学意识、科研素养和信息获取与应用能力,使其掌握从事科学研究的基本技能,提高科研工作的效率、水平和质量,为学生将来实际工作奠定良好的科研能力基础。

二、实训项目与课时分配

实训项目与课时分配见表8-1。

表8-1 实训项目与课时分配

序号	实训项目	内容提要	实训要求	每组人数	项目学时	实训类型
1	科研项目的申报流程与项目管理	1.了解科研项目的分类、申报基础、申报策略与项目立项 2.了解科研项目管理、检查与结题要求	必修	3~8	2	设计研究
2	研究问题的发现与选择	1.如何发现研究问题 2.好的选题具备的特征	必修	3~8	4	设计研究
3	资料收集与处理	清楚经济领域文字资料和二手数据的主要来源,熟练掌握文献资料的整理方法	必修	3~8	4	设计研究
4	调查研究开展	1.掌握问卷设计及调查组织基本方法 2.掌握调查数据的整理和描述性统计分析 3.熟悉调研报告类型和撰写步骤	必修	3~8	6	设计研究
5	科研论文写作	结合研究项目,撰写科研论文	必修	3~8	8	设计研究
6	研究报告写作	掌握研究报告的结构与写作技巧,撰写研究报告	必修	3~8	8	设计研究

三、实训教学组织形式

本课程教学方式基于导师制，学生分组后由各导师以讲授、演示、实践等方式组织教学。实训课程对学生的基本要求有：

1.不得无故缺勤导师安排的辅导，积极参与小组讨论；

2.认真思考，完成导师布置的学习任务，积极参加学生科研项目。

四、理论知识

1.科研项目的申报流程与项目管理：科研项目的分类、申报基础、申报策略与项目立项；科研项目管理、检查与结题要求。

2.研究问题的发现与选择：研究什么样的问题，问题的来源，研究问题的陈述。

3.资料收集与处理：常用检索方法和检索工具，经济研究常用数据库介绍，文献资料的整理方法。

4.社会调查方法：社会调查的一般程序，问卷设计及调查组织基本方法，调查数据的整理和描述性统计分析，调研报告类型和撰写步骤。

5.学术论文写作：论文写作要求，论文的基本结构，论文投稿与发表，学术规范与学术道德。

6.研究报告写作：研究报告的撰写步骤、研究报告的结构。

五、实训内容及步骤

申报科研项目，撰写研究报告。

1.集中指导，介绍科研项目申报与管理，布置实训任务。

2.学生查阅资料，上报选题；教师点评审核学生选题，一对一指导。

3.学生设计研究方案，教师指导审核。

4.学生展开调查，收集资料和数据。

5.学生撰写科研论文和研究报告，教师指导修改并定稿。

六、考核方法

实训结束后，上交个人研究报告。考核以个人出勤、科研项目申报和个人研究报告综合评定。

1.出勤记录（10分）。要求每位同学按时参加导师安排的集中辅导或分散辅导，有事按照学校有关规定及时请假。无故缺勤3次者，记0分。

2.科研项目申报（40分）。根据学生参与科研项目申报的积极性和成效评定。成功立项学生科研项目者，此项成绩可以记为A；表现不积极，不参与小组申报者，可以酌情减分。

3.研究报告（50分）。每人提交一份研究报告，根据选题意义、现象陈述、问题分析的深刻性、解决措施的合理性、报告结构的严密性和逻辑性、语言表达以及格式规范等给予评分，要求字数不少于5 000字。抄袭者记0分。

七、项目申报书的写作结构①

项目申报书是由课题负责人或选题者把自己认为有研究价值的选题计划向有关专家、学者、科技人员进行陈述，然后由他们对科研课题进行评议，它的实质是汇报自己的研究

---

① 何军. 研究设计与论文写作——经济管理类大学生科研训练指导概述［M］. 北京：科学出版社，2011：188-191.

工作准备情况，包括选择什么样的问题进行研究，为什么选择这些问题，文献资料的收集、研读情况，研究的初步思路以及进行的可行性。

项目申报书的写作有着固定的结构格式，主要包括如下几个方面：课题名称、课题的研究目的和意义、文献综述、研究目标、研究内容、研究方法、技术路线、可行性分析及创新性等方面。

（一）课题名称

题目是给出设计研究范围与水平的第一个重要信息，在写作中应注意两点，一是名称要准确、规范，二是名称要简明扼要。

（二）课题研究的目的和意义

申报书的研究目的和意义要开门见山地表达出来，以便有关专家能够较明确地知道项目的研究价值。可以从以下几个方面着手：首先，要说明问题是如何发现的，即该项目的研究背景是什么，是根据什么、受什么启发而进行这项研究的，一般可以从有关国家政策及国内外关注的问题出发来提出研究问题；其次，要说明该选题在理论上的创新性，主要通过分析国内外研究的现状来指出自己的选题与各个主流观点的研究前提的差异性，从而突出项目选题在理论上的创新性；再次，要说明研究这个问题的现实意义，这需要对所研究问题的实际用处有所了解，对大多数选题来说，其重要的现实意义是给政策制定者提供政策参考。

（三）文献综述

文献综述主要有两个作用：一是对相关研究进行评述，一般以问题为主线，对该领域的重要观点进行综述，同时也要指出这些研究的前提假设是什么，忽略了哪些假设，从而为自己提出新的假设服务；二是通过文献综述为自己的研究理论与方法服务，为项目理论框架的演绎逻辑寻找支撑点。

（四）课题研究的目标

课题研究的目标即目标定位，是课题最后要解决的问题。从研究目标与研究目的的关系上看，研究目标是比较具体的，是研究目的的细分，是研究工作的方向所在，所以不能笼统地讲，必须详细地列出来。只有目标明确而具体，才知道研究的重点是什么。

在确定研究目标时，可以从如下的思路出发：先明确研究目的，分析哪些研究目标是实现研究目的的必要条件，然后逐一分析每个研究目标，看是否与研究目的相一致，排除那些与其他研究目标联系密切但与研究目的联系不大的目标，从而确定最后的研究目标。

（五）课题研究的基本内容

相对于课题的研究目标来说，研究内容要更加具体与明确，研究内容就是研究目标的问题表现形式，包括研究对象、研究问题、研究方法三个方面。研究内容是根据研究目标来确定的，把每一个研究目标具体细分成各个研究问题，各个研究问题的解决就是研究目标的实现。

（六）课题研究的方法

具体的研究方法要根据选题方向及研究内容具体而定，在确定研究方法时，要叙述清楚做些什么和怎样做。研究方法要与研究内容相一致，不要一味追求研究方法创新性而忽略研究内容，否则容易出现研究方法与研究目标不相符的问题。

（七）技术路线

一般是指研究的准备、启动、进行、再重复、取得成果的过程，即申请者对要达到研究目标所准备采取的技术手段，具体步骤及解决关键性问题的方法等内在的研究途径。

（八）可行性分析

可以从以下三方面考虑：

1.人员条件，主要包括研究团队、已有研究成果等；

2.物质条件，主要包括研究地点、实验设备、现有资料、经费（交通费用、调研经费、实验经费、资料复印）等；

3.时间条件，包括预备研究的时间、撰写开题报告的时间、收集资料的时间、文章或者报告的写作时间等。

（九）特色或创新之处

创新部分是课题的亮点，同时也是课题能否通过审核的关键，因此，创新要具体突出，不要太抽象。应恰当地表现出创新的要点，可以从理论上的创新、方法上的创新等角度出发，把自己的思路与现有的研究的不同之处表达出来，并简要说明为什么自己的研究更合理，更具有优势。

（十）研究计划及预期进展

主要包括工作的具体进度与安排，如课题任务分配时间、进度安排等，可以图表形式表现。

八、文献综述的写作结构[1]

文献综述要求向读者介绍与主题有关的详细资料、动态、进展、展望及对以上方面的评述，因此，文献综述的格式相对多样，作者可以按照一个自己认为合理的主线，将该领域的研究成果串联在一起，这条主线可以是一个简化的分析框架或模型，也可以是一个理论发展或分化的线索，一般的综述性文章由四大部分组成。

前言：用200～300字的篇幅，提出问题，包括写作目的、意义和作用，综述问题的历史、资料来源、现状和发展动态，有关概念和定义，选择这一专题的目的和动机、应用价值和实践意义，如果属于争论性课题，要指明争论的焦点所在。

主体：可分为若干个小标题分述。这部分应包括历史发展、现状分析和趋向预测几个方面的内容。历史发展要按时间顺序，简要说明这一课题的提出及各历史阶段的发展状况，体现各阶段的研究水平。现状分析介绍国内外关于本课题的研究现状及各派观点，包括作者本人的观点。将归纳、整理的科学事实和资料进行排列和必要的分析，对有创造性和发展前途的理论或假说要详细介绍，并引出论据；对有争论的问题要介绍各家观点或学说，进行比较，指出问题的焦点和可能的发展趋势，并提出自己的看法；对陈旧的、过时的或已被否定的观点可从简；对一般读者熟知的问题只要提及即可。趋向预测，在纵横对比中肯定所综述课题的研究水平、存在问题和不同观点，提出展望性意见。这部分内容要写得客观、准确，指明方向。

总结：将全文主题进行扼要总结，重点提出综述作者的见解，着重指出该理论本身的适用范围及不足之处，包括基本假设、分析框架及应用前景等方面值得进一步深入研究的

---

① 陈志俊，张昕竹.经济学论文的写作规范［J］.数量经济技术经济研究，2003（8）：7-12.

问题。

　　参考文献：文献综述写作应有足够的参考文献，这是撰写综述的基础，不仅表示对被引用文献作者的尊重，也是读者进一步深入研究的依据。因此，参考文献的编排应条目清楚，查找方便，内容准确无误。

九、研究报告的写作结构[①]

（一）导言

　　导言主要包括问题的提出，相关概念的界定，研究意义，创新之处，研究目标和研究内容等。

（二）国内外研究现状评述

　　详细内容略。

（三）研究的设计方法

　　研究的时间、地点、对象和参与研究的人员；对问题、设计和行动步骤、过程措施的回顾；对观察到、感受到的有关现象的描述、整理；对行动过程和结果做出判断、对有关现象和原因做出分析，根据新的发现、新的认识和新的思考探讨规律性的东西并进行论证。可以在每一个阶段中具体陈述所做的工作、所采取的研究策略或措施等。

（四）数据处理与分析

　　该部分包括定量、定性分析，描述分析，相关分析，因果分析等，但是无论采取哪种方法或者几种方法的结合，都应对报告所采用的方法进行简要说明。

（五）结论

　　这个部分包括课题研究的结论和成果，是研究报告中最重要的部分。

　　研究结论是针对课题研究的问题做出的回答，是整个研究的结晶。其内容包括：对研究总体性的判断，对研究假设的总结性见解；提出切实可行的解决问题的策略和措施；指出尚未解决的问题，提出进一步研究的途径和方法。

　　研究成果要从实践成果和理论成果两方面去陈述，包括论文和获奖等，注意研究成果必须体现所确定的研究目标。

（六）参考文献

　　详细内容略。

（七）附录

　　该部分包括收集数据资料所使用的调查表、问卷；计算某些指标或数据的数学公式介绍；某些统计和测量指标的计算方法介绍；某些数据分析的其他结果等。

十、思考题

　　1.社会科学研究的问题有哪些主要的来源？在选择研究问题时，应当避免哪些情况？

　　2.研究方案包含哪些方面的内容？

---

① 何军. 研究设计与论文写作——经济管理类大学生科研训练指导［M］. 北京：科学出版社，2020：207-208.

第九章

企业运营仿真模拟

一、实训简介

"企业运营仿真模拟"课程实训模拟公司的整体运营过程,让学生在分析公司竞争环境、外部市场、内部优势和劣势的基础上,通过团队合作对公司进行整体战略规划,进行财务决策、投资决策、产品生产决策、固定资产配置决策、人员配置决策等一系列管理决策活动。公司发展中的各个部门、各项事务的管理工作以及其他公司运营管理工作等各个方面的经营决策,均由学生根据市场发展形势与竞争形势的变化独立完成,最终通过评价标准来全面衡量模拟公司的运营状况。

参加实训的所有学生分组组成多家公司,并在一个共同的环境下相互对抗竞争,全面体验公司从计划、创立、发展到成长的各个阶段,促使学生在模拟竞争过程中就如何进行公司财务预算及决策,如何实施适当的固定资产配置计划,采取何种市场营销策略,选择哪种投资方案以及如何让公司快速发展等问题展开探讨,从而体会公司各部门之间的战略关系,探究总结公司管理实务的规律,感悟各部门经理在公司管理中的作用,掌握建设和管理团队的方法和技巧。

二、先修课程

西方经济学、会计学、财务管理、投资学、公司经济学。

三、实训项目与课时分配

实训项目与课时分配见表9-1。

表9-1 实训项目与课时分配

序号	实训项目	内容提要	实训要求	每组人数	项目学时	实训类型
1	规则介绍	讲解软件操作规则	必修	5~6	1	综合
2	运行示范	在指导教师的带领下进行教学年的企业运营	必修	5~6	1	综合
3	企业运作	学生自主进行模拟对抗,教师担任裁判角色	必修	5~6	12	综合
4	总结及评价	教师点评	必修	5~6	2	综合

四、实训条件

每5~6个学生一台电脑,操作系统为Windows 8或Windows 10,实验使用"公司经济智能仿真模拟系统3.0"。

五、理论知识

1.企业运营的基本过程:公司设立、环境分析、方案选择、产品及资格认证、人员招聘、产品生产与销售、金融投资等。

2.了解企业经营的本质:成本、收入和利润的计算,资产与负债和权益的结构,影响企业利润的因素。

3.确定市场战略和产品、市场的定位：产品需求的数量趋势分析，产品销售价格、销售利润分析，市场开拓与品牌建设对企业经营的影响，市场投入的效益分析，产品盈亏平衡点预测。

4.掌握生产管理与成本控制：采购订单的控制，生产成本控制，产销管理。

5.全面计划预算管理：企业如何制定财务预算——现金流控制策略，如何制订销售计划和市场投入，如何制订生产计划和采购计划，如何进行高效益的融资管理。

6.人力资源管理：如何确定各个管理岗位的职能，如何对各个岗位进行业绩衡量及评估。

六、实训内容及步骤

上机操作，要求学生动手前认真准备，操作中积极思考，完成后认真总结提高，并按要求上交结果及相关材料。

建议每5～6个学生为一组，成立模拟公司，每个学生至少要担任一个角色。在企业运营前，每个团队要制定出企业运营规划，运行结束后要提交模拟训练总结，与前期的规划对比。

1.运营前准备：模拟操作前，每小组需要确定人员，分配总经理、财务经理、人力资源经理、产品生产经理、市场营销经理和投资经理的角色，并在熟悉规则的基础上集中讨论相应战略。这具体包括整体战略、产品研发、设备投资改造、生产能力、进度安排、物料需求计划、资金需求规划、市场与销售、财务指标分析、团队沟通与建设等多个方面。

2.模拟运营：小组成员讨论后确定企业运作规划，并做出大体描述；小组每个成员按规划进行模拟运营，记录流程、数据及模拟过程中出现的问题。

3.总结评价：模拟活动结束后提交实训报告，每小组对企业运营结果做出自己的分析，竞争对手的优势和劣势分析，模拟运营中出现的问题及整改措施等。

七、考核方法

实训结束后，上交小组运营活动记录和个人实训报告。考核以小组运营成绩和个人实训报告评定。

1.企业运营成绩50%。小组成绩以"公司经营智能仿真模拟系统3.0"得分排名为依据，要求团队合作、运营活动记录齐全、遵守运作规则。

2.实训报告成绩50%。每人上交一份实训报告，要求报告中能发现问题、结果分析客观、问题分析合理深刻。

八、思考题

1.企业资金短缺的原因有哪些？如何应对？

2.经济衰退时期，企业面临的风险有哪些？如何规避风险？

第十章
贸易流通仿真模拟

一、实训简介

"贸易流通仿真模拟"偏重流通领域，带有流程的特点，通过模拟训练，让学生体验从生产者到消费者的整个流程，在模拟对抗中感受贸易流通过程的连续性和复杂性，提升对贸易经济方向主要专业课程的整体认识。

本实训以生产制造企业业务为中心架构项目内容，沿着物流企业、商业企业、金融企业等方向拓展项目内容体系，通过模拟多年经营，让学生在贸易及贸易流程的情景分析中主动学习，增强学生对贸易形式的感性认识，学会分析其经营决策与效果，培养学生的自主学习能力和创新创业能力，提高学生的综合素养和就业竞争力。

二、先修课程

贸易经济学、零售学、物流学、公司财务报表分析、会计学、管理学、市场营销学。

三、实训项目与课时分配

实训项目与课时分配见表10-1。

表10-1 实训项目与课时分配

序号	实训项目	内容提要	实训要求	每组人数	项目学时	实训类型
1	软件规则介绍	软件规则介绍；贸易经济相关理论知识点的梳理	必修	5~6	2	综合
2	运行示范	师生共同模拟操作2年	必修	5~6	4	综合
3	创建小组与角色模拟	多组同时模拟经营5年，以经营业绩竞争	必修	5~6	9	综合
4	经营评比与教师讲评	经营业绩汇总与评比；教师分析总结与评价	必修	5~6	1	综合

四、实训条件

每5~6个学生一台电脑，操作系统为Windows 8或Windows 10，实验使用"贸易经济智能仿真模拟系统3.0"。

五、实训内容及步骤

（一）运营前准备

1.教师在课前提供竞争规则、各类数据图表等资料给学生；学生阅读规则和资料，创建小组并分配角色。

2.相关理论知识的梳理与回顾。

（二）上机运营

1.师生共同模拟操作2年，了解与熟悉贸易流通仿真模拟系统运行规则。

2.学生分小组完成5年的竞争过程。

（1）角色基本状况和外部经济环境的初始设置。明确与设置财务状态、人员状态、市场与渠道状态、原材料状态、产品状态，市场调研与人员招聘。

（2）产品生产、市场开拓与市场需求，包括产品研发、原材料采购、产品生产方案的设置与实施；明确市场需求，确定市场价格（实体零售售价、批发售价、电子商务平台售价）。

（3）业态的选择与建设。

供应商模拟：从市场上收购原材料，供应原材料给制造商。

制造商模拟：制造商采购、制造商内部仓储、制造商销售。

批发商模拟：批发点建设、人员配置、订货会、竞标机制、运输配送、订单交货违约等。

零售商模拟：包括实体零售（实体零售建设、人员配置、实体零售陈列、实体零售销售促销、实体零售竞争）和电子商务零售（电子商务体系认证、电子商务平台建设、电子商务销售促进、电子商务产品竞争、快递配送）。

（4）销售服务与其他，包括售后服务、市场间产品调货、原材料清仓、产品清仓、退换货、管理费、企业所得税等。

（三）总结与评价

1.每一轮结束清仓后，业绩评比；最终5年结束后进行竞争排名与教师讲评。

2.学生记录本组经营数据与本角色的经营数据，完成实训报告。

六、考核方法

实训结束后，上交小组经营活动记录和个人实训报告。

1.企业经营成绩70%。小组成绩以"贸易经济综合实训系统"得分排名为依据，要求团队合作、经营活动记录齐全、遵守运作规则。

2.实训报告成绩30%。每人上交一份实训报告，要求报告中能发现问题、结果分析客观、问题分析合理深刻。

七、思考题

1.什么是流通创新？其主要内容有哪些？

2.分析流通创新的动力。

第十一章

公司经济实践训练 2

一、实训简介

本课程是经济学专业公司经济方向的实训课，开设目的是结合"公司经济学"和"投资学"两门专业模块课的理论学习，通过实训项目的综合训练，培养和强化学生的理论分析能力、实践应用能力和科学决策能力，使其掌握从事企业管理和项目投资的基本技能，提高企业管理和项目投资的效率、水平和质量，为今后更好地适应公司管理和项目投资的国际化发展趋势，奠定良好的理论分析和实践应用能力基础。

公司经济学设置了两个实训项目，主要围绕企业生产管理与经营管理的两大内容来设计，一是"公司生产管理综合案例分析"，主要针对企业生产规划、现场管理和生产优化决策问题展开，涉及需求分析、生产规划、生产规模、成本管理、质量管理等内容；二是"公司经营管理综合案例分析"，主要针对企业经营管理问题展开，涉及企业目标、企业环境、竞争战略、投资决策、扩展决策等知识点。

投资学设置的实训项目有四个：一是证券投资技术分析；二是投资项目经济评价；三是投资组合评估与调整；四是资金时间价值的基本计算。

二、先修课程

西方经济学、产业经济学、国际经济学、金融学。

三、实训项目与课时分配

实训项目与课时分配见表 11-1。

表 11-1   实训项目与课时分配

序号	实训项目	内容提要	实训要求	每组人数	项目学时	实训类型
1	企业生产管理综合案例分析	掌握生产管理的理论与科学决策方法	必修	4~5	4	综合
2	企业经营管理综合案例分析	掌握经营管理的理论与科学决策方法	必修	4~5	4	综合
3	证券投资技术分析	学会综合运用各种技术分析方法进行证券投资对象和投资时机的选择	必修	2	2	综合
4	投资项目经济评价	学习投资项目经济评价和可行性研究报告的编制	必修	2	2	综合
5	投资组合评估与调整	案例分析，对所给的投资组合进行分析与评价，并对不合理的投资组合做出调整	必修	2	2	综合
6	资金时间价值的基本计算	掌握资金时间价值的基本计算，了解理财产品的种类和特点	必修	2	2	综合

四、考核方法及标准

（一）公司经济学

公司经济学采用 PBL 教学法，PBL 项目结束后，上交小组 PBL 研究报告和个人实训报告。

1. 小组项目报告成绩占60%。各小组按要求完成2个项目规定的任务，上交项目报告，并由组长说明组内成员各自的贡献。教师分别对2份项目报告评分，取平均分作为小组项目学习得分。

2. 个人实训报告成绩占20%。

3. 作业成绩占20%。

（二）投资学

投资学实训结束后，上交小组报告和个人实训报告。

1. 小组项目报告成绩占60%。各小组按要求完成4个项目规定的任务，上交项目报告，并由组长说明组内成员各自的贡献。教师分别对4份项目报告评分，取平均分作为小组项目学习得分。

2. 个人实训报告成绩占20%。

3. 作业成绩占20%。

实训一　公司生产管理综合案例分析

一、实训目的

1. 参观公司的生产线，听取生产管理人员讲座，对目标公司生产管理进行"全过程"实地观摩，提升对于制造型企业生产管理的认识，深化对生产问题的思考。

2. 掌握生产规划、现场管理和流程管理的方法，提高生产规划与解决具体生产问题的能力，树立成本管理、质量管理和科学管理的观念。

3. 将生产管理理论和目标公司的实践相结合，培养学生对公司现场管理、流程管理、质量管理的综合分析能力、规划能力以及决策能力。

二、理论知识

（一）前期要求掌握的知识

1. 需求估计与预测。了解需求分析的理论体系，掌握需求估计和需求预测的方法，为企业生产和营销的科学决策提供理论依据。

2. 生产过程与生产决策。理解企业的生产过程，了解企业的生产函数，掌握短期生产和长期生产的最优决策，以及技术变革背景下企业生产与创新的决策问题。

3. 成本分析与利润决策。理解成本分析的理论体系，掌握成本函数经验估计方法、损益平衡分析方法；理解规模经济、范围经济与学习效应对企业生产决策的影响以及对企业建立竞争优势的战略意义。

（二）本实训项目的知识点

1. 市场需求分析。影响个人和市场需求的因素；需求估计，包括需求函数构造、函数形式确定、数据收集和回归分析及验证。

2.短期和长期生产决策。短期生产中存在的边际收益递减规律，以及企业在短期生产中的最优投入和产出决策；长期生产中存在的规模经济，以及企业在长期生产中做出的最优投入和产出决策。

3.技术创新与生产决策。技术变革对生产函数的改变，对企业生产效率和经营效益的影响；创新的主要形式，创新成功的条件，专利保护与创新的关系。

4.成本分析与产量决策。短期成本函数的估计，短期生产的最优产量和产品价格；长期成本函数的估计，长期生产的最优规模和成本。

5.规模经济与范围经济。规模经济与规模不经济的概念、内涵与特征；范围经济与范围不经济的概念、内涵与特征。

6.学习效应与损益平衡分析。

三、实训教学的重点及难点

重点：研究报告的写作规范；需求影响因素分析、需求函数估计、短期成本函数估计、长期成本函数估计、规模经济、范围经济、学习效应、损益平衡分析、经营杠杆率。

难点：需求影响因素分析、成本函数估计、规模经济、损益平衡分析、经营杠杆率。

四、实训内容

小组合作，收集目标公司的资料，明确研究问题，进而对企业进行深入调查，展开理论分析，并给出系统解决方案，完成企业生产管理研究报告。

要求完成以下任务：

1.了解企业的发展历程、产品结构、生产规模、市场分布、产业内竞争格局、产业技术前景、国内竞争对手情况。

2.指出企业生产规划、现场管理、流程管理和质量管理存在的问题。

3.运用理论分析给出系统的解决方案。

研究报告字数在4 000~5 000字，包括封面、目录、正文、参考文献、附录等部分。正文是研究报告的主体，包括项目背景、研究意义、研究方法、研究思路、案例介绍、问题提出、理论分析和解决方案。

五、实训步骤

1.学生组建团队。每小组4~5人，要求不同性格、不同背景和不同能力的学生合理配置，每一个小组即为一个生产管理团队，理论学习和项目研讨以小组为单位完成。

2.确定调研对象，并查阅背景资料。资料查阅要深入和系统，需要有一定的数据收集与统计分析。

3.小组讨论，明确生产流程管理的调研内容，制订调查计划（包括调查目的、范围、内容和方法）。

4.实地参观与调研，获取第一手资料，并加以整理归类。

实地参观流程：（1）参观公司的生产线，按照生产流程，从原料车间、零部件车间、加工车间，一直到总装车间。（2）通过和公司生产管理人员访谈，了解设备状况、产品环节、原材料和零配件的投入，每日和每班产量、质量监测与控制。（3）实地观察车间的现场管理，如流水线流程、工具和零件的摆放、宣传栏的内容等。

5.通过网络收集第二手资料，与第一手资料分析比较，完成研究报告。

6.小组汇报与交流，教师点评与总结。

六、调研内容示例——生产流程管理

1.生产操作规范与生产工艺调查。目标企业是否建立了健全而完善的生产操作规范和生产工艺体系，以提高生产工效，包括劳动时间定额管理、操作方法管理、生产工人培训、工艺流程管理、机器、设备、工艺、工具、材料、工作环境标准化管理、计件工资体系和超额报酬激励机制。

2.生产现场环境管理调查。目标企业是否建立起以班组管理为活动平台，以人的素养为核心因素，以整理、整顿、清扫和清洁为环境因素，以安全、环保为目标因素的生产现场动态管理系统。企业内部是否存在有执行力的企业文化，一方面强调纪律性，另一方面突出不怕困难，想到做到，做到做好的理念。作为基础性的生产现场管理的落实，能为其他管理活动提供优质管理平台，对提高企业管理水平，提高经济效益，增强企业竞争力具有重要意义。

3.生产精细化管理系统调查。目标企业是否建立精细化的管理控制系统，即每天对各种消耗和质量进行清理，找出原因和落实责任。包括对当天发生的各种问题（异常现象），当天弄清原因，分清责任，及时采取措施进行处理，防止问题积累，保证目标得以实现。是否建立了个人日常管理的记录制度，即记录每个人每天对每件事的日清过程和结果，以对工作中的薄弱环节不断改善、不断提高。

4.库存及协作管理调查。目标企业的库存管理理念与状况，是否意识到库存不仅是浪费，而且还掩盖各种管理问题；是否建立起降低库存，暴露问题，解决问题的动态管理体系，以实现消除浪费、持续改善的目标；是否通过库存优化管理，加速流程，缩短制造周期，即从接到顾客订单到向顾客收账这期间的作业时间中，剔除不能创造价值的浪费，以缩短作业时间。

5.生产流程动态管理调查。目标企业是否建立起生产流程的动态管理体系，以适应市场竞争，调整和优化流程，通过流程再造，节约资源，提升生产效率和企业竞争力。包括库存与生产的衔接，工艺与工艺的连续，部门与部门的配合。目标企业流程再造的典型案例，包括再造原因、对于绩效的影响、平均再造周期。

七、思考题

1.简述市场需求预测与生产决策的关系。

2.简述规模经济、范围经济对成本和利润的影响。

3.简述生产规划与质量管理的价值与意义。

实训二　公司经营管理综合案例分析

一、实训目的

1.参观目标公司的经营管理，听取经营管理人员讲座，对企业经营管理进行"全过程"实地观摩，提升对企业经营管理的认识，深化对公司经营管理问题的思考。

2.掌握公司经营管理的理论与方法，培养学生对企业经营管理的综合分析能力和决策能力，掌握公司目标管理、环境分析、组织管理、竞争战略选择与扩展决策的理论与方法，树立企业科学管理的观念。

3.将公司经营管理理论和目标公司的实践相结合，培养科学管理和制定战略发展规划的能力，分析与解决具体经营管理问题的能力。

二、理论知识

（一）前期要求掌握的知识

1.企业性质与环境。理解企业的性质，熟悉企业经营活动的内容，掌握企业环境分析的方法，为提升企业科学管理，制定企业发展战略提供理论依据。

2.企业目标分析。理解企业目标的理论体系，熟悉企业目标的约束因素。利润目标与非利润目标相辅相成，促进企业的良性发展与稳健经营。

3.市场结构与经营决策。理解市场结构分析的理论体系；掌握不同市场结构背景下，企业如何进行竞争战略选择，并实施最优经营决策；掌握博弈论的分析方法及在市场竞争中的应用。

4.企业扩展决策。理解企业扩展是企业生存与发展的最佳选择，掌握企业扩展方式与扩展动因的理论体系。

（二）本实训项目的知识点

1.企业性质分析。企业性质涉及企业存在、发展、作用、运行机理等方面，可以从企业运行机制、企业与社会的关系、企业在资源转换和资源分配方面的作用、所在行业的特点等五个层面加以分析。

2.企业环境分析。企业环境划分为内部环境和外部环境。内部环境包括企业体制、企业资源状况和企业文化等；外部环境可分为一般环境、供给环境和市场环境。PEST分析法是一般环境分析的重要工具。

3.企业目标与约束条件。企业的九大目标理论体系，以及企业在不同目标支配下所采取的经营方式。企业目标的外部约束和内部约束，以及企业目标之间的不一致性和相互冲突。企业目标的实现不是最大化，而是对目标兼顾、平衡的满意水平。

4.市场结构与经营决策。不同市场结构的特征与竞争态势；短期与长期利润最大化产量的决定；企业面对不同市场结构，如何制定竞争战略以及进行最优决策。

5.博弈论与经营决策。主要博弈策略以及博弈论在寡头垄断市场的应用。

6.企业扩展方式。企业扩展有四种分析方式：一是按业务活动方向扩展的五个方面，扩展动因及其局限性；二是企业扩展资本筹集的四种方式，不同筹集方式的优势及风险；三是企业空间扩展三种方式，扩展动因及其约束因素；四是组织机构扩展的四种进入形式、动因、优点及其局限性。

7.企业扩展动因。分析企业扩展的七大动因如下：基于环境变动的战略性扩展，为发挥企业专属优势的内部化扩展，为生存和发展的竞争性扩展，利润动机的扩展，获取规模、范围、速度和网络经济性的扩展，提升协同效应的扩展，技术创新推动的企业扩展等。

三、实训教学的重点及难点

重点：研究报告的写作规范；企业性质分析、企业目标分析、市场结构分析、博弈论、价格决策、投资决策、风险决策、企业扩展方式、企业扩展动因。

难点：企业目标分析、市场结构分析、投资与风险决策、企业扩展方式。

四、实训内容

小组合作，完成企业经营管理研究报告。研究报告字数在 4 000～5 000 字，需要解决以下问题：

1.了解企业的发展现状、经营目标、经营战略、组织管理、人力资源管理、企业文化、企业资本运营、市场竞争、企业扩展战略等情况。

2.指出企业经营管理中存在的问题。

3.结合理论给出系统的解决方案。

五、实训步骤

1.学生组建团队。

2.确定调研对象，并查阅背景资料。

3.小组讨论，明确公司经营管理的调研内容，制订调查计划（包括调查目的、范围、目标、内容和方法）。

4.实地参观与调研，掌握第一手资料，并加以整理归类。

实地参观流程如下：（1）各小组根据准备的问卷，展开与公司经营管理人员的互动交流，深入了解公司发展的历程、现状和未来规划；（2）企业文化在公司中的作用，行业竞争中经营战略的制定，公司研发的投入与目标，销售业绩和市场现状，人力资源管理中的人员招聘和培训，与供应商的合作关系，与竞争对手的优劣势比较，企业资本运营情况与未来发展战略；（3）做好重点内容的笔记，为完成实训报告做准备。

5.整理资料，完成研究报告。

6.小组汇报与交流，教师点评与总结。

六、调研内容示例——公司经营管理

1.企业战略管理调查。目标企业是否依据企业优势和劣势、机会与威胁制定发展战略，是否适应外部环境和内部环境变化进行战略调整；战略制定的模式是否具有创造性、灵活性，战略制定是否体现有控制、有意识的计划过程；企业最高层是否对计划全过程负责，具体制定和实施计划人员是否对最高层负责，是否通过目标-项目-预算来分解和落实所制定的战略计划。

2.企业组织管理调查。目标企业的组织结构，职务或职位设定，责权关系以及组织中的成员协作配合模式。企业组织管理主要包括四个方面：第一，确定实现组织目标所需要的活动，并按专业化分工的原则进行分类，按类别设立相应的工作岗位；第二，根据组织的特点、外部环境和目标需要划分工作部门，设计组织机构和结构；第三，规定组织结构中的各种职务或职位，明确各自的责任，并授予相应的权力；第四，制订规章制度，建立和健全组织结构中纵横各方面的相互关系。

3.企业人力资源管理调查。目标企业是否运用现代化的科学方法，对人力进行合理的培训、组织和调配，使人力、物力经常保持最佳比例，同时对人的思想、心理和行为进行恰当的诱导、控制和协调，以充分发挥人的主观能动性，使人尽其才，事得其人，人事相宜，以实现组织目标。人力资源管理主要包括两个方面：第一，对人力资源外在要素进行量的管理，即根据人力和物力及其变化，对人力进行恰当的培训、组织和协调，使二者经常保持最佳比例和有机结合，使人和物都充分发挥出最佳效应。第二，对人力资源内在要素进行质的管理，主要是指采用现代化的科学方法，对人的思想、心理和行为进行有效的管理（包括对个体和群体的思想、心理和行为的协调、控制和管理），充分发挥人的主观能动性，以达到组织目标。

4.企业文化调查。目标企业是否树立了鲜明的企业文化，企业是否通过企业文化理念，为企业发展注入了活力。企业文化的核心是确立企业发展的最高目标。一方面，可以使企业走出狭隘，来到一个更为广阔的天地，强调顾客、员工和社会，使得企业能够在社会责任与经济目标、长远利益和短期利益之间做出明智的选择；另一方面，企业崇高目标的确立，会使员工富有自豪感和责任感，从而激发员工的积极性和创造性，增强企业的对外竞争力和对内凝聚力。

5.企业资本运营管理调查。目标企业是否为追求利润最大化和资本增值，以价值管理为特征，将本企业的各类资本，不断地与其他企业、部门的资本进行流动与重组，实现生产要素的优化配置和产业结构的动态重组，以达到本企业自有资本不断增加这一最终目的。资本运营管理包括：第一，资本运营是市场经济条件下社会配置资源的一种重要方式，它通过资本层次上的资源流动来优化社会的资源配置结构。第二，从微观上讲，资本运营是利用市场法则，通过资本本身的技巧性运作，实现资本增值、效益增长的一种经营方式。

七、思考题
1.简述企业目标与经营管理的关系。
2.简述企业环境分析对企业决策的影响。
3.简述不同市场结构企业竞争战略的选择。

实训三　证券投资技术分析

一、实训目的
1.了解技术分析和基本分析的关系、道氏理论、波浪理论。
2.理解技术分析的三大假设前提、技术分析方法的本质。
3.掌握K线图分析法、趋势分析法、形态分析法、技术指标分析法。

二、理论知识
道氏理论、波浪理论。

三、实训教学的重点及难点
重点：熟悉技术分析的各种基本图形；熟悉K线图的含义，并利用不同周期的K线图进行行情预测与投资决策；观察证券价格的历史走势，研究其运行趋势，利用趋势分析法对行情进行预测分析与投资决策；观察证券价格轨迹，利用形态理论预测行情发展与投资决策；观察常见的技术指标（MA、MACD、KDJ、RSI、WR、OBV等）与证券价格之间的关系，初步了解技术指标的测市功能并进行投资决策；综合运用各种技术分析方法进行模拟证券交易。

难点：观察常见的技术指标（MA、MACD、KDJ、RSI、WR、OBV等）与证券价格之间的关系。

四、实训内容

小组合作模拟交易，综合运用各种技术分析方法进行证券投资对象和投资时机的选择，提交研究报告。

要求：

1.利用易盛资讯动态分析系统进行模拟交易，记录选取的股票，对相应的项目进行填写，保证数据真实性；

2.利用技术手段分析所选股票，包括近三个月内工作公布关于改组等的信息，公司财务状况，季度盈利状况，各种基本图形和常见的技术指标等。

五、实训步骤

1.学生组建团队，2人为一个小组，明确成员之间的任务分工。

2.小组讨论，模拟交易并记录数据。

3.完成研究报告。

4.教师点评与总结，各小组进行汇报与交流。

六、思考题

1.技术指标的参数是否影响技术指标的效果？为什么？

2.调整浪与形态理论中的持续形态有何联系？

3.如何理解同一种形态可能同时属于反转型和持续形态？

实训四　投资项目经济评价

一、实训目的

1.了解投资项目经济评价和可行性研究报告的编制，熟悉操作步骤和方法。

2.能够独立上机操作，准确输入与输出有关数据，得出相应的分析报告。

二、理论知识

项目经济评价的基本原理。

三、实训内容

学生自设投资项目或根据教师给出的虚拟项目，输入有关的参数，生成财务评价报告，并对结果进行敏感性分析，输出主要的分析报表。其中，给出的虚拟项目为××水泥厂项目财务评价报告基础数据：

1.××水泥厂项目建设期2年；第1年投入1 500万元，第2年投入1 200万元，第3年建成投产，并投入流动资金900万元；当年取得收入5 200万元，缴纳税金及附加260万元；第4年至第12年达到设计生产能力，每年取得收入7 400万元，缴纳销售税金及附加370万元。该项目固定资产形成率为90%；运行期末回收资产残值，残值率为5%；固定资产折旧年限为12年；基准折现率6%。

2.该项目总成本费用构成见表11-2。

表11-2　　　　　　　　　　**总成本费用构成表**　　　　　　　　单位：万元

序号	项目	投产期	达产期								
		3	4	5	6	7	8	9	10	11	12
1	直接材料费用	3 185	4 200	4 200	4 200	4 200	4 200	4 200	4 200	4 200	4 200
2	直接人工费用	166	166	166	166	166	166	166	166	166	166
3	制造费用	356	356	356	356	356	356	356	356	356	356
4	管理费用	326	326	326	326	326	326	326	326	326	326
5	销售费用	155	155	155	155	155	155	155	155	155	155
6	财务费用	230	194	158	122	86	50	50	50	50	50

3.该项目按照国家规定执行25%所得税税率。

4.该项目投产后按照净利润的15%提取盈余公积。

5.该项目每年保留15%的利润不进行分配。

四、实训步骤

1.综合运用Excel，结合产业投资、财务管理和会计学的相关知识，对××水泥厂项目进行财务评价。

2.编制财务报表：成本费用表，利润表，全投资现金流量表。

3.计算评价指标：净现值、内部收益率、静态投资回收期和动态投资回收期。

4.进行敏感性分析：假设投资、收入增加或减少10%、20%，分析项目的抗风险能力（单因素敏感性分析）。

五、思考题

1.简述并比较投资回收期法、净现值法、内部收益率法等方法的优缺点。

2.针对同一个投资项目，如何选择不同的指标进行评价？

3.机会研究、初步可行性研究与详细可行性研究有何联系和区别？

实训五　投资者基金组合评估与调整

一、实训目的

运用基本分析与技术分析，学习基金投资组合的建立。

二、理论知识

技术分析和基本分析的关系、道氏理论、波浪理论。

三、实训内容

根据所给材料撰写投资基金建仓报告。

实训材料：基金募集100万份，共有100万资金，要求买入4~6只股票，考虑各股票的收益、风险大小，决定各股票在组合中的权重。请根据以上资料完成以下内容：

1.计算投资组合中的股票总市值；

2.计算模拟投资基金的现金余额、每单位资产净值（股票买卖印花税税率0.3%，佣金费率0.2%）；

3.建立投资组合，说明选择所买股票的理由和该只股票权重设置的理由；

4.编制组合并完成计算内容，股票购入信息参见表11-3填写。

表11-3　　　　　　　　　　**股票购入信息表**

股票代码	股票名称	买入数量	买入价格	买入时间	初始市值

四、实训步骤

1.设计分析思路。

2.进行小组讨论。

3.抽取发言人进行汇报并接受提问。

4.教师点评。

五、思考题

1.简述基本分析与技术分析的区别。

2.如何理解技术分析不讲究严格的因果关系?

实训六　资金时间价值的基本计算

一、实训目的

1.掌握资金时间价值的基本计算。

2.了解理财产品的种类和特点，并能够运用Excel进行基本的理财规划、教育规划、住房规划以及证券投资基本分析。

二、理论知识

资金时间价值计算、教育规划原理、住房规划原理、证券投资基本分析。

三、实验内容和步骤

根据所给材料，完成相关计算。

（一）教育规划

1.根据子女的兴趣爱好结合实际情况，确定适合子女发展的目标，然后按照设定的目标进行财务规划。

2.设定投资目标：计算子女教育基金缺口、设定投资期间、设定期望报酬率。

3.规划投资组合：了解自己的风险承受度、设定投资组合。

4.执行与定期检讨：坚持子女教育基金计划、坚持专款专用、定期做调整。

【例11-1】张某预计子女将在6年后上大学，张某选择的教育规划方式是投资基金，月收益率为0.5%。该项投资的收益是每月支付的，并且和原投资额一起用于下一期的投资。每年大学教育费用的预计增长率约为1.3%，且保持不变。如果现在入学，4年大学需要的生活费与学费合计，以入学第1年初的值计算，需要9万元。请计算张某每月需要存入多少钱才能保证满足孩子将来读大学的费用。

根据题意得出大学教育成本费用表，见表11-4。

表11-4	大学教育成本费用表　　金额单位：元
项目	成本费用
大学教育费用年增长率	1.30%
月利率	0.50%
大学教育费用（4年合计）	90 000
目前距离上大学年限	6
按预计增长率计算，在入学年所需教育费用总和	97 252.14
就读大学每月需要投资的金额	1 119.89

根据表11-4可知，张某应该每月为孩子存入1 119.89元的教育计划基金，才能满足孩子将来读大学的费用。

（二）住房规划

1.确定客户购房意愿——购房还是租房？

（1）年成本法

购房成本=首付款机会成本+贷款利息

租房成本=房租

（2）净现值法

购房现金流=处置房款现值-（购房首付+还贷款现值+贷款余额现值）

租房现金流=住房押金+房租现值

2.收集客户信息。

3.分析客户财务状况。

4.协助客户制定购房目标。

【例11-2】上海的周先生看中了一处房产，每月房租2 600元，押金3个月。若购买该房产，则总价为79万元，需要首付15万元，剩下的可获得年利率为6%，期限为11年的房屋抵押贷款。如果周先生确定要在该处住满5年，房租每年调增1 200元，以存款年利率3%为机会成本。请计算租房和购房哪一种方式更为合算？

此题应采用净现值比较法，具体计算过程参见表11-5。

表11-5	购房与租房的比较——净现值法　　金额单位：元
月租	2 600
年租	31 200
押金	7 800
房价	790 000
首付	150 000
贷款	640 000
贷款年利率	6%
存款年利率	3%
贷款期限	11
每年等额本息偿还额	81 147.48
计划居住年限	5

续表

月租	2 600
房租每年递增额	1 200
租房现金流现值	
未来收回押金的现值	6 728.35
当前支付押金	−7 800
第 N 年	第 N 年年租的现值
1	−30 291.26
2	−30 540.11
3	−30 748.76
4	−30 919.35
5	−31 053.92
租房现值总和	−154 625.05
购房现金流现值	
5 年后预期房价	790 000
5 年后房贷余额	399 028.48
5 年后售房净所得	390 971.52
5 年后售房净所得的现值	337 255.47
首付款	−150 000.00
5 年还贷额的现值	−371 631.70
购房现值总和	−184 376.23
购房与租房现值总和之差	−29 751.18

根据上述比较可知，购房与租房现值相差额为 29 751.180 元，所以周先生应采用购房更为合算。

（三）证券投资分析

1.分析当前市场状况，并研究前期准备的相关报告。

2.与客户沟通，了解客户需求。

3.根据前面收集到的信息，分析客户需求及基本状况，包括个人偏好、财务状况、投资目标及风险承受能力等。

4.根据客户需求与实际状况，选择投资工具。

5.对选定的投资工具进行分析。

6.继续与客户进行沟通。

7.指导客户按投资程序进行投资。

8.关注市场行情，跟踪所选投资工具的发展，推荐并指导客户在合理的价位进行调整。

【例11-3】马先生今年40岁，在一家公司担任高级管理人员，每月税后收入10 000元。其妻刘女士为某高校教授，每月税后收入8 000元。马先生夫妇孩子今年12岁，正在读小学6年级。马先生一家目前居住在其2003年贷款购置的第二套房中，市值90万元，目前贷款余额尚余15万元，计划2年还清。他们原来居住的房屋现值110万元，目前租给了一对外籍白领夫妇，每月可获租金收入6 000元（税后）。现在他们除了两处房产外，还有30万元的国债，每年可获利息10 000元。此外，他们还购买了20万元的信托产品，每年的收益也为10 000元。另有银行活期存款约40万元（活期，不考虑利息收入）。

通过对客户上述财务指标的分析，我们认为客户财务状况总体上非常安全，偿债能力强，但是结构还不够合理，财务效益不高，过于注重流动性而没有充分考虑资产的增值要求，特别是投资结构有待进一步完善，投资收益需要进一步增加。因此，客户必须充分利用财务杠杆效应提高资产的整体收益，同时适当增加消费支出，提高消费水平。

根据理财规划的基本原则，保险规划中的保额设计为10倍的年收入，保费则不超过家庭年收入的10%。所以，我们建议客户每年购买不超过3万元的保险，这样的保障程度比较完备，保费支出也不会构成家庭过度的财务负担。具体如下：

1.建议马先生投保一份生存死亡两全保险，并一次性将保额做到200万元，每年支出在3 600元左右。这样，无论是马先生继续生存到一定年龄还是万一发生意外或疾病去世均可获得保险金的给付。

2.建议马先生与夫人各买一份重大疾病保险，保额设计为30万元。

3.建议马先生为全家购买一份人身意外伤害综合保险，保额最高可做到150万元，每份约200元。

4.建议马先生为不动产和汽车购买相应的保险。

5.总保险费用控制在3万元左右合适。

投资规划主要是为了满足未来小孩高等教育的支出费用的筹划以及保障家庭资产和收益的稳步上升。按照前面的设想，马先生每年需拿出8万元左右的资金用于投资才能满足未来的资金支出要求，加上马先生目前90万元的金融资产和185万元的住房资产，我们认为，在未来几年内，马先生一家的投资比例可基本保持不变，但是投资结构需要进一步完善，这对于改善其目前的财务结构、增加投资收益是十分必要的。当然，控制投资风险，也是必须要考虑的事情。从马先生目前的投资效果来看，并不是太理想，主要缺点是投资太保守，过于考虑流动性而对增值要求重视不够。

我们认为，马先生在维持投资比例不变的同时，一定要优化目前的投资结构。具体来说，就是要大幅降低活期存款和国债的比例，增加股票、基金以及安全性和收益率都比较理想的各项银行理财产品的投资份额。当然，对于马先生全家这样缺乏投资经验的家庭来说，股票投资要控制在总投资额的15%以内，而且主要是做长期投资，而不要去做短期炒作。从中国这些年证券市场的走势来看，只要坚持长期价值投资理念，获得10%以上的年平均收益是完全可行的，这样，小孩未来的教育费用就主要可以通过长期投资来实现。总之，通过以上规划的执行，客户的理财目标基本可以得到实现，在保证财务安全的同时，客户的总体资产的收益率在客户的风险承受范围内比较理想，理财方案的实施将全面提升客户目前的生活质量和未来的生活保障。

四、思考题

1.住房规划的影响因素有哪些？

2.教育规划有哪些类型？简述教育规划的方法。

第十二章

贸易经济实践训练 2

一、实训简介

"贸易经济实践训练 2"是经济学专业贸易经济方向的一门综合实践课程，是与"贸易经济学"和"零售学"相配套的实践环节训练。本课程运用实地观察、问卷调查、课堂讨论等方式和手段，充分发挥学生主体作用，进一步加深学生对"贸易经济学"和"零售学"基础知识、基本理论的认知与理解，能较为熟练地运用贸易经济方向的实务性技能与方法分析和解决实际问题，逐步培养学生设计调查方案、获取信息、撰写调研报告、学会与人交流以及处理团队分工合作关系等方面的综合能力，为学生毕业以后在商贸流通企业从事策划、管理、服务等相应岗位工作奠定基础。

本课程有三个实训项目，其中："贸易经济学"设置了一个实训项目，项目名称为"贸易流通调研与分析"；"零售学"设置了两个实训项目，一是"消费者购买行为分析"，二是"店铺设计与商品陈列"。

二、先修课程

贸易经济学、零售学、市场营销学。

三、实训项目与课时分配

实训项目与课时分配见表 12-1。

表 12-1 实训项目与课时分配

序号	实训项目	内容提要	实训要求	每组人数	项目学时	实训类型
1	贸易流通调研与分析	围绕贸易流通的相关内容展开调研和分析	必修	3~5	8	综合
2	消费者购买行为分析	掌握消费者购买行为的基本特点、影响因素、决策过程或行为模式	必修	3~5	4	综合
3	店铺设计与商品陈列	了解店铺设计的主要类型，掌握商品陈列与橱窗设计的主要方法	必修	3~5	4	综合

四、实训教学组织方式

本课程采取问题导向、项目化训练和小组探究的教学方式。在实践训练中，要求学生严格按照教学安排，以小组为单位，认真开展调查和研究，按时上交调研报告并进行课堂汇报交流，听取师生的点评，进一步修改完善调研成果，最终上交存档。

实训一　贸易流通调研与分析

一、实训目的

1.考察市场的具体形态，了解流通领域中的专业市场或者企业的运行。

2.小组分工合作，进行自主探究，撰写调研报告，掌握专业性报告的写作与汇报技巧。

3.强化学生的团队意识、创新精神和社会责任感。

二、理论知识

1.贸易运行渠道的类型及特性，如产销合一型渠道、产销分离渠道（购销合一渠道、批销结合型渠道、产代结合渠道）、产销结合型渠道等。

2.影响商品的流通渠道的主要因素及合理性选择标准。

3.贸易的组织形式，包括批发经营形式和零售经营形式、批发交易的类型与特点、零售交易的类型与特点、影响贸易方式选择的因素。

4.批发商作用理论及相关假说，如规模经济论、批发商功能论、交易费用论等。

5.零售经营发展规律的理论，如零售轮转学说、零售业综合化与专业化循环说、自然淘汰说、正反合原理、零售组织生命周期学说等。

6.物流的基本概念，了解有关供应链各个环节的物流策略知识。

7.电子商务的特点与国内外电子商务的发展与实施。

8.期货交易的操作原理与国内外期货交易的发展。

三、实训内容

小组合作，完成一份调研报告。

要求：学生需要收集资料，选定调研方向和调研单位，围绕以下主题内容中的某一方面进行深入分析，选题内容见表12-2。

表12-2　　　　　　　　　　　"贸易流通调研与分析"选题说明

可选择项目主题	项目内容	核心知识
贸易主体间的竞合	贸易主体间的竞合	贸易主体的横向竞争、纵向竞争、合作及经济效益评价
贸易运行渠道的选择与评价	贸易渠道的影响因素、不同类型及渠道效益评价	不同贸易渠道的特点、贸易渠道的经济效益与社会效益评价
贸易方式的评价	掌握不同贸易方式的特点及效益评价	批发贸易的兴衰、零售业态及演化、居间贸易的演化、不同贸易方式选择及评价
商业模式的创新	商业模式创新	商业模式创新的驱动力、模式、路径

四、实训步骤

1.分组。3～5人为一个小组，自愿组合，协作完成。

2.确定调研的内容与调研单位。制订调查计划，讨论制定访谈及调查的大纲，明确调查目的、范围、内容和方法，进行必要的理论知识和调研程序的准备，做好成员之间的任务分工。

3.通过网络搜集资料；实地调查，掌握第一手资料并加以整理归类，保存调查原始记录。外出调研，注意安全。

4.完成调研报告初稿。

5.各组汇报调研报告，相互探讨与交流，完善调研报告。

五、实训考核方式和标准

总评分优秀、良好、中等、及格、不及格五级。具体评分标准见表12-3。

表12-3　　　　　　　　**"贸易流通调研与分析"实训成绩评分标准**

调研报告结构内容（50%）	PPT制作（20%）	口头表述（20%）	分工合作情况（10%）	总评
能清晰准确地介绍调研企业或者专业市场的情况，描述贸易流通的渠道；能较好地分析并进行效益评价，有图表、有建议；语言流畅、用词准确、结构清晰、论点明确、论据充分	精良	表述非常清晰，逻辑清楚，概念正确	分工很明确，组织很合理，工作效率很高	优秀
能够介绍调研企业或者专业市场的基本情况，描述流通渠道并作分析；有图表、对该渠道进行了效益评价；用词较准确、结构清晰、论点明确、论据充分	良好	表述清晰，逻辑清楚，概念正确	分工较明确，组织较合理，工作效率较高	良好
能够介绍企业或者专业市场的情况，描述流通渠道，有图表；结构清晰、论点明确、论据充分；分析与贸易流通效益评价较为简单	较好	表述比较清晰，逻辑较清楚，概念正确	分工明确，组织不是很合理，工作效率一般	中等
能够简单介绍企业或者专业市场的情况，描述流通渠道，分析与效益评价较少，论点正确、论据欠充分	一般	表述一般、逻辑一般、概念正确	分工不是很明确，组织不是很合理，工作效率不高，基本完成任务	及格
缺少对企业或者专业市场情况的介绍，对物流渠道没有清晰描述，文字表达差	差	差	没有完成任务	不及格

六、思考题

1.贸易流通渠道有哪些？如何选择及评价？

2.贸易方式有哪些？如何选择及评价？

实训二　消费者购买行为分析

一、实训目的

1.理解消费者购买行为的相关理论，了解不同消费群体的购买行为特点。

2.掌握影响消费者购买行为的主要因素，掌握消费者购买决策过程或者行为模式。

3.培养学生设计调查问卷、写好观察记录、制定营销方案的实战能力。

二、理论知识

1.消费者购买行为模式。

2.影响消费者购买行为的因素。

3.消费者购买行为的主要特征。

4.消费者购买决策过程。

三、实训内容

以小组为单位，选择一个消费群体（如老年消费者、中年消费者、青少年消费者，或者女性消费者、男性消费者）或者某类产品（如电子产品、个人护理用品、衣着服饰、娱乐消费品、食物类产品等），确定调研对象和主题。然后到相关商场和超市对调研对象的购买行为特点、决策过程、影响因素等进行调查与分析，掌握消费者购买的规律并讨论制定行之有效的营销方案。

四、实训步骤

1.布置任务。指导老师向学生详细说明实训项目的内容、目的、要求以及有关注意事项，为学生提供相应的调查建议或思路。

2.学生分组。每组人数不超过5人，自愿组合，分工协作。

3.制订方案。根据实训项目的内容与要求，分组讨论，确定调研分析的具体目标，制定小组行动方案。

4.设计问卷。根据调研主题，各小组自行设计消费者行为调查表，为开展实地考察与访谈做好前期准备。

5.实地调研。各小组到商场、超市或专卖店对选定的消费群体和销售人员展开问卷调查、重点访谈和实地观察，系统了解特定消费群体对某类消费产品的购买情况。

6.撰写报告。整理分析实地调研资料，并结合第二手资料，按照要求与规范完成调研分析报告（包括消费者购买行为分析和营销方案）。

7.汇报交流。各小组派代表以PPT形式说明本组调研的基本情况、主要结论以及营销方案，交叉提问，教师点评，分享实训成果。

五、实训重点与难点

各小组调查表的设计与分析。调查表的内容是否科学、全面，选项是否清晰干脆，分析方法是否可行，直接决定实地调查的顺利开展和实训结果的好坏。因此，在此之前要求指导老师适当讲解此类问卷调查表的设计原则、方法和样例等，要求学生事先多查阅相关资料，理清设计思路。

六、考核方法及标准

本项目要求以小组为单位完成一份调研报告和一份PPT。

实训成绩分为优秀、良好、中等、及格、不及格五个等级。实训成绩由指导教师依据学生的调研表现和实训成果质量进行综合评定。考核的具体标准参见表12-4。

表12-4　　　　　　"消费者购买行为分析"实训成绩评分标准

调研报告结构与内容（50%）	PPT制作（20%）	小组交流与汇报（20%）	分工合作情况（10%）	总评
清晰介绍了特定消费群体的购买行为特点、决策过程、影响因素等情况，营销方案设计科学有效；结构完整、条理清晰、观点明确、材料充实、表达流畅、格式规范	构思巧妙，界面美观，图文并茂，文字醒目，艺术性强	内容熟悉，思路清晰，仪态自然，富有激情，感染力强，汇报时间安排合理	分工很明确，组织很合理，调研效果很好	优秀
比较清晰地介绍了特定消费群体的购买行为特点、决策过程、影响因素等基本情况，营销方案设计较为科学有效；结构较完整、条理较清晰、观点较明确、材料较充实、表达较流畅、格式规范	构思较为巧妙，界面较为美观，图文搭配合理，文字醒目，艺术性较强	内容较熟悉，思路较清晰，仪态较自然，富有一定激情，汇报时间安排较合理	分工较明确，组织较合理，调研效果较好	良好
简单介绍了特定消费群体的购买行为特点、决策过程、影响因素等基本情况，营销方案设计基本科学有效；结构安排基本合理、条理基本清晰、观点基本明确、材料基本充实、表达基本流畅、格式规范	构思基本可行，图文搭配基本合理，界面基本清晰，艺术性一般	内容基本熟悉，思路基本清晰，仪态基本放松，有一定感染力，汇报时间安排基本合理	分工基本明确，组织基本合理，调研效果一般	中等
简单介绍了特定消费群体的购买行为特点、决策过程、影响因素等基本情况，但营销方案设计不太科学，可行性不强；结构安排基本合理、观点基本正确、表达基本流畅、格式基本规范，但条理不够清晰，材料不够充实	构思一般，图文搭配不太合理，文字基本能看清，缺乏设计感和艺术性	内容不太熟悉，仪态不太自然，缺乏演讲激情，汇报时间安排不太合理	分工不太明确，调研效果一般，勉强完成任务	及格
对特定消费群体的购买行为特点、决策过程、影响因素等基本情况介绍不够清楚，缺乏营销方案或者策略分析根本不到位；结构不完整、条理较混乱、观点不准确、文字表达较差、格式也不规范	没有认真构思和设计，图文搭配很乱，文字模糊不清	内容不熟悉，只是读完PPT，汇报进度安排不合理	分工不明确，缺乏组织协调，应付调研任务	不及格

七、思考题

直播带货如何影响消费者购买决策过程？

实训三 店铺设计与商品陈列

一、实训目的

1.实地调研，了解和掌握店铺设计的主要形式，掌握色彩、灯光、音乐、气味在店铺设计中的应用。

2.了解商品陈列与橱窗设计的有效方式及产生的运营效果，掌握零售店铺购物氛围营造的相关技巧。

二、理论知识

1.店面布局的基本类型。

2.色彩、灯光、音乐、气味在商场设计中的使用原则。

3.货位布局的基本依据。

4.商品组合与商品陈列的基本方法。

5.橱窗展示技巧。

三、实训内容

以小组为单位，在嘉兴市区选定一家零售企业，结合所学的理论知识，按照老师提出的实训要求，进行实地参观与考察，深入了解零售企业的店铺设计方法与商品陈列技巧，发现与总结其独特做法或者现存问题，提出相应的启示或建议，形成一篇调研报告，并制作一份PPT进行小组汇报与交流。

四、实训步骤

1.选择企业。按照零售业态分类，每个小组根据老师建议，在嘉兴市区选择一家零售企业。要求所选企业具有行业特色，交通便利，各组形成差异，以拓展调研范围，方便进行对比。

2.小组讨论。明确调研对象后，小组成员讨论并草拟调研方案，明确调查时间、任务分工、实施方法等。

3.实地调研。实地参观考察所选零售企业的店铺设计与商品陈列的基本情况，做好调查记录。

4.撰写报告。整理充实调研资料，按照要求与规范完成调研报告。

5.汇报交流。各小组根据调研情况制作一份PPT，进行汇报与交流，分享实训成果。

五、实训重点与难点

各小组调研对象的确定。要求覆盖零售业态的主要类型，既要考虑交通因素，方便学生安全、便利出行，又要考虑调研对象的差异化，拓宽实训范围，利于开展比较分析，加深对实训内容的理解。

六、考核方法及标准

本项目要求以小组为单位完成一份调研报告和一份PPT。

实训成绩分为优秀、良好、中等、及格、不及格五个等级。实训成绩由指导教师依据学生的调研表现和实训成果质量进行综合评定。考核的具体标准参见表12-5。

表 12-5　　　　　　　　　　　**"店铺设计与商品陈列"实训成绩评分标准**

调研报告结构与内容（50%）	PPT 制作（20%）	小组交流与汇报（20%）	分工合作情况（10%）	总评
清晰介绍了零售企业的店铺设计与商品陈列的基本情况，结论启示或对策建议分析到位；结构完整，条理清晰，观点明确，材料充实，表达流畅，格式规范	构思巧妙，界面美观，图文并茂，文字醒目，艺术性强	内容熟悉，思路清晰，仪态自然，富有激情，感染力强，汇报时间安排合理	分工很明确，组织很合理，调研效果很好	优秀
较清晰地介绍了零售企业的店铺设计与商品陈列的基本情况，结论启示或对策建议分析较为到位；结构较完整，条理较清晰，观点较明确，材料较充实，表达较流畅，格式规范	构思较为巧妙，界面较为美观，图文搭配合理，文字醒目，艺术性较强	内容较熟悉，思路较清晰，仪态较自然，富有一定激情，汇报时间安排较合理	分工较明确，组织较合理，调研效果较好	良好
简单介绍了零售企业的店铺设计与商品陈列的基本情况，有结论启示或对策建议；结构安排基本合理，条理基本清晰，观点基本明确，材料基本充实，表达基本流畅，格式基本规范	构思基本可行，图文搭配基本合理，文字基本清晰，艺术性一般	内容基本熟悉，思路基本清晰，仪态基本放松，有一定感染力，汇报时间安排基本合理	分工基本明确，组织基本合理，调研效果一般	中等
简单介绍了零售企业的店铺设计与商品陈列的基本情况，但结论启示或对策建议分析不到位；结构安排基本合理，观点基本正确，表达基本流畅，格式基本规范，但条理不够清晰，材料不够充实	构思一般，图文搭配不太合理，文字基本能看清，缺乏设计感和艺术性	内容不太熟悉，仪态不太自然，缺乏演讲激情，汇报时间安排不太合理	分工不太明确，调研效果一般，勉强完成任务	及格
对零售企业的店铺设计与商品陈列的基本情况介绍不够清楚，缺乏结论启示或对策建议；结构不完整，条理较混乱，观点不准确，文字表达较差，格式也不规范	没有认真构思和设计，图文搭配很乱，文字模糊不清	内容不熟悉，只是读完 PPT，汇报进度安排不合理	分工不明确，缺乏组织协调，应付调研任务	不及格

七、思考题

1. 商品陈列有哪些误区？

2. 如何确定店铺的设计风格？

第十三章

经济学课程项目化实践训练 2

一、实训简介

"经济学课程项目化实践训练 2"是"环境经济学"和"发展经济学"的配套实训课程。本课程共有 4 个实训项目，其中，"环境经济学"设置了 2 个实训项目，项目一是"政府环境管理的理论与实践"，参观访问政府环境管理部门，初步了解我国环境管理制度、管理体制、政府环境管理手段及各环境管理工具的现实应用情况及效果等，加深对我国环境管理相关知识的理解；项目二是"环境第三方治理的理论与实践"，参观考察嘉兴市环保产业园及代表性企业，对我国环境污染治理情况，尤其是污染第三方治理的背景、形式、特点和优点等进行深入了解，深化对环境污染第三方治理重要性的认识。

"发展经济学"设置了 2 个实训项目，项目一是"长三角地区高质量发展问题研究"，走访调研政府部门和相关企业，对长三角地区高质量发展状况有具体的认识，深刻了解区域高质量发展内涵，分析区域高质量发展存在的问题；项目二是"长三角一体化下工业化与城市化发展问题研究"，走访政府部门和相关企业，了解长三角地区一体化的背景和现状，了解长三角区域工业化和城市化发展脉络，深刻理解长三角一体化背景下工业化与城市化面临的机遇和挑战。

二、先修课程

西方经济学、政治经济学、制度经济学、公共经济学、管理学。

三、实训项目与课时分配

实训项目与课时分配见表 13-1。

表 13-1　　　　　　　　　　　　　实训项目与课时分配

序号	实训项目	内容提要	实训要求	每组人数	项目学时	实训类型
1	政府环境管理的理论与实践	走访政府环境管理部门，分析现实中各类环境管理政策的成效及问题	必修	全班	4	综合
2	环境第三方治理的理论与实践	参观访问嘉兴市环保产业园及代表性企业，研究污染第三方治理的相关问题	必修	全班	4	综合
3	长三角地区高质量发展问题研究	走访长三角地区政府部门和相关企业，研究区域高质量发展问题	必修	全班	4	综合
4	长三角一体化下工业化与城市化问题研究	走访政府部门和相关企业，分析长三角一体化背景下工业化与城市化的相关问题	必修	全班	4	综合

四、考核及评分

对撰写的调研报告进行评分，4 个实训项目的平均得分即为最终得分。

考核标准：

1.优秀。观点正确、内容充实、见解独到；语言表达流畅、概念正确、层次清晰、逻辑严密、格式规范。

2.良好。观点正确、内容较丰富，见解比较独到；表述清晰、结构比较完整、层次比较分明、格式规范。

3.中等。观点比较明确，内容尚属充实，见解一般；结构基本完整、条理基本清晰、格式符合规范。

4.及格。观点基本明确、概念表达基本准确，但内容不够充实，缺乏个人见解；结构安排基本合理，格式基本符合规范。

5.不及格。下列情况之一者，成绩为不及格：（1）观点错误，基本无新意；（2）抄袭、剽窃现象严重，基本上没有自己的见解；（3）结构不完整、逻辑混乱、语言表达不通顺、格式不规范等。

实训一　政府环境管理的理论与实践

一、实训目的

参观访问政府环境管理部门（嘉兴市生态环境局），对嘉兴市环境管理历程、现有环境管理制度、管理体制和管理机构等有具体的认识。

二、理论知识

1.我国环境管理体制：中央垂直管理与地方政府双重管理相结合。

2.我国环境管理制度：环境影响评价制度，"三同时"制度，排污收费制度，环境保护目标责任制，城市环境综合整治定量考核制度，排污许可证制度，污染集中控制制度，污染限期治理制度。

3.环境政策手段：环境管理行政手段，环境管理法律手段，环境管理经济手段，环境管理宣传教育。

三、实训内容

参观访问政府环境管理部门，提交调研报告，要求学生在包括但不限于以下论题中选取一个作为调研报告的主题：

1.我国环境管理制度演变历程及背后原因。

2.我国环境管理主要政策及变迁。

3.政府环境管理有哪些主要手段？优势及不足之处有哪些？

4.嘉兴市环境管理经济手段有哪些？取得哪些效果，推行中存在哪些阻碍？

5.嘉兴市排污权交易制度相关问题。

四、实训步骤

1.参观、访问嘉兴市生态环境局，了解嘉兴市环境管理制度、管理体制和管理机构，熟悉嘉兴生态环境局各部门及其主要职能。

2.比较排污许可证、排污收费以及总量控制制度的联系与区别。

3.撰写研究报告。

4.教师点评与总结。

五、思考题

1.当前我国环境管理中存在哪些问题？

2.排污许可证管理与排污收费制度及总量控制制度的关系如何？

实训二　环境第三方治理的理论与实践

一、实训目的

1.参观访问嘉兴市环保生态园，了解环境污染第三方治理的形式和特点。

2.对嘉兴环境污染治理市场的未来前景进行预评。

3.理解利用市场机制治理环境污染的原理和手段。

二、理论知识

（一）环境经济政策主要手段

1.明晰产权：包括所有权、使用权和开发权。

2.建立市场：包括可交易的许可证、可交易的环境股票等。

3.税收手段。

4.收费制度：包括排污收费、使用者收费、资源补偿费等。

5.罚款制度：包括违法罚款、违约罚款等。

6.金融手段：包括优惠贷款、环境基金等。

7.财政手段：包括财政拨款、专项资金等。

8.责任赔偿：包括法律责任赔偿、环境资源损害赔偿、保险赔偿等。

9.证券与押金制度：包括环境行为债券、废物处理证券、押金、股票等。

（二）污染第三方治理的模式

1.企企合作。污染排放企业和环境服务企业相互协作，根据治理后污染物实际排放主体可将其划分为独立型和嵌入型。独立型指双方企业相互独立，环境服务企业既是治理者也是污染物处理后的排放者，而嵌入型则是针对现有的治污设备，排污企业要求环境服务企业负责设备的运营管理。

2.政企合作。针对环境公用设施建设、大型环境污染治理等专业性很强、投资回报率低的环境治理问题，政府是第一责任人。有PPP公私合作模式、特许经营、委托经营等模式。

（三）污染第三方治理的优势

1.拓展第三方治理领域涉及改革环境公用设施投资运营模式、培育企业污染治理新模式，鼓励社会资本采取合资合作、资产收购等方式，参与城镇生活污水处理、垃圾收运利用等准经营性行业项目建设运营。

2.引导工业园区等工业集聚区统一参加环境污染责任保险，鼓励保险公司为第三方治理企业提供职业责任保险，降低企业运营风险。

三、实训内容

参观访问污染治理企业（嘉兴环保产业园），提交调研报告，要求学生在包括但不限于以下论题中选取一个作为调研报告的主题：

1.环境治理的行政手段与经济手段的内涵、特点，适用范围等的比较。

2.科斯手段与庇古手段的比较及现实中的应用分析。

3.环境污染第三方治理有哪些形式，其适用范围如何？

4.嘉兴市环境污染第三方治理工作取得了哪些效果？推行中存在哪些阻碍？

5.嘉兴市生态产业园发展前景如何？面临哪些挑战？

四、实训步骤

1.收集有关嘉兴生态环境产业园成立、机构设置、业务领域、运营绩效等方面的内容，为深入调研做充足的准备。

2.参观、访问嘉兴市环保生态园，对环保生态园创立的背景，成立的初衷，目标定位等有初步的了解。

3.了解嘉兴市生态环境产业园的业务模块，理解这些业务实现污染第三方治理所需要的条件，运行机制以及实际运作中存在的问题。

4.撰写研究报告。

5.教师点评与总结。

五、思考题

1.当前嘉兴市污染第三方治理有哪些形式？其优缺点如何？

2.我国环保产业（园）未来发展前景如何？面临哪些障碍？

实训三　长三角地区高质量发展问题研究

一、实训目的

1.了解长三角地区高质量发展的历史沿革和基本情况。

2.理解区域高质量发展内涵。

3.能够分析区域高质量发展存在的问题，提出对策建议。

二、理论知识

（一）经济增长理论和增长影响因素理论

经济增长的影响因素包括直接因素和间接因素。直接因素指资源投入数量和使用效率，包括资本、自然资源、劳动力、人口和资源的使用效率。间接因素指影响资源投入数量和使用效率的各种因素，包括技术和制度。经典的经济增长理论有哈罗德-多马模型、索洛-斯旺模型、新经济增长理论和经济增长阶段理论等。

（二）可持续发展理论

可持续发展是指"满足当前需要而又不削弱子孙后代满足其需要之能力的发展"。这一定义表明可持续发展的本质是"满足需要"，同时又为处于不同发展阶段的国家留下了阐释空间。可持续发展的原则有公平原则、可持续原则和共同性原则。

（三）技术进步理论

技术进步能极大地提高生产率，从而促进产出的增长。技术进步还能促使社会分工发展和专业化水平提高，而分工和专业化的状况直接影响着产业结构。技术进步的途径包括本国的研究和开发、技术引进、干中学和人力资本投资。在进行技术选择时，一要考虑技术的可行性，二要考虑经济的合理性。

三、实训教学的重点及难点

重点：研究报告的写作规范，收集相关资料、数据和信息，掌握高质量发展的内涵和特征。

难点：深刻理解区域高质量发展的内涵和特征，撰写逻辑性强、具有独立思考的研究报告。

四、实训内容

小组合作，选择长三角某个地区，查阅文献，走访调研并撰写研究报告。具体包括以下内容：

1. 总结该地区高质量发展的经验。
2. 提炼和分析区域高质量发展内涵。
3. 分析该区域高质量发展中存在的问题，提出对策建议。

五、实训步骤

1. 学生组建团队。4~6人为一个小组，自愿组合，明确成员之间的任务分工。
2. 小组讨论并确定研究主题，搜集整理资料。
3. 撰写研究报告。
4. 教师点评与总结。

六、思考题

1. 长三角地区高质量发展中存在哪些问题？
2. 如何推进长三角地区高质量发展？

实训四　长三角一体化下工业化与城市化问题研究

一、实训目的

1. 了解长三角地区一体化历史进程及基本内涵。
2. 了解长三角地区工业化和城市化的发展脉络及基本特征。
3. 分析长三角一体化背景下工业化与城市化存在的机遇和挑战。

二、理论知识

（一）工业化的内涵及衡量指标

工业化有广义和狭义之分，工业化和经济发展被看成是同一个概念，工业化被认为是发展中国家提高经济增长速度和国民生活水平的必由之路。工业化的衡量指标有霍夫曼比例等。工业化模式是指谋求发展、实现工业化或现代化的途径，典型的工业化模式有自由市场经济模式、不完全市场经济模式和计划经济模式。

（二）城市化的内涵及对经济发展的贡献

城市化程度一般用城市人口占总人口的比例来衡量，当此比例超过50%时，被称为基本实现城市化，超过70%时被称作高度城市化。城市化能够聚集要素，产生外部经济效益，具有吸引力和辐射功能等。

（三）平衡增长与不平衡增长理论

平衡增长指在整个工业或国民经济中同时进行大规模的投资，使工业或国民经济各部门得到均衡的全面发展，以此来摆脱贫穷落后的面貌，实现工业化或经济发展。不平衡增长指发展中国家应当集中有限的资金和其他资源优先发展一部分产业，以此为动力逐步扩大对其他产业的投资，带动其他产业的发展。平衡增长与不平衡增长存在着对立统一关系。

三、实训教学的重点及难点

重点：掌握长三角一体化背景下工业化与城市化相关理论。

难点：深刻理解长三角一体化背景下工业化和城市化的内涵，撰写逻辑性强、具有独立思考的调研报告。

四、实训内容

小组合作，选择长三角某个城市，查阅文献，走访调研并撰写研究报告，具体包括以下内容：

1.分析长三角地区一体化现状。

2.分析该城市的工业化与城市化现状。

3.分析长三角一体化背景下该城市工业化与城市化的机遇与挑战，以及未来的发展方向，并提出对策建议。

五、实训步骤

1.学生组建团队。4～6人为一个小组，自愿组合，明确成员之间的任务分工。

2.小组讨论并确定研究主题，搜集整理资料。

3.撰写研究报告。

4.教师点评与总结。

六、思考题

1.简述长三角一体化背景下工业化与城市化的机遇和挑战。

2.长三角一体化背景下如何高质量推进工业化与城市化？

第十四章
"市场调查与预测"课程实训

一、实训简介

"市场调查与预测"课程要求完成4个实训项目，项目设置以领会理论、强化应用、培养技能为原则，主要解决市场调查实践中的各类技术性问题，使学生能够在本课程的学习和实训中，初步具备市场调查与分析的职业能力，具有很强的实践性。4个项目需要学生以团队形式实施，全程参与、体验、感悟、论证、探究，课堂时间主要用于小组宣讲。

二、实验项目与内容提要

实训项目与课时分配见表14-1。

表14-1 实训项目与课时分配

序号	实训项目	内容提要	项目要求	每组人数	项目学时	项目类型
1	文献资料调查	通过各种渠道查阅文献资料，为下一步的实地调查做准备	必修	3~6	2	综合
2	问卷调查方案设计	对问卷调查制定合理的工作程序，提出实施方案并设计调查问卷	必修	3~6	2	研究设计
3	问卷调查实施	对问卷调查具体实施过程进行训练	必修	3~6	2	研究设计
4	市场调研报告撰写	掌握撰写市场调研报告的基本原理及方法	必修	3~6	2	研究设计

三、考核方法及标准

实训结束后，上交小组报告和个人实训报告。考核根据小组报告和个人实训报告完成情况综合评定。

考核标准：

1.小组实训报告成绩占70%。各小组按要求完成每个项目的实训任务并获得小组报告得分，得分标准详见每个项目的"考核方式和标准"。教师取小组报告得分的平均分作为小组项目学习的最终得分。

2.个人实训报告成绩占30%。每人上交一份实训报告，根据实训项目的具体内容，写明实训目的、实训过程、实训的收获和体会等。

实训一　文献资料调查

一、实训目的

1.收集文献资料，明确所要研究的主题，并初步了解调查对象的性质、范围、内容和重点等。

2.了解调查过程中潜在的问题和困难，根据对文献资料的研究，指导实地调查方案的设计。

二、实训教学的重点及难点

重点：根据调研项目的具体要求，制订收集文献资料的计划，并能进行资料检索。

难点：对收集到的文献资料的价值进行评价。

三、实训内容

学生组成项目小组，确定本课程的调查主题。在此基础上，确定文献调查的基本内容和资料来源等。

四、实训步骤

1.组建《市场调查与预测》课程实训小组

自由组建小组，每一小组3～6人，要求不同性格、不同能力的人合理配置。

2.确定调查主题

每个小组经讨论后决定本小组的调查课题。一般来说，一个调查课题必须符合以下要求：（1）调查切实可行，能够运用具体的调查方法进行调查；（2）可以在要求的时间内完成调查，调查时间过长，调查结果就会失去意义；（3）能够获得客观的资料，并能根据这些资料解决问题。

下面的例子供选择参考：

嘉兴市汽车市场调查；

嘉兴市××服装市场调查；

嘉兴市房地产市场调查；

嘉兴市××（消费品）市场调查；

大学生手机消费情况调查；

大学生网络购物情况调查。

3.确定文献调查的内容

（1）了解与调查课题有关的已有调查成果。通过文献调查，了解前人已经取得的调研成果，特别是了解该课题当前的研究现状，对于正确选择调查课题、设计调查方案、开展对比研究具有重要的参考价值，是避免盲目性和重复研究，少走弯路或不走弯路的重要步骤。

（2）了解与调查课题有关的理论与方法。通过文献调查，充分了解与调查课题有关的各种理论观点和调研方法，以及正在发展着的社会环境和调查工作面临的主客观条件的变化，帮助学生重新界定自己的概念和理论框架，重新确定研究问题，使之更加具体化，为提出研究假设、设计调查方案、确定调查方法、安排调查工作等提供必要参考。

（3）了解调查对象的历史与现状。通过文献调查，了解有关问题和调查对象的基本情况以及所处环境的历史、地理、政治、经济、文化、风俗习惯等资料，对于顺利开展调查工作具有重要作用。通过研究文献，找出过去相关研究中所采用的成功或不成功的方法，确定要研究的问题在过去的研究中是否已经有了答案，是否受到关注、程度如何，找出先前文献对本研究的主要发现和趋势，了解用何种方法和工具进行测量。

（4）了解与调查课题有关的政策与法律。通过查阅文献，了解与调查课题有关的各种方针政策和法律法规，是确立调查工作指导思想、加强调查工作的政策性和法律性、保证调查工作顺利进行的必要条件。

五、考核方式和标准

每组提交文献调查成果，进行课堂讨论并考核。小组制作PPT讲解10～15分钟，内容包括：从哪些渠道查阅了哪些文献？从文献中获得了什么？已有文献存在哪些不足以及下一步准备怎么做？

实训考核在"微助教"上进行，每位同学参与打分，教师和学生的评分权重如图14-1所示。

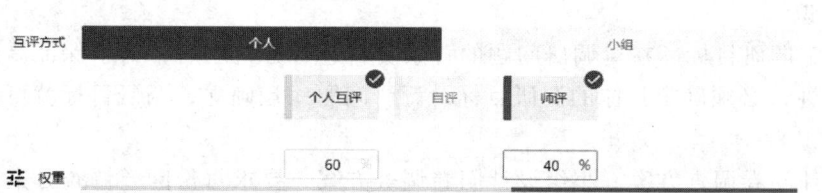

图14-1　教师和学生评分权重

评价维度包括：文献来源及形式的多样性，对文献的评析，表达清晰、内容娴熟、节奏适中，PPT制作。各维度权重如图14-2所示。

图14-2　文献调查成果评价权重

六、思考题

1.比较原始资料与文献资料的特点，说明如何评价文献资料的价值。

2.调研人员通常会在何时收集文献资料，其原因是什么？

实训二　问卷调查方案设计

一、实训目的

1.学习通盘考虑和安排问卷调查工作全过程的各个方面。

2.学习制定合理的工作程序。

3.学习制定问卷调查实施方案并完成调查问卷的设计。

二、实训教学的重点及难点

重点：总体方案的基本格式和内容，调查方式和方法的基本认识；问卷设计的基本格式、问卷设计的主要内容。

难点：市场调查总体方案中调研目的与内容设计，问卷题目的设计。

三、实训内容

项目小组根据选题设计问卷调查实施方案，确定调查的基本内容、调查时间和地点、调查方法、调查样本的选择等，并进行市场调研问卷设计。

四、实训步骤

1.确定调研问题、分析调研背景。每个小组经讨论和查阅文献后确定本小组市场调研的问题，只有对调研问题有清晰的认识和准确的定义，市场调研项目才能有效地实施。调研问题的提出一般都有一定的背景，了解相关的背景资料有助于对问题和机会的把握和认识。

2.制定调研目标。在对调研问题的背景资料进行分析之后，为了保证调研结果的实用性和正确性，必须确定具体的调研目标。调研问题一旦确立，调研目标就可以从问题的定义中引申出来。

3.设计问卷调查方案。小组设计问卷调查方案，要求每份问卷调查方案中包括以下内容：问卷调查的目的，问卷调查的对象和单位，问卷调查的内容，问卷调查的项目和提纲，问卷调查的时间和期限，问卷调查的地点，问卷调查的方式方法等。

4.依据调查项目，初步拟定调查问卷。确定具体的调查项目，并针对每一个调查项目设计若干问题，确定问句的类型，形成调查问卷的主干部分，然后设计调查问卷的其他组成部分，如被调查者基本情况、说明词、编号等内容。设计问卷初稿一般需要做两方面的具体工作：一是将所有的问题和答案设计出来，二是从整体上将所有的问题按一定顺序排列成问卷初稿。

问句设计是否合理，会直接影响调查结果的真实性，从而影响调查效果，因而在设计问句时要注意以下六方面问题：（1）应最大限度减轻被调查者的负担；（2）问题设计应具体、用语准确、答案完备；（3）避免提出诱导性问句；（4）提出的问题应使被调查者有能力回答；（5）要考虑人们的心理因素，避免提出令人窘迫的问题；（6）注意问句的逻辑关系。

设计市场调查问卷初稿中，存在一个合理排列问题与答案顺序的问题。问题与答案的合理顺序，在问卷调查中是不可忽视的。同样是若干个问题，顺序合理就能收到良好的调查效果；而顺序不合理往往影响调查质量和问卷的回收率。所谓问题与答案的合理顺序，一方面要便于被调查者顺利地回答问题；另一方面要便于调查者在调查后对资料进行整理和分析。一般应考虑如下几点：（1）应按问题的性质和类别排列；（2）应按问题的难易程度排列；（3）应按问题的时间顺序排列；（4）应按被调查者的心理承受能力排列问题。

5.对问卷初稿进行试用和修改。修改问卷初稿是在最终将问卷用于市场调查之前，在对问卷进行试用的过程中发现问题，并及时进行修整、改换等，这是问卷设计中不可缺少的步骤。

试用市场调查问卷初稿通常采用两种办法。一种是进行小样本的调查，对问卷初稿进行客观检验。这种做法实际上就是搞一次小型的问卷调查，但目的并不是为了取得调查资料，而是为了对问卷初稿从各方面进行检验，发现问卷初稿的问题和不足，对问卷初稿进行修改。试用初稿的另一种方法是主观评定法。它是将问卷初稿复制10份左右，分别送给对问卷调查有研究的专家，对问卷调查法非常熟悉的有经验的调查员，从调查对象中选择出有代表性的被调查者，由他们对问卷初稿进行阅读、分析和评定，根据他们的评定对问卷初稿进行修改。

五、考核方式和标准

每组提交问卷调查方案，每组准备陈述用PPT，指定小组成员进行陈述；对每组问卷初稿进行课堂讨论分析，在此基础上各组对问卷进行修改，提交问卷设计修改稿。

实训考核在"微助教"上进行，每位同学参与打分，教师和学生的打分比例分别为60%和40%。

评价标准：

1.调研目的明确、内容具体、安排合理（30%）；

2.问卷结构完整、问题与答案设计合理，具有可行性（40%）；

3.陈述清晰、内容熟练、节奏适中（20%）；

4.排版与格式规范（10%）。

六、调查方案参考案例[①]

温州长嘴利群烟市场情况调查方案

（一）调查目的

温州市利群品牌的烟主要以销售软蓝利群为主，已经占据17元档的98%的市场份额。但是利群烟的主销产品长嘴利群（零售价20元/包）销量却较小，而温州市场的中华销量却非常大。为了进一步提升利群产品结构，寻找温州长嘴利群产品的拓展空间，特对长嘴利群产品做一个市场调查。

（二）调查内容

1.在15~20元/包零售价的消费者中，了解抽过长嘴利群的消费者情况，了解没有抽过长嘴利群的消费者情况。

2.了解所有被调查者对高档卷烟产品的认识及消费者的背景资料。

（三）调查对象及样本分析

1.调查对象：市区主要街道的商场、超市、香烟零售店内的购烟的消费者。

2.样本分析：拟调查温州三区共300份样本，鹿城区200份，瓯海区、龙湾区各50份。

（四）调查问卷

见"七、调查问卷参考案例"。

（五）调查时间

2014年8月1日至2014年8月31日。

（六）调查工作安排

1.2014年8月1—4日，前期统筹协调工作，小组讨论及组员的任务分配。

2.2014年8月5—6日，问卷方案的设计：主要内容包括调查对象的选取、样本抽取方法、调查问卷设计、组织实施步骤、采用方法、日程安排设计。方案设计力求科学系统。

3.2014年8月7—20日，问卷以电子邮件方式传给温州终端营销员，开始调查。

4.2014年8月21—25日，调查数据整理、计算，得出可供使用的有效数据，进而对调查结果做出准确的描述及初步分析，为以后调查报告的撰写提供合理数据。

5.2014年8月26—31日，撰写调查报告。

---

① 胡祖光，王俊豪，吕筱萍. 市场调研与预测［M］. 北京：中国发展出版社，2006.

（七）调查地点

温州市鹿城区、瓯海区、龙湾区。

（八）调查方式方法

在区内主要街道的商场、超市、香烟零售店内，由调查员询问购烟的消费者。

（九）资料整理

1.对合格的问卷进行录入，用相关软件进行计算，得出可供分析的初步结果，为进一步分析提供依据。

2.对各种数据进一步人工分析，生成图表及分析预测报告。

3.文字报告形式演示文档。

（十）经费预算

1.问询时的广告品由厂家提供。

2.问卷厂里复印。

（十一）调查小组人员

娄××等17人。

（十二）调研工作分组

1.调研方案撰写：娄××等6人。

2.问卷设计：周××等5人。

3.实地调查：温州当地10个终端营销员每人调查30份问卷。

4.数据输入及统计：王××等8人。

5.结果分析：董××等7人。

6.调查报告涉及与撰写：董××等6人。

七、调查问卷参考案例[①]

温州长嘴利群市场调查表

先生：

您好！我是杭州卷烟厂市场调查员，现在正进行一个关于卷烟消费的访问，希望了解一下您吸烟的一些基本情况。您的资料我们将一切保密。非常感谢您协助我们完成这次工作！

1.您最近吸得最多的卷烟价格在下列哪个范围？

A.15元以下（终止访问）　　　　　B.15～20元

C.20～30元　　　　　　　　　　　D.30元以上

2.您是否抽过长嘴利群？

A.抽过（答A卷、综合卷）　　　　　B.没有抽过（答B卷、综合卷）

A卷

3.您觉得长嘴利群带给您什么感觉？

A.更加健康　　　B.口味更加醇厚　　C.更具有时尚感　　　D.更具有档次

4.您是通过什么渠道知道长嘴利群的？

A.朋友介绍　　　B.经烟户介绍　　　C.店堂广告　　　　　D.户外广告

① 胡祖光，王俊豪，吕筱萍.市场调研与预测［M］.北京：中国发展出版社，2006.

E.促销礼品 F.领导、交际圈的引导 G.其他（请列出）

5.您现在是否经常抽长嘴利群？（答A选6、答B选7）

A.是 B.不是

6.您选择长嘴利群的主要原因是什么？（可多选）

A.实惠 B.稳重 C.兴奋 D.高档

E.时尚 F.安闲 G.健康 H.醇厚

7.您最终未选择长嘴利群的主要原因是什么？（可多选）

A.价格偏高 B.口味不适 C.档次不够 D.烟支偏短

E.包装不喜欢 F.不流行

B卷

8.您是否认为长嘴卷烟更有利于健康？

A.认可 B.基本认可 C.不认可 D.不清楚

9.您是否知道长嘴利群这个品牌？

A.知道 B.不知道

10.（题9选A者答）您是通过什么渠道知道长嘴利群的？

A.朋友介绍 B.经烟户介绍 C.店堂广告 D.户外广告

E.促销礼品 F.领导、交际圈的引导 G.其他（列出）

11.您是否打算尝试长嘴利群？

A.是 B.否

综合卷

12.利群卷烟能让您想起什么样的感觉？（限选2项）

A.实惠 B.高档 C.时尚 D.醇厚

13.中华卷烟能让您想起什么样的感觉？（限选2项）

A.实惠 B.高档 C.时尚 D.醇厚

14.您经常在什么地方买烟？（单选，请在"□"中打"√"）

□香烟零售专卖店

□大型商场/百货商场/大型超市

□便利店/小型超市

其他：

15.您平均每月在抽烟方面的开支有多少？

A.300～500元 B.500～800元 C.800～1 000元 D.1 000元以上

16.人们在买烟时，会考虑一些因素。下列的每一个因素对您最终决定购买那种烟的重要程度是怎样的？请您对下列因素打"√"。

	非常重要	比较重要	一般	不太重要	完全不重要
品牌形象					
包装					
口味					
质量					
价格					

17.如果厂家做一些促销活动，您更倾向接受哪一种活动？

A.买一包香烟送一个打火机　　　　　B.买一条香烟送一包香烟

C.买香烟送优惠券　　　　　　　　　D.买香烟游香港

E.买香烟送2元现金　　　　　　　　F.买香烟送积分卡

G.买香烟送礼品　　　　　　　　　　H.其他

18.请选择三种您最喜欢的产品：

A.云烟（极品）　　　　　　B.玉溪　　　　　　　　C.长嘴利群

D.大红鹰（精品，宇宙星）　E.中华　　　　　　　　F.白沙（金世纪）

G.中南海（特高级）　　　　H.芙蓉王

19.您平时最喜欢从事什么休闲娱乐活动？（单选）

上网	01		唱卡拉OK	06	
做体育活动	02		上酒吧	07	
打牌	03		去咖啡厅	08	
打游戏	04		逛街	09	
看电影	05		其他：	10	

20.对于下面各种说法，请阐述您的观点：

	非常同意	有些同意	无所谓	有些不同意	完全不同意	不知道
1.抽中华烟气派便于交际						
2.在交际场合和自己家里吸烟，会采取不同的卷烟						
3.卷烟的价格越高，质量越好						
4.价格在20元以上的利群高端产品，质量不比中华差						
5.抽中华烟的人所获得的卷烟相当一部分是别人送的						
6.广告与促销经常会影响我买什么牌子的香烟						
7.我一般抽周围朋友经常抽的烟						
8.抽烟可以表现男子气概						

【背景资料部分】

您的文化程度为：

A.小学或以下   B.初中   C.中专及高中

D.大专及本科   E.研究生及以上

您的职业：

A.机关、企事业单位负责人   B.工人

C.行政职员、公务员   D.私企业主、个体户

E.农民   F.离退休人员

G.文教医卫人员   H.学生   I.其他

您的年龄：

A.20岁以下   B.20~30岁   C.30~50岁   D.50岁以上

婚否：

A.已婚   B.未婚

您最近平均月收入为：

A.500元以下   B.500~1 000元   C.1 000~1 500元   D.1 500~2 000元

E.2 000~3 000元   F.3 000~5 000元   G.5 000元以上

十分感谢您在百忙之中抽出宝贵时间配合我们的调查！

调查人：

时间：   年   月   日

调查地点：

八、思考题

1.市场调研总体方案设计的意义是什么？

2.为什么说市场调研问卷是市场调查的工具？

实训三   问卷调查实施

一、实训目的

对问卷调查具体实施过程进行训练。

二、实训教学的重点及难点

重点：访问调研法、网络调研法。

难点：入户访问、街头拦截式访问。

三、实训内容

问卷调查实施。在网络问卷调查的基础上，组织小组成员进行问卷实地调查，并对调查结果进行线上线下的整合。

四、实训步骤

1.网络调查

各小组将问卷发布到网上，由被调查者在网上自行填写。本项目利用"问卷星企业

版"，每个小组分配一个子账户进行问卷发布和数据收集。网址：zjxu.wjx.cn/corplogin.aspx。

2.问卷实地调查

选择面访调查这种形式，调查人员依据问卷直接向被调查者口头提问，并当场记录答案。面访调查常见的有入户访问和街头拦截式访问两种。

（1）入户访问

在入户访问中，调查人员按照抽样方案中的要求，到被调查者的家中或单位中，依据问卷或调查提纲进行面对面的直接访问。

入户访问首先要确定到哪些家庭（单位）进行访问。如果抽样方案中已经具体给出了待访家庭（单位）的具体地址或名单，调查人员就要严格执行抽选程序，只能到这些家庭（单位）去访问，不得随意更换。如果抽样方案没有给出具体的名单，而只是给出若干抽样点和抽样方法的具体规定，调查人员应严格按照规定进行抽样，不能随意抽取样本。

确定了调查家庭（单位）之后，就要确定具体的访问对象。被调查者应该根据调查设计的要求来选定。例如，有的调查设计要求访问户主，有的要求利用入户随机抽样表来确定被调查者。为了保证样本的随机性，调查人员应根据调查设计要求来选取访问对象。

（2）街头拦截式访问

在街头拦截式访问中，调查人员一般不用专门去寻找被调查者，而是采用非随机抽样的方式，根据调查人员的方便和意愿来确定被调查者。在人流比较集中的地点（如商圈、公园、运动场、街道、医院、写字楼、电影院等），由调查人员持问卷甄别条件拦截目标人群进行一对一访问。

和街头拦截访问类似的还有"空间抽样法"，对某一聚集的人群，从空间的不同方位对他们进行抽样调查，如在商场内向顾客询问对商场服务质量的意见；在劳务市场调查外来劳工打工情况等。

3.问卷调查实施要求和注意事项

（1）要求每位同学熟悉本小组的调查问卷或调查提纲，事先做好充分的准备。

（2）熟练掌握实地调查的组织程序，准备好必要的身份介绍、调研介绍信等。

（3）掌握一定的面谈能力。交谈是一门科学和艺术，学生要通过必要的练习掌握好这方面的能力，如语气、语调、措辞用语、倾听等。具体注意以下事项：

①措辞。一定要注意被调研对象的特点，性别、年纪、职业、文化程度和社会地位等。总的来说，措辞能带来真诚、赞誉、尊重、礼貌、理解清晰的感受才是好的。

②语气。对于商业调研来说，要知道被调查者并没有义务要回答访问的问题，所以，调研人员要有这样的意识，感谢被调查者的配合。所以，语气一定要平易近人，带有谢意。

③语调。注意语调不宜拔高，要用比较平和的语调，让被调查者感到舒心。

④态度。虽然说需要争取被调查者的配合，但不能通过谄媚的态度来得到。态度要不卑不亢。

⑤听。学会耐心倾听，不轻易打断被调查者。必要时可以结合时机采用合适的措辞加

以引导。

⑥学会判断。许多的调研具有甄别对象的要求,所以,要学习观察一些不同调研对象的行为特征,用于调研对象的判断,从而提升调研的效率和效果。

⑦访谈结束。访谈临近结束时要快速检查访问结果,看有没有遗漏;征求被调查者有没有补充或更正;再次表达谢意;有准备情况下的礼物;可能情况下的练习办法等。

五、思考题

1.面谈访问法包括哪些步骤?

2.网络调查的优缺点有哪些?

实训四 市场调研报告撰写

一、实训目的

学习撰写完整的市场调研报告,掌握撰写市场调研报告的基本原理及方法。

二、理论知识

(一)市场调研报告的主要内容

市场调研报告一般由标题、目录、概述、正文、结论与建议、附件等组成。

1.标题。标题和报告日期、调查小组名称,一般应打印在封面上。通过标题把被调查单位、调查内容明确而具体地表示出来,如"嘉兴市家电市场调研报告"。有的调研报告还采用正、副标题形式,一般正标题表达调查的主题,副标题则具体表明被调查的单位和问题。

2.目录。如果调查报告的内容、页数较多,为了方便阅读,应当使用目录或索引形式列出报告所分的主要章节和附录,并注明标题、有关章节号码及页码,一般来说,目录的篇幅不宜超过一页。

3.概述。主要阐述调查课题的基本情况,它是按照市场调查课题的顺序将问题展开,并阐述对调查的原始资料进行选择、评价、做出结论、提出建议的原则等。它主要包括三方面内容:(1)简要说明调查的由来和原因。(2)简要介绍调查对象和调查内容,包括调查时间、地点、对象、范围、调查要点及所要解答的问题。(3)简要介绍调查研究的方法,并说明选用方法的原因。例如,是用抽样调查法还是用典型调查法,是用实地调查法还是用文案调查法。另外,在分析中使用的方法,如指数平滑分析、回归分析法等也都应做简要说明。如果这部分内容很多,应有详细的工作技术报告加以说明补充,附在市场调研报告最后部分的附件中。

4.正文,是市场调研报告的主体部分。这部分必须准确阐明全部有关论据,包括问题的提出到引出的结论,论证的全部过程、分析研究问题的方法,还应当有可供市场活动的决策者进行独立思考的全部调查结果和必要的市场信息,以及对这些情况和内容的分析评论。

5.结论与建议,是撰写市场调研报告的主要目的。这部分包括对引言和正文部分所提出的主要内容的总结,提出如何利用已证明为有效的措施和解决某一具体问题可供选择的方案与建议。结论和建议与正文部分的论述要紧密对应，不可以提出无证据的结论，也不要没有结论性意见的论证。

6.附件，指调查报告正文包含不了或没有提及，但与正文有关必须附加说明的部分。它是对正文报告的补充或更详尽说明，包括数据汇总表及原始资料背景材料和必要的工作技术报告，例如为调查选定样本的有关细节资料及调查期间所使用的文件副本等。

（二）市场调研报告的内容

1.说明调查目的及所要解决的问题。

2.介绍市场背景资料。

3.分析的方法，如样本的抽取，资料的收集、整理、分析技术等。

4.调研数据及其分析。

5.提出论点，即列出自己的观点和看法。

6.论证所提观点的基本理由。

7.提出解决问题可供选择的建议、方案和步骤。

8.预测可能遇到的风险、对策。

三、实训教学的重点及难点

重点：调研报告的格式和开头部分撰写，调研分析与结果部分撰写。

难点：调研报告开头部分撰写。

四、实训内容

按照调研报告的基本格式与基本要求，为实际市场问卷调查活动撰写调研报告；完成实训结果的提交与评价工作。

五、实训步骤

1.整理收集到的资料。

2.撰写市场调研报告初稿。

3.修改并提交市场调研报告。

4.评价。

六、考核方式和标准

1.分小组提交市场调研报告。撰写市场调研报告时，要注意完整而精炼、客观而准确、清晰而有条理、易读易懂、外观正规而专业化。要求市场调研报告不仅形式上便于阅读，而且能够透过现象看本质，从原始的调查数据中总结出规律性的东西来。

2.每组准备陈述用PPT，指定小组成员进行陈述。陈述报告要简明扼要，突出重点，要注重陈述技巧，注意怎样打动听众，注重PPT质量。每组确定一名陈述人，陈述时要求衣着正式，神色自然庄重，保持良好的站立姿势。小组其他成员作为答辩人参与回答其他小组的提问。

3.实训考核在"微助教"上进行，每位同学参与打分，教师和学生的打分比例分别为50%和50%。

评价标准：

1.结构是否完整、逻辑是否清晰（30%）；

2.文字表述与图表质量（30%）；

3.格式规范（10%）；

4.陈述清晰、内容熟练、节奏适中（30%）。

七、思考题

1.如何对市场调研结果进行评价和跟踪？

2.调研报告的结尾有几种撰写形式？

第二篇
专业综合实验实训项目

第十五章

"经济分析工具综合训练"课程实验

一、实验简介

"经济分析工具综合训练"课程包含对经典的回归分析、时间序列分析、联立方程系统、因子分析和数据挖掘等分析工具的训练，要求学生学会使用SPSS、EViews、Stata、马克威等分析软件，提高应用多种软件的能力，能够运用多种方法对某一经济问题进行分析，突出经济学分析方法和分析工具的系统化应用。

实验项目涉及经济增长、宏观经济政策、公司金融、区域经济、国际贸易、产业组织理论和贸易经济等领域的问题，将理论知识和具体案例有机结合，使学生不仅学会操作软件，而且掌握其背后蕴涵的经济学、统计学和数据挖掘知识，在此基础上，指导学生就其感兴趣的经济现象建立模型，进行分析预测。

二、先修课程

西方经济学、金融学、国际经济学、产业经济学。

三、实验项目与课时分配

实验项目与课时分配见表15-1。

表15-1 实验项目与课时分配

序号	实验名称	目的要求、内容提要	研究方向	知识基础	项目学时	每组人数	项目类型
1	我国经济增长的综合因素分析	经典多元线性回归方程的建立、检验与预测	经济增长	宏观经济学	4	1	综合
2	上市公司股票收益率分析	放松假设条件的多元线性回归方程的检验与预测	公司金融	微观经济、公司经济	2	1	综合
3	税制改革与财政收入	掌握虚拟变量的设置与应用	经济政策	财政学、宏观经济学			综合
4	中国宏观经济模型	联立方程的建立、识别、估计、检验与预测	宏观经济	宏观经济学	2	1	综合
5	汇率变动与地区外贸出口	时间序列分析	国际贸易	国际经济学	4	1	综合
6	地区收入差距与居民消费	掌握面板数据模型的建立、估计与预测	区域经济	区域经济学、发展经济学	4	1	综合
7	区域经济竞争力的综合评价	因子分析法的应用	区域经济	区域经济学	4	1	综合
8	客户特征与销售决策	利用决策树和关联规则进行决策	贸易经济	贸易经济学	2	1	综合

四、实训条件

每人一台电脑，能连接互联网，操作系统为 Windows 8 或 Windows 10。实验使用 EViews 6（或 EViews 9）、SPSS统计软件、马克威分析系统、Stata统计软件。

五、考核方法

实验成绩根据平时成绩（50%）和期末课程论文（50%）综合评定。平时成绩评定，突出过程化评价；课程论文写作，着重考查学生综合分析能力和科研创新能力。

1.平时成绩

（1）实验前测试。依托经管中心教学管理系统进行上机测试。测试成绩计入平时成绩，如果测试成绩达不到要求，则不能展开本次实验。该测试一是为了督促学生自主复习，系统化所学知识；二是为了深化学生对理论知识的理解，提高对理论知识的应用能力。以计量经济学和统计学相关知识为主，题型主要为判断题和选择题。

（2）上机操作。首先要求学生根据教师示范进行练习，然后将教师所做实验的数据进行扩展，重新得到结果，并就未来经济形势进行预测。每次实验均要求学生上交数据分析结果，也可根据实验内容布置练习题，要求学生自行完成并当堂上交。实验完成后，将报告上交，由实验指导老师对上机结果进行审核；实验成绩根据实验中的表现和实验报告的成绩综合给定。

2.课程论文写作

自选题目，独立设计，写一篇完整的经济学实证论文（方法不限），字数8 000字左右。要求选题新颖、结构完整、层次清晰、论证充分、分析严谨、格式规范、附录完整。课程结束后一周内上交论文。

实验一　我国经济增长的综合因素分析——多元线性回归模型的应用

一、实验目的

1.学习建立经济模型的步骤，学会对模型进行比较和筛选。

2.掌握经典多元线性回归方程的建立、检验及预测。

二、理论知识

多元线性回归模型的建立与预测，包括OLS方法的应用、经济检验、统计检验（拟合优度检验、F检验、t检验）、计量检验（自相关、异方差、多重共线性）。

三、实验内容

估计并预测经济增长模型。要求：登录中国国家统计局网站，查找相关数据，建立我国经济增长的回归模型，计算我国经济增长中各要素的贡献率，并对未来5年的GDP进行预测。

四、实验步骤

1.选择变量和模型的形式。根据经济增长理论，经济增长的主要影响因素是劳动、资本及技术水平，因此，在分析过程中通常使用柯布-道格拉斯生产函数：$Y = AL^{\alpha}K^{\beta}$。其中，Y代表产量，A代表技术水平，L代表劳动投入量，K代表资本存量，L和K的指数α

和 β 分别代表着劳动的投入产出弹性和资本的投入产出弹性。在实证分析中，结合统计年鉴数据，用 GDP 代表产出的结果，也就是 Y；用就业人口 JY 代表劳动力投入量 L；用永续盘存法估算资本存量 K。于是问题就转化为 GDP 与就业人口 JY 与资本存量 K 之间的关系。

2. 确定模型的数学形式。在这里，解释变量与被解释变量是投入产出关系，由于柯布-道格拉斯生产函数是非线性的，就需要对该函数进行变形，对公式两边分别取对数就可以变成线性形式，即 $\ln Y = \ln A + \alpha \ln L + \beta \ln K$。

3. 模型估计。

（1）建立新工作文件，输入原始数据。

（2）点击 Eviews 主画面顶部的按钮 Quick/Estimate Equation，弹出对话框，键入如下的命令：LOG（Y）C LOG（JY）LOG（K）。

4. 输出结果分析。

（1）进行经济意义、统计意义的检验，分析生产的规模报酬情况。

（2）影响因素的贡献度分析。计算劳动和资本两种要素对产量的贡献率，即为两种要素投入增加占经济增长率的比重。

5. 得出结论。

五、案例——粮食生产模型[①]

粮食生产模型样本观测值数据见表 15-2。

表 15-2　　　　　　　　**粮食生产模型样本观测值数据**

年份（年）	粮食总产量（万吨）Y	农用化肥施用量（万千克）X_1	粮食播种面积（千公顷）X_2	成灾面积（千公顷）X_3	农业机械劳动力（万千瓦）X_4	农业劳力（万人）X_5
1983	38 727.5	1 659.8	114 047	16 209	18 022.1	31 645.1
1984	40 730.5	1 739.8	112 884	15 607	19 497.2	31 685.0
1985	37 910.8	1 775.8	108 845	22 705	20 912.5	30 351.5
1986	39 151.2	1 930.6	110 933	23 656	22 950.0	30 467.9
1987	40 473.3	1 999.3	111 268	20 393	24 836.0	30 870.0
1988	39 408.0	2 141.5	110 123	23 945	26 575.0	31 455.7
1989	40 755.0	2 357.1	112 205	22 449	28 067.0	32 440.5
1990	44 624.0	2 590.3	113 466	17 819	28 707.7	33 336.4
1991	43 529.0	2 805.1	112 314	27 814	29 388.6	34 186.3
1992	44 265.0	2 930.2	110 560	25 859	30 308.4	34 037.0
1993	45 648.8	3 151.9	110 509	23 133	31 816.6	33 258.2
1994	44 510.1	3 317.9	108 544	31 383	33 802.5	32 690.0
1995	46 661.8	3 593.7	110 060	22 267	36 118.1	32 334.5
1996	50 453.5	3 827.9	112 548	21 233	38 546.9	32 260.4
1997	49 417.1	3 980.7	112 912	30 309	42 015.6	32 434.9
1998	51 229.5	4 083.7	113 787	25 181	45 207.7	32 626.4
1999	50 838.6	4 124.3	113 161	26 731	48 996.1	32 911.8

[①] 李子奈. 计量经济学［M］. 北京：高等教育出版社，2000.

（一）利用表中数据，建立回归模型

1.选择变量和模型的关系形式。影响粮食的主要因素是投入要素，即资本和劳动。农业生产的特点决定了资本主要是土地和化肥；劳动力方面，我国一直是人工种植，同时农业机械化水平不断提高，因此，选择农业劳动力和农机动力作为变量。注意：为避免出现多重共线性，要对部分解释变量进行替换。把粮食种植面积 X_2 替换为有效种植面积 X_2-X_3；把农用化肥使用量 X_1 替换为单位面积化肥施用量 $\frac{X_1}{X_2-X_3}$；把农业机械劳动力 X_4 替换为单位面积农业机械劳动力 $\frac{X_4}{X_2-X_3}$。于是，问题转化为讨论粮食产量 Y 与有效种植面积 X_2-X_3、农业劳力 X_5、单位面积化肥施用量 $\frac{X_1}{X_2-X_3}$、单位面积农业机械劳动力 $\frac{X_4}{X_2-X_3}$ 这4个解释变量的定量关系。

模型解释变量和被解释变量是投入产出关系，用 C-D 生产函数，确定形式为 $\ln Y = \alpha_0 + \alpha_1 \ln X_1 + \alpha_2 \ln X_2 + \cdots + \mu$。解释变量的个数从2至5个不等，根据实际情况选择最优结果。

2.建立新工作文件，输入原始数据。

3.用 OLS 估计未知参数。为了克服时间序列数据可能产生的异方差，对检验用的变量做了自然对数处理。点击 Eviews 主画面顶部的按钮 Quick/Estimate Equation，弹出对话框，键入如下的命令：LOG（Y）C LOG（X2-X3）LOG（X5）LOG（X1/（X2-X3））LOG（X4/（X2-X3））。

（二）第一次输出结果分析

第一次输出结果见表15-3。

表15-3   第一次输出结果

Variable	Coefficient	Std. Error	t-Statistic	Prob.
C	3.906616	2.230888	1.751148	0.1054
LOG（X_2-X_3）	0.814653	0.102821	7.923011	0.0000
LOG（X_5）	−0.121649	0.191964	−0.633705	0.5382
LOG（X_1/（X_2-X_3））	0.355450	0.080635	4.408164	0.0009
LOG（X_4/（X_2-X_3））	−0.006911	0.083067	−0.083199	0.9351
R-squared	0.973161	Mean dependent var		10.68753
Adjusted R-squared	0.964215	S.D. dependent var		0.101320
S.E. of regression	0.019167	Akaike info criterion		−4.831358
Sum squared resid	0.004408	Schwarz criterion		−4.586296
Log likelihood	46.06655	F-statistic		108.7782
Durbin-Watson stat	1.734906	Prob（F-statistic）		0.000000

模型检验可从经济意义和统计意义两方面进行。

1.经济意义检验

α_j (j = 1,…,5) 均介于 0，1 之间，作为产出弹性，这是符合经济学意义的。但 X_5 和 $\dfrac{X_4}{X_2 - X_3}$ 的预估系数的符号小于 0，即 X_5 以及 $\dfrac{X_4}{X_2 - X_3}$ 与 Y 反向变化。这不符合农业劳动力以及单位面积机械劳动力与产量增长呈正相关的事实，考虑应剔除这两个变量。

2.统计检验

拟合优度检验：可决系数 R^2=0.973，修正的可决系数为 0.964，说明样本与预期线性模型拟合得很好。

F检验：针对 H_0：α_j (j = 1,…,5) 对于给定的显著性水平 0.05，$F_{0.05}$（4，12）=3.26，表中的 F 值 108.778>3.26，拒绝 H_0，即解释变量对被解释变量有显著影响。

t检验：$t_{0.25}$（12）=0.695。表 15-3 中各个解释变量的 t 检验值分别是 1.751148、7.923011、−0.633705、4.408164 和 −0.083199。其中，X_5 和 $\dfrac{X_4}{X_2 - X_3}$ 的 t 值的绝对值小于 0.695，即 X_5 和 $\dfrac{X_4}{X_2 - X_3}$ 对被解释变量 Y 无显著影响。考虑应剔除。

（三）第二次输出结果分析

根据以上的分析，将先后剔除 X_5 和 $\dfrac{X_4}{X_2 - X_3}$，运用 OLS 法进一步估计和筛选。

为了提高方程中变量的显著性水平，考虑剔除 X5、保留 $\dfrac{X_4}{X_2 - X_3}$，运用 OLS 法进行回归的输出结果见表 15-4。

表 15-4 　　　　　　　　　　第二次输出结果

Variable	Coefficient	Std. Error	t-Statistic	Prob.
C	2.695884	1.124971	2.396403	0.0323
LOG（X_2–X_3）	0.803738	0.099008	8.117932	0.0000
LOG（X_1/（X_2–X_3））	0.328058	0.066485	4.934327	0.0003
LOG（X_4/（X_2–X_3））	0.014728	0.073961	0.199138	0.8452
R-squared	0.972263	Mean dependent var		10.68753
Adjusted R-squared	0.965862	S.D. dependent var		0.101320
S.E. of regression	0.018720	Akaike info criterion		−4.916088
Sum squared resid	0.004556	Schwarz criterion		−4.720038
Log likelihood	45.78675	F-statistic		151.8959
Durbin-Watson stat	1.593470	Prob（F-statistic）		0.000000

R^2=0.972，说明该模型的样本拟合程度很高。此时，变量数 k=3，样本容量 n=17，F 分布的临界值 $F_{0.05}$（3，13）=3.41，根据表 15-4，151.896>3.41，F 检验显著；t 分布的情况是只有 $\dfrac{X_4}{X_2 - X_3}$ 的 Prob 值为 0.8452>0.05，说明该变量的显著性差，应从模型中剔除。

D.W.序列无关的范围是 1.54~2.46，表 15-4 中 D.W.=1.59，说明各随机误差项无序列相关，通过了 D.W.检验。另外，α_i 作为产出弹性均介于 0，1 之间，符合经济学意义检验。综上，该模型也是不合适的。

一般而言，如果序列不相关，D.W.值就在 2 附近；如果存在序列正相关，D.W.值将小于 2（最小为 0）；如果存在序列负相关，D.W.值将在 2 和 4 之间。正序列相关最普遍，根据经验，对于有大于 50 个观测值和较少解释变量的方程，D.W.值小于 1.5 的情况，说明残差序列存在强的正一阶序列相关。

但是，Dubin-Waston 统计量检验序列相关有 3 个主要不足：第一，D.W.统计量的扰动项在原假设下依赖于系数矩阵 X_i；第二，回归方程右边如果存在滞后因变量，D.W.检验不再有效；第三，仅仅检验残差序列是否存在一阶自相关。

（四）第三次输出结果分析

首先，考虑剔除变量 $\dfrac{X_4}{X_2-X_3}$，运用 OLS 法估计，重复上述步骤，得到第三次输出结果见表 15-5。

表 15-5　　　　　　　　　　　　　　　第三次输出结果

Variable	Coefficient	Std. Error	t-Statistic	Prob.
C	3.817451	1.880391	2.030136	0.0633
LOG（X_2-X_3）	0.815171	0.098634	8.264591	0.0000
LOG（X_5）	−0.115083	0.168178	−0.684296	0.5058
LOG（$X_1/(X_2-X_3)$）	0.348970	0.020054	17.40172	0.0000
R-squared	0.973146	Mean dependent var		10.68753
Adjusted R-squared	0.966949	S.D. dependent var		0.101320
S.E. of regression	0.018420	Akaike info criterion		−4.948429
Sum squared resid	0.004411	Schwarz criterion		−4.752379
Log likelihood	46.06165	F-statistic		157.0310
Durbin-Watson stat	1.729788	Prob（F-statistic）		0.000000

$R^2=0.973$，说明该模型的样本拟合程度高。此时，变量数 k=3，样本容量 n=17，F 分布的临界值 $F_{0.05}(3, 13)=3.41$，根据表 15-5，157.031>3.41，F 检验显著；t 分布的临界值，对于给定显著性水平 0.05，有 $t_{0.25}(13)=0.694$，但 X_5 的 Prob 值为 0.5058>0.05，说明变量 X_5 的显著性很差，所以应剔除 X_5。此外，D.W.序列无关的范围是 1.54~2.46，本次回归 D.W.=1.83，说明各随机误差序列无关，通过了 D.W.检验。另外，X_5 的系数小于 0，不符合经济学意义检验。

（五）第四次输出结果分析

根据以上的分析，同时剔除 $\dfrac{X_4}{X_2-X_3}$ 和 X_5，运用 OLS 法进行估计。输出结果见表 15-6。

表 15-6 第四次输出结果

Variable	Coefficient	Std. Error	t-Statistic	Prob.
C	2.756971	1.044560	2.639361	0.0194
LOG（X_2-X_3）	0.800898	0.094555	8.470176	0.0000
LOG（X_1/（X_2-X_3））	0.340885	0.015893	21.44818	0.0000
R-squared	0.972178	Mean dependent var		10.68753
Adjusted R-squared	0.968204	S.D. dependent var		0.101320
S.E. of regression	0.018067	Akaike info criterion		−5.030689
Sum squared resid	0.004570	Schwarz criterion		−4.883652
Log likelihood	45.76086	F-statistic		244.6028
Durbin-Watson stat	1.585735	Prob（F-statistic）		0.000000

$R^2=0.972$，说明该模型的样本拟合程度很好。此时，变量数 k=2，样本容量 n=17。对于给定显著性水平 0.05，F 分布的临界值 $F_{0.05}$（2，14）=3.74，根据表 15-6，244.6028>3.74，F 检验显著；对于给定显著性水平 0.1，有 $t_{0.05}$（14）=2.624，所有变量均通过 t 检验。这表明该模型具有很好的统计性质。D.W. 序列无关的范围是 1.38~2.62，此时，D.W.=1.586，说明各随机误差项无序列相关，通过了 D.W. 检验。另外，α_i 作为产出弹性均介于 0，1 之间，且 α_i=（i=1,2,3）之和接近于 1，符合经济学意义检验。综合分析，该模型的模拟结果相对误差较小。

（六）粮食生产模型结果模拟

在 Equation 窗口点击 View/Actual，Fitted，Residual/Table 就可以得到该回归结果对应的实际值、拟合值，即 $\ln Y$ 与 $\ln \hat{Y}$。整理，得到表 15-7。

表 15-7 粮食生产模型模拟结果

年份（年）	ln Y	ln $\hat{Y}$	Y	$\hat{Y}$	$\dfrac{Y-\hat{Y}}{\hat{Y}}$
1983	10.56431	10.57048	38 727.5	38 967.56	−0.0062
1984	10.61473	10.58389	40 730.5	39 493.28	0.030376
1985	10.54299	10.53494	37 910.8	37 606.61	0.008024
1986	10.57519	10.56946	39 151.2	38 927.59	0.005711
1987	10.6084	10.59996	40 473.3	40 133.3	0.008401
1988	10.58172	10.59897	39 408	40 093.55	−0.0174
1989	10.61533	10.65038	40 755	42 208.79	−0.03567
1990	10.70603	10.71179	44 624	44 881.73	−0.00578
1991	10.68118	10.68194	43 529	43 562.04	−0.00076
1992	10.69797	10.69791	44 265.8	44 263.15	5.99E−05
1993	10.72873	10.73707	45 648.8	46 031.14	−0.00838
1994	10.70347	10.69738	44 510.1	44 239.72	0.006075
1995	10.75068	10.78398	46 661.8	48 241.74	−0.03386
1996	10.82881	10.8236	50 453.5	50 191.21	0.005199
1997	10.80805	10.79081	49 417.1	48 572.5	0.017091
1998	10.84407	10.83179	51 229.5	50 604.34	0.012203
1999	10.83641	10.82373	50 838.6	50 197.82	0.012604

（七）预测与分析

在得到了相对精度较高的粮食生产模型后，可以在此基础上对未来粮食生产做出预测。

1.扩展工作区间。预测期 2000—2005 年并未包含在已有的内存文件的区间内，需要用 Expand 命令将工作区间扩大。扩大的工作区间的起始日期不大于原有的起始日期，结束日期则不小于原有的结束日期。键入命令：EXPAND 1980 2005。

2.预测：

（1）生成新序列 t_1，开始数据为 1，逐年加 1 直至 2005 年。

（2）选择样本区间 1983—1999 年，键入命令：SMPL 1983 1999。

（3）利用已有的历史数据，以时间做解释变量，对选定时区 1983—1999 年内做回归分析，命令：LS Y C t1。

（4）选择样本区 2000—2005 年，键入命令：SMPL 2000 2005。

（5）将预测期 2000—2005 年的 Y 值存放在序列 NG 中，键入命令：FORCST NG。

六、思考题

1.线性回归模型的基本假设有哪些？在这些假设条件下 OLS 估计有什么性质？

2.简述高斯–马尔科夫定理的内容。

3.线性回归模型 $y_t = \sum_{i=0}^{k} \beta_i x_{it} + u_t,\ (t=1,2,\cdots,n)$ 的矩阵（具体元素）形式是什么？

实验二　上市公司股票收益率分析——自相关与异方差检验

一、实验目的

掌握多元线性回归方程的计量检验。

二、理论知识

自相关、异方差、多重共线性的检验。

三、实验内容

估计并预测上市公司股票收益率模型。要求：登录上交所或深交所网站，查找相关数据，建立公司股票年收益率对 beta、债务资本比率、债务资产比率、总资产、市盈率的线性回归模型，研究我国各上市公司股票收益率的决定因素。

四、实验步骤

1.查找数据，运用 EViews 软件进行 OLS 分析，得到上市公司股票收益率模型及对应的输出结果。

2.对模型进行经济意义、统计意义的检验。

3.对模型进行计量意义检验，要求能够运用多种方法对自相关、异方差、多重共线性问题进行判断，并掌握消除的方法。

4.进行筛选剔除后，得到最优回归方程。

五、案例①：居民消费模型

消费模型样本观测值见表15-8。

表15-8 消费模型样本观测值

年份（年）	人均居民消费（元）	人均GDP（元）	前期人均居民消费（元）
1981	262	480	236
1982	284	514	262
1983	311	566	284
1984	354	668	311
1985	437	811	354
1986	485	908	437
1987	550	1 043	485
1988	693	1 355	550
1989	762	1 512	693
1990	803	1 634	762
1991	896	1 879	803
1992	1 070	2 287	896
1993	1 331	2 939	1 070
1994	1 781	3 923	1 331
1995	2 311	4 854	1 781
1996	2 677	5 634	2 311

（一）建立模型

首先，在Eviews中建立新的工作文件，输入上述数据。为了寻找拟合变量之间的关系，根据样本数据，做出被解释变量 C_t 和解释变量 $RJGDP_t$、C_{t-1} 之间关系的两张散点图，如图15-1所示。具体做法是在EViews命令窗口分别键入：SCAT Y X1，SCAT Y X2。

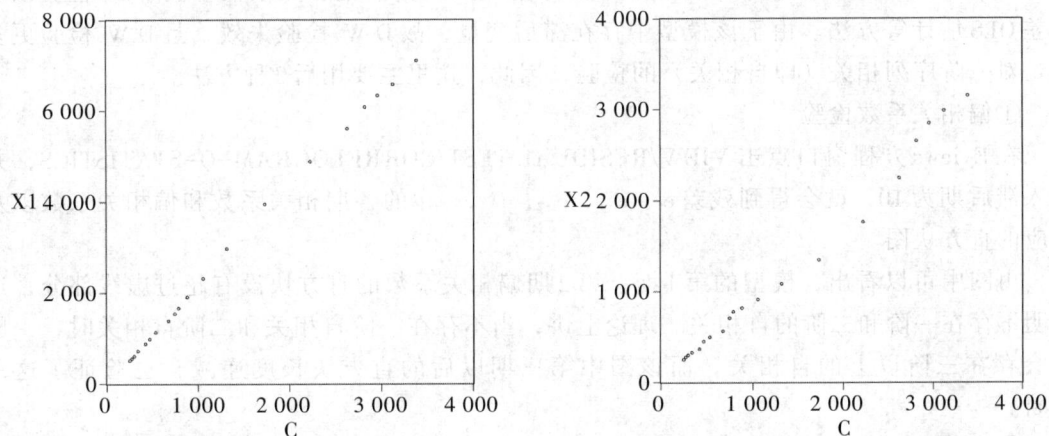

图15-1 C_t和$RJGDP_t$、C_{t-1}之间关系的散点图

---

① 李子奈. 计量经济学 [M]. 北京：高等教育出版社，2000.

根据得到的散点图，可以近似判断被解释变量 C_t 和解释变量 $RJGDP_t$、C_{t-1} 之间存在直接的线性关系。于是得到该模型的理论方程为：

$$C_t = \alpha_0 + \alpha_1 RJGDP_t + \alpha_2 C_{t-1} + \mu_t \qquad t = 1981, 1982, \cdots, 1996$$

（二）参数估计及检验

1.用 OLS 估计模型，输出结果见表 15-9。

表 15-9 　　　　　　　　　　　　OLS 估计输出结果

Variable	Coefficient	Std. Error	t-Statistic	Prob.
C	28.34083	12.22691	2.317906	0.0374
X_1	0.359279	0.031251	11.49657	0.0000
X_2	0.271635	0.084974	3.196693	0.0070
R-squared	0.998953	Mean dependent var		937.9375
Adjusted R-squared	0.998792	S.D. dependent var		736.1337
S.E. of regression	25.58818	Akaike info criterion		9.489498
Sum squared resid	8 511.813	Schwarz criterion		9.634359
Log likelihood	−72.91599	F-statistic		6 200.704
Durbin-Watson stat	1.376474	Prob（F-statistic）		0.000000

$R^2 = 0.999$，说明该模型的样本拟合程度很好。$F = 6200.7$，说明总体显著性高。$k=2$，$n=16$，对于给定显著性水平 0.05，$t_{0.025}(13) = 2.160$，根据表 15-9，各解释变量均通过 t 检验。

计量经济学检验：针对违背基本假设的 3 种情况进行检验，即分别进行序列相关性检验、异方差检验以及多重共线性检验。

（1）序列相关性检验

一般而言，检验序列相关性的方法主要有 D.W.检验、偏相关系数检验、BG 检验以及残差 OLS 估计等方法。由于该模型中存在滞后变量，故 D.W.检验失效，且 D.W.检验更多的是对一阶序列相关（即自相关）的检验，因此，这里主要用后 3 种方法。

①偏相关系数检验

在 Eviews 方程窗口点击 VIEW/RESIDUAL TEST/CORRELOGRAM-Q-STATISTICS，并输入滞后期为 10，就会得到残差 e_t、e_{t-1}、e_{t-2}、$\cdots$、e_{t-10} 的各期相关系数和偏相关系数以及对应的直方块图。

由图中可以看出，模型的第 1 期、第 2 期偏相关系数的直方块没有超过虚线部分，这表明不存在一阶和二阶的自相关。理论上讲，当不存在一阶自相关和二阶自相关时，一般不会存在三阶以上的自相关，而该图中第三期以后的直方块长度递减，也验证了这一推断。

②BG 检验

在方程窗口中点击 VIEW/RESIDUAL TEST/SERIES CORRELATION LM TEST，并选择滞后期为 2，输出结果见表 15-10。

表15-10 **BG检验**

Breusch−Godfrey Serial Correlation LM Test:			
F-statistic	2.466116	Probability	0.130358
Obs*R-squared	4.953212	Probability	0.084028
Variable	Coefficient	Std. Error	t-Statistic	Prob.
C	18.97113	14.02539	1.352627	0.2033
X_1	0.080779	0.055865	1.445978	0.1761
X_2	−0.224573	0.146980	−1.527914	0.1548
RESID（−1）	0.980082	0.443673	2.209019	0.0493
RESID（−2）	−0.203614	0.572413	−0.355711	0.7288
R-squared	0.309576	Mean dependent var		3.25E−14
Adjusted R-squared	0.058512	S.D. dependent var		23.82130
S.E. of regression	23.11387	Akaike info criterion		9.369049
Sum squared resid	5 876.762	Schwarz criterion		9.610483
Log likelihood	−69.95240	F-statistic		1.233058
Durbin-Watson stat	2.271050	Prob（F-statistic）		0.352315

从表15-10中可知，e_{t-1}、e_{t-2}回归系数的t值分别为2.209和−0.356，对于显著性水平0.01，$t_{0.005}$（13）=3.012，e_{t-1}、e_{t-2}的t值均小于3.012，所以e_{t-1}、e_{t-2}对被解释变量影响不显著，即可认为不存在一阶和二阶的自相关。

③残差OLS估计

类似于对于模型的估计，我们也可以对残差进行OLS估计，以判断序列相关。为此，以e_t作为被解释变量，e_{t-1}作为解释变量，估计结果见表15-11。

表15-11 **残差OLS估计结果**

Variable	Coefficient	Std. Error	t-Statistic	Prob.
C	0.125591	6.276290	0.020010	0.9843
EE	0.310983	0.263640	1.179576	0.2593
R-squared	0.096683	Mean dependent var		0.193393
Adjusted R-squared	0.027197	S.D. dependent var		24.64438
S.E. of regression	24.30695	Akaike info criterion		9.342967
Sum squared resid	7 680.760	Schwarz criterion		9.437374
Log likelihood	−68.07225	F-statistic		1.391399
Durbin-Watson stat	1.856952	Prob（F-statistic）		0.259306

$$\hat{e}_t = 0.126 + 0.311 e_{t-1}$$
$$(0.020)\ (1.1796)$$

由表 15-11 可知，$R^2=0.096683$，$F=1.391399$，$Prob=0.259306$，可见该方程的拟合度很低、总体显著性很差、单独变量的显著性也很差。这说明原模型不存在自相关。同理，可对二阶序列相关进行类似的检验，结论相同，说明原模型不存在序列相关。

（2）异方差检验

一般而言，检验异方差的方法主要有残差图分析法、White 检验、Gleiser 检验等方法。其中利用残差图进行分析属于粗略判断，White 检验法等则是相对精确的。

①残差图分析法

点击回归方程窗口上的 Actual，Fitted，Residual 按钮，得到残差分布图如 15-2 所示，由此大致判断回归模型是否出现异方差。

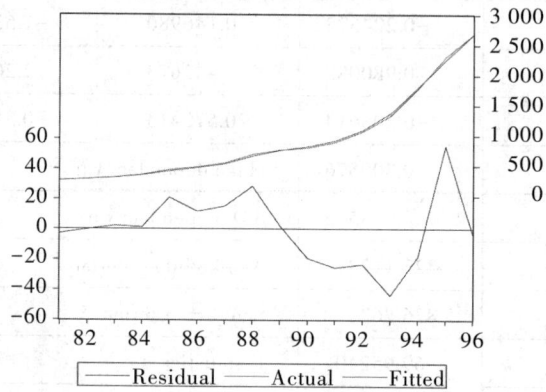

图 15-2 残差分布图

从图 15-2 可以看出，回归方程的残差分布无明显扩大趋势，大致判断不存在异方差。而更为精确的检验来自下面的两种方法。

②White 检验

在方程窗口上点击 View/Residual/Test/Heteroskedastcity，检验结果见表 15-12。

表 15-12   White 检验结果

White Heteroskedasticity Test:			
F-statistic	2.827723	Probability	0.077493
Obs*R-squared	8.111477	Probability	0.087579

观察 Obs*R-squared 值为 8.11，对于给定显著性水平 0.025，$X_{0.025}^2（3）=9.384$，前者小于后者，接受非显著性假设，即不存在异方差。

③Gleiser 检验

Gleiser 法是通过检验残差绝对值与各解释变量是否存在线性关系来判断异方差的，其原理同样是 OLS 法。其具体操作是在 EViews 命令窗口依次键入如下命令：

GENR E=ABS（RESID）

LS E C X1 X2

输出结果见表 15-13。

表15-13　　　　　　　　　　　　　　　Gleiser检验结果

Variable	Coefficient	Std. Error	t-Statistic	Prob.
C	15.09773	6.379434	2.366625	0.0342
X_1	0.036418	0.016305	2.233526	0.0437
X_2	−0.087292	0.044335	−1.968891	0.0707
R-squared	0.393985	Mean dependent var		17.11767
Adjusted R-squared	0.300752	S.D. dependent var		15.96575
S.E. of regression	13.35072	Akaike info criterion		8.188379
Sum squared resid	2317.144	Schwarz criterion		8.333239
Log likelihood	−62.50703	F-statistic		4.225811
Durbin-Watson stat	2.504174	Prob（F-statistic）		0.038560

$|\hat{e}_t| = 15.098 + 0.036 RJGDP_t - 0.087 C_{t-1}$

　　（2.367）（2.234）　　　　（−1.969）

$R^2 = 0.393985$，$F = 4.225811$，$Prob = 0.038560$

　　虽然各解释变量t值在显著性水平0.1下显著，方程的总体显著性水平在0.5水平下也能通过，但由于方程的拟合度过低，即样本与预测值的相对误差过大，因此，认为不存在显著的线性关系，进而表明原模型不存在异方差性。

　　（3）多重共线性检验

　　这一部分主要介绍多重共线性的两种检验法，即相关系数检验和辅助回归方程检验，并相应介绍处理多重共线性的方法。

　　①相关系数检验

　　在EViews命令窗口中键入："COR X1 X2"，其输出结果见表15-14。

表15-14　　　　　　　　　　　解释变量相关系数矩阵

	X_1	X_2
X_1	1.000000000000000	0.991283514230631
X_2	0.991283514230631	1.0000000000000000

　　从表15-14中的相关系数矩阵可以看出，解释变量的相关系数均大于0.8，由此判断解释变量之间高度相关，即原模型存在多重共线性。

　　②辅助回归方程检验

　　由于多重共线性是发生在解释变量相互不独立的情形下，所以建立解释变量之间的线性关系，若在OLS估计下检验是显著的，也就说明出现了共线性。需要指出的是，这一检验法主要适用于解释变量多于2个且相互之间存在较复杂相关关系的情况。其具体操作是在EViews软件命令窗口中键入："LS X1 C X2"。输出的回归结果见表15-15。

　　与上面的分析类似，从R^2、F值、t检验值的情况来看，两解释变量之间存在显著的线性关系。说明原模型存在共线性。

表15-15　　　　　　　　　　　　　辅助回归方程检验

Variable	Coefficient	Std. Error	t-Statistic	Prob.
C	−178.9414	92.98816	−1.924346	0.0749
X_2	2.695373	0.095740	28.15300	0.0000
R-squared	0.982643	Mean dependent var		1 937.938
Adjusted R-squared	0.981403	S.D. dependent var		1 604.694
S.E. of regression	218.8321	Akaike info criterion		13.73096
Sum squared resid	670 425.0	Schwarz criterion		13.82753
Log likelihood	−107.8476	F-statistic		792.5913
Durbin-Watson stat	1.117398	Prob（F-statistic）		0.000000

③逐步回归方法处理多重共线性

根据相关系数和消费理论，收入与消费的关联程度最大，所以，先建立一元回归方程：$C_t = \alpha_0 + \alpha_1 RJGDP_t + \mu_t$，再逐渐引入其他变量，确定最合适的多元回归方程。回归结果见表15-16。

表15-16　　　　　　　　　　　　　逐步回归结果

模型	X_1	X_2	R-squared	F-statistic
Y=f（X_1）	0.458309 （86.43710）		0.998130	7471.372
Y=f（X_1，X_2）	0.359279 （11.49657）	0.271635 （3.196693）	0.998953	6200.704

从表15-16中可以看出，只含有一个变量时，回归方程的统计性质优于含有两个变量的方程。由此得到最终方程形式及模拟结果。输出结果见表15-17。

表15-17　　　　　　　　　解释变量为人均GDP的方程的拟合结果

Variable	Coefficient	Std. Error	t-Statistic	Prob.
C	49.76411	13.17013	3.778559	0.0020
GDP	0.458309	0.005302	86.43710	0.0000
R-squared	0.998130	Mean dependent var		937.9375
Adjusted R-squared	0.997996	S.D. dependent var		736.1337
S.E. of regression	32.95305	Akaike info criterion		9.944513
Sum squared resid	15 202.65	Schwarz criterion		10.04109
Log likelihood	−77.55611	F-statistic		7 471.372
Durbin-Watson stat	0.877607	Prob（F-statistic）		0.000000

$\hat{C}_t = 49.764 + 0.458 RJGDP_t$

　　　（3.779）（86.437）

$R^2 = 0.998$，F=7471.372

运用以上的办法检验后可知，该方程不存在序列相关与异方差。模型对样本的模拟结果见表15-18。

表15-18　　　　　　　　　　　　　消费模型模拟结果

年份	C_t	$\hat{C}_t$	$(C_t - \hat{C}_t)/C_t$	年份	C_t	$\hat{C}_t$	$(C_t - \hat{C}_t)/C_t$
1981	262	269.752	−0.02959	1989	762	742.727	0.025293
1982	284	285.335	−0.0047	1990	803	798.64	0.00543
1983	311	309.167	0.005894	1991	896	910.926	−0.01666
1984	354	355.914	−0.00541	1992	1070	1 097.92	−0.02609
1985	437	421.452	0.035579	1993	1331	1 396.73	−0.04938
1986	485	465.908	0.039365	1994	1781	1 847.71	−0.03746
1987	550	527.78	0.0404	1995	2311	2 274.39	0.015842
1988	693	670.772	0.032075	1996	2677	2 631.87	0.016858

六、思考题

什么是异方差性、序列相关性、多重共线性？它们各自产生的主要原因和后果是什么？主要用什么方法检验？又用什么方法消除它们各自的影响？

实验三　税制改革与财政收入——虚拟变量的应用

一、实验目的

掌握虚拟变量的设置方法与检验。

二、理论知识

1.引入虚拟变量的模型形式的确定。

2.虚拟变量的设置。

三、实验内容

登录中国国家统计局网站，查找相关数据，研究我国各省级政府储蓄水平与税收、地域（东、中、西部）、政府的一般性支出和人均GDP之间的关系。建立简单线性回归模型，使用普通最小二乘法估计回归方程。

四、实验步骤

1.建立理论模型，设定虚拟变量。

2.收集数据，运用EViews软件进行OLS估计，得到模型。

3.对模型进行经济意义和统计意义检验。

4.对虚拟变量的影响进行讨论。

五、案例

案例一：测量斜率变动的虚拟变量模型——税制改革与财政收入

1994年我国实施了中华人民共和国成立以来规模最大、范围最广泛、内容最深刻的一次税制改革。这次税制改革全面改革了流转税制、企业所得税制以及个人所得税制，最终形成了流转税和所得税两大支柱税种。其中流转税包括增值税、消费税、营业税（2017年改为增值税）和关税，所得税包括企业所得税和个人所得税。分税制改革对于保证中央财政收入，加强宏观调控起到了重要的作用，但带来了一些新情况和新问题。分税制改革使中央与地方的财政自给能力发生了根本性的转变，本案例将研究我国的财政收入与税制改革的实证关系。1989—2007年我国主要税收收入见表15-19。

表15-19　　　　　　　　　　1989—2007年我国主要税收收入　　　　　　　　　　单位：亿元

年份	税收总额 Y	企业所得税 X₁	增值税 X₂
1989	2 727.40	700.4300	430.83
1990	2 821.86	716.0000	400.00
1991	2 990.17	731.1300	406.36
1992	3 296.91	720.7800	705.93
1993	4 255.30	678.6000	1 081.48
1994	5 126.88	708.4900	2 308.34
1995	6 038.04	878.4400	2 602.33
1996	6 909.82	968.4800	2 962.81
1997	8 234.04	963.1800	3 283.92
1998	9 262.80	925.5400	3 628.46
1999	10 682.58	811.41	3 881.87
2000	12 581.51	999.63	4 553.17
2001	15 301.38	2 630.87	5 357.13
2002	17 636.45	3 082.79	6 178.39
2003	20 017.31	2 919.51	7 236.54
2004	24 165.68	3 957.33	9 017.94
2005	28 778.54	5 343.92	10 792.11
2006	34 804.35	7 039.60	12 784.81
2007	45 621.97	8 779.25	15 470.23

数据来源：《中国统计年鉴》（2008）。

（一）利用表15-19中数据，建立回归模型

1. 变量选择。

为体现税制改革对国家财政收入的影响，这里把被解释变量确立为税收总额 Y（而非全部的财政收入）。选择解释变量的依据是：税改后确立的两大基本税种是流转税和所得税，而流转税中的增值税是主体部分，所得税中的企业所得税是主体部分，所以解释变量

选取企业所得税 X_1 和增值税 X_2。

2.模型形式的确定。

一般引入虚拟变量的模型大致有两类，一类是测量截距变动的，另一类是测量斜率变动的。测量截距变动的虚拟变量模型通常是以加法形式引入的，其数学意义就是使回归函数的截距发生变化，对虚拟变量的系数进行显著性检验就是检验上述两个回归函数的截距项是否存在显著差异。测量斜率变动的虚拟变量通常是以乘积形式引入的，表示有时某一定性因素（如政策或体制的变化）是否会影响解释变量和被解释变量之间的斜率系数。例如：假设原来的回归模型为：

$$y_i = \beta_0 + \beta_1 x_1 + u_i$$

在引入虚拟变量之后模型变为：

$$y_i = \beta_0 + \beta_1 x_1 + \beta_2 x_1 D_1 + u_i$$

按照虚拟变量的0、1取值，我们可以将上述的回归函数写成两种形式。

$$E(y_i) = \beta_0 + \beta_1 x_1$$
$$E(y_i) = \beta_0 + (\beta_1 + \beta_2) x_1$$

我们以1994年的分税制改革作为影响国家财政收入的定性因素，因此，将采用乘积形式设置虚拟变量。

（二）输出结果分析

引入虚拟变量前，运用OLS法，在EViews命令窗口键入命令："LS Y C X1 X2"，得到输出结果见表15-20。

表15-20 第一次输出结果

Variable	Coefficient	Std. Error	t-Statistic	Prob.
C	693.2399	339.1367	2.044131	0.0578
X_1	1.392441	0.343221	4.056988	0.0009
X_2	2.013620	0.188119	10.70395	0.0000
R-squared	0.994814	Mean dependent var		13 750.16
Adjusted R-squared	0.994166	S.D. dependent var		12 129.65
S.E. of regression	926.4602	Akaike info criterion		16.64456
Sum squared resid	13 733 256	Schwarz criterion		16.79368
Log likelihood	−155.1233	F-statistic		1 534.714
Durbin-Watson stat	1.234018	Prob（F-statistic）		0.000000

就拟合效果和显著性检验而言，该模型是很好的，而且可以看到 X_2 的系数2.01超过 X_1 的系数1.39，这说明增值税的贡献率超过企业所得税，这和实际情况相符。对于一般的发达国家而言，企业所得税是国家的第一大税种，但是，由于我国的特殊国情（主要是公有的国有企业等因素），才会出现这一特殊现象，这也预示着所得税改革应该继续进行。

另外，在1994年我国实行了分税制改革，这项改革措施是否影响我国的财政收入呢？要了解这一政策因素是否影响了模型中的被解释变量，引入虚拟变量，1994年以及以后年度取值为1，1994年以前取值为0。键入命令："LS Y C X1 X2 D*X1 D×X2"，输出结果见表15-21。

表15-21　　　　　　　　　　　　　　第二次输出结果

Variable	Coefficient	Std. Error	t-Statistic	Prob.
C	−923.4362	788.7600	−1.170744	0.2612
X_1	3.921971	1.666718	2.353110	0.0338
X_2	2.246972	1.380221	1.627980	0.1258
D×X_1	−3.620664	2.039098	−1.775620	0.0975
D×X_2	0.485002	1.415120	0.342729	0.7369
R-squared	0.996178	Mean dependent var		13 750.16
Adjusted R-squared	0.995085	S.D. dependent var		12 129.65
S.E. of regression	850.3395	Akaike info criterion		16.55008
Sum squared resid	10 123 083	Schwarz criterion		16.79862
Log likelihood	−152.2258	F-statistic		912.1386
Durbin-Watson stat	1.163710	Prob（F-statistic）		0.000000

从拟合效果来看，该模型是很好的；但从显著性检验来看，对于给定的$\alpha=0.5$，$t_{0.25}$（16）=1.690，D×X_1的t值1.776>1.690，通过t检验，D×X_2的t值0.3427<1.690，未能通过检验，这说明，分税制改革使得企业所得税对财政收入影响显著。并且D×X_1的系数为负，说明在不扩大增值税征收范围的情况下，企业所得税改革使得国家的财政收入大幅减少。在长时间内，如果没有其他税收的大幅增长以及国家其他财政收入的补充，很难使国家财政维持在历史高位上。

案例二：测量截距变动的虚拟变量模型——居民国内旅游的人均消费模型

一般测量截距变动的虚拟变量模型都是以加法形式引入的。例如模型：

$y_i = \beta_0 + \beta_1 x_i + \beta_2 D$

当D等于0和1时，回归函数分别为：

$E(y_i) = \beta_0 + \beta_1 x_i$ 　　　　　　　　D = 0

$E(y_i) = (\beta_0 + \beta_2) + \beta_1 x_i$ 　　　　　D = 1

可见，在回归模型中直接引入加法形式的虚拟变量使回归函数的截距发生变化，对虚拟变量的系数进行显著性检验就是检验上述两个回归函数的截距项是否存在显著差异。

季节因素是我们在经济问题中常常遇到的定性因素，如研究某服装公司的销售收入数据或航空公司的载客量数据会发现在一年中会有旺季和淡季，其营业收入会有明显差异，所以在建立这类模型的时候，我们要将季节因素加入到模型中。由于一年有4个季节，即季节因素是一个含有4个类别（m=4）的定性变量，根据我们引入虚拟变量的原则，应该在模型中引入3（m-1）个虚拟变量。

观察1998—2002年城镇居民国内旅游的人均花费的季度数据，具体数据见表15-22。

一般认为旅游花费有随时间增长的趋势，我国人均旅游消费随时间变化的线性关系图如图15-3所示。

表15-22 **城镇居民国内旅游的人均消费的季度数据**

季度	人均旅游消费 y（元）	人均可支配收入（元）	D_1	D_2	D_3
1998.01	559	1 357	0	0	0
1998.02	689	1 357	0	0	1
1998.03	706	1 357	0	1	0
1998.04	469.3	1 357	1	0	0
1999.01	676.5	1 463.5	0	0	0
1999.02	525.2	1 463.5	0	0	1
1999.03	743.3	1 463.5	0	1	0
1999.04	487.6	1 463.5	1	0	0
2000.01	661.1	1 570	0	0	0
2000.02	658.8	1 570	0	0	1
2000.03	791.9	1 570	0	1	0
2000.04	601.8	1 570	1	0	0
2001.01	653.7	1 714.9	0	0	0
2001.02	742.1	1 714.9	0	0	1
2001.03	792	1 714.9	0	1	0
2001.04	644.9	1 714.9	1	0	0
2002.01	672.6	1 925.7	0	0	0
2002.02	732	1 925.7	0	0	1
2002.03	882.7	1 925.7	0	1	0
2002.04	669.9	1 925.7	1	0	0

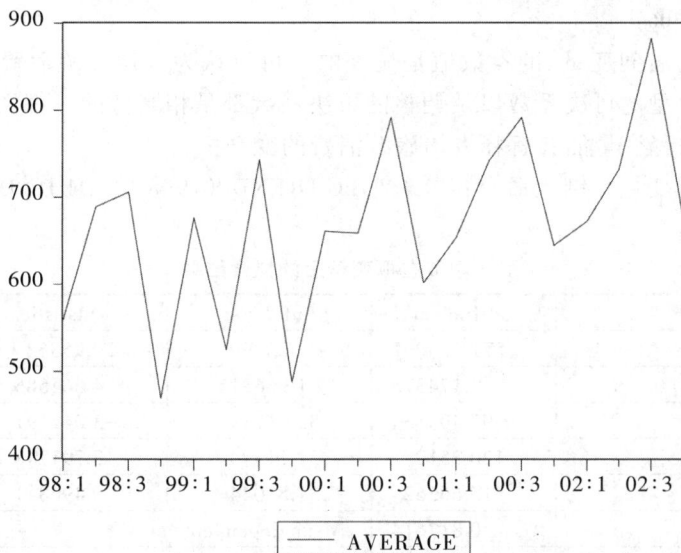

图15-3 我国人均旅游消费随时间变化的线性关系图

由图15-3可知，我国人均旅游消费除了随时间有增长趋势之外，还有很强的季节趋势。于是可以设置如下的虚拟变量：

$$D_1 = \begin{cases} 1 & 第四季度 \\ 0 & 其他季度 \end{cases}$$

$$D_2 = \begin{cases} 1 & 第三季度 \\ 0 & 其他季度 \end{cases}$$

$$D_3 = \begin{cases} 1 & 第二季度 \\ 0 & 其他季度 \end{cases}$$

我们取第一季度为基础类别，注意我们这里设置的虚拟变量的个数为3。EViews中有专门定义季节虚拟变量的命令。从工作文件主菜单中点击"Quick"键，选择"Generate Series"功能，在弹出的对话框中填入"D1=@seas（4）"，定义虚拟变量D1。同理，可定义D2，D3。

先将人均旅游消费支出y关于趋势变量t回归，输入命令："LS Y C @TREND（1998.1）"，输出结果见表15-23。

表15-23　　　　　　　　　　人均旅游消费支出关于时间趋势的回归

Variable	Coefficient	Std. Error	t-Statistic	Prob.
C	587.5143	40.10820	14.64824	0.0000
@TREND（1998.1）	8.469023	3.609106	2.346571	0.0306
R-squared	0.234251	Mean dependent var		667.9700
Adjusted R-squared	0.191709	S.D. dependent var		103.5206
S.E. of regression	93.07016	Akaike info criterion		11.99922
Sum squared resid	155 917.0	Schwarz criterion		12.09880
Log likelihood	−117.9922	F-statistic		5.506394
Durbin-Watson stat	2.837161	Prob（F-statistic）		0.030594

$$\hat{y}_t = 587.514 + 8.469 \times t$$
$$(14.6482)\ (2.3465)$$
$$R^2 = 0.2343 \quad \bar{R}^2 = 0.1917$$
$$F = 5.506\,(p = 0.0306)$$

可见，模型的时间变量t的参数值是显著的，可以认为人均旅游消费是随着时间呈增长趋势的，但是模型的可决系数以及调整的可决系数都是相当低的，都没有超过0.25，即应该还有其他的解释变量能够解释人均旅游消费的变动。

引入季节虚拟变量，键入命令："LS Y C @TREND（1998.1）D1 D2 D3"，输出结果见表15-24。

表15-24　　　　　　　　　　引入季节虚拟变量后的拟合结果

Variable	Coefficient	Std. Error	t-Statistic	Prob.
C	571.1850	27.25299	20.95862	0.0000
@TREND（1998.1）	9.174375	1.966815	4.664585	0.0003
D_1	−97.40313	32.01743	−3.042191	0.0082
D_2	120.2512	31.71394	3.791748	0.0018
D_3	15.66562	31.53044	0.496841	0.6265
R-squared	0.817614	Mean dependent var		667.9700
Adjusted R-squared	0.768978	S.D. dependent var		103.5206
S.E. of regression	49.75692	Akaike info criterion		10.86449
Sum squared resid	37 136.26	Schwarz criterion		11.11343
Log likelihood	−103.6449	F-statistic		16.81080
Durbin-Watson stat	2.829732	Prob（F-statistic）		0.000020

$$\hat{y}_t = 571.185 + 9.1744 \times t - 97.4031 \times D_1 + 120.2512 \times D_2 + 15.6656 \times D_3$$
$$(t) = (20.9586)(4.6646)(-3.0422) \quad (3.7917) \quad (0.4968)$$
$$(p) = (0.000)\ (0.0003)\ (0.0082) \quad (0.0018) \quad (0.6265)$$
$$R^2 = 0.8176 \quad \bar{R}^2 = 0.7690$$
$$F = 16.8108\,(p = 0.00002)$$

模型的可决系数由 0.23 提高到了 0.82，F 统计量的相伴概率也由 0.0306 降低到 0.00002，即引入了虚拟变量的模型可以解释被解释变量 81.76% 的变动，并在 99.998% 的概率上通过显著性检验，这无疑比未引入季节虚拟变量的模型改进了很多，季节虚拟变量的引入是非常必要的。

当然，模型的第 3 个虚拟变量的参数显著性检验的相伴概率达到 0.6265，换言之，D_3 在统计上是不显著的，即第二季度没有单独分类的必要，于是在模型中去掉 D_3，用 y 对时间变量 t 以及 D_1 和 D_2 重新回归。键入命令："LS Y C @TREND（1998.1）D1 D2"，输出结果见表 15-25。

表 15-25   第三次输出结果

Variable	Coefficient	Std. Error	t-Statistic	Prob.
C	578.4997	22.38790	25.83984	0.0000
@TREND（1998.1）	9.235331	1.916227	4.819539	0.0002
D_1	−105.3883	27.03171	−3.898692	0.0013
D_2	112.3270	26.75866	4.197782	0.0007
R-squared	0.814613	Mean dependent var		667.9700
Adjusted R-squared	0.779852	S.D. dependent var		103.5206
S.E. of regression	48.57173	Akaike info criterion		10.78082
Sum squared resid	37 747.41	Schwarz criterion		10.97996
Log likelihood	−103.8082	F-statistic		23.43526
Durbin-Watson stat	2.816606	Prob（F-statistic）		0.000004

$$\hat{y}_t = 578.4997 + 9.2353 \times t - 105.3883 \times D_1 + 112.327 \times D_2$$

（t）=（25.8398）（4.8195）（−3.8987）（4.1978）

（p）=（0.0000）（0.0002）（0.0013）（0.0007）

$R^2 = 0.8146$ $\bar{R}^2 = 0.7799$

$F = 23.4353$（p = 0.000004）

即：

$$\begin{cases} \hat{y}_t = 578.4997 + 9.2353 \times t & \text{（第一、二季度）} \\ \hat{y}_t = 690.826 + 9.2353 \times t & \text{（第三季度）} \\ \hat{y}_t = 473.111 + 9.2353 \times t & \text{（第四季度）} \end{cases}$$

因此，用加法形式引入的虚拟变量改变了方程的截距项，我国的人均旅游消费在第一、二季度会明显高于第三季度，而第四季度次之。

六、思考题

登录中国国家统计局，查找数据，研究中国经济增长率和物价上涨率之间的关系，建立中国的"附加预期的菲利普斯曲线"模型。

（1）估算 1952—2004 年中国经济的潜在增长率（即以实际 GDP 的对数值对时间（年）回归，得到的斜率估价值）。

（2）以1978年为分界，将数据分为两个时期，引入虚拟变量D，对两个时期平均增长率的差异性进行检验。

（3）现代经济中估计"附加预期菲利普斯曲线"，用BG表示实际经济增长率（RGR）对潜在增长率的偏离，同时用国内生产总值平减指数作为物价水平（P）计算物价上涨率（PC），其中：

$$RGR_t = \frac{RGDP_t - RGDP_{t-1}}{RGDP_{t-1}}$$

$$P_t = \frac{GDP_t}{RGDP_t}$$

（4）建立并估计PC对BG的线性回归模型。解释斜率系数的经济含义，并判断它与附加预期菲利普斯曲线理论的结论是否相符。

（5）在（4）的模型中，引入虚拟变量，检验（2）中所指出的两个时期附加预期菲利普斯曲线有无显著性差异。

实验四　中国宏观经济模型——联立方程模型的估计、检验与预测

一、实验目的

1.估计宏观经济联立方程模型。

2.对宏观经济联立方程模型进行检验与预测。

二、理论知识

1.宏观经济学的国民收入决定理论。

2.宏观经济模型的计算原理。

三、实验内容

独立建立一个包含3~5个方程的中国宏观经济模型，并完成模型的识别、估计与检验，并对未来5年的经济数据进行预测。

四、实验步骤

1.建立一个包含3~5个方程的中国宏观经济模型；

2.识别方程；

3.估计方程；

4.模型的检验，包括单方程检验及拟合效果检验；

5.模型预测及政策评价。

五、案例：简单宏观经济模型的估计[①]

1978—1996年中国宏观经济数据见表15-26。

（一）建立模型

建立一个包含3个方程的中国宏观经济模型。3个内生变量，即国内生产总值Y，居民消费总额C和投资总额I；3个先决变量，即政府消费G（为了实现数据的平衡，将净出口包含其中），前期居民消费总额C_{t-1}和常数项。完备的结构式模型为：

---

① 李子奈. 计量经济学［M］. 北京：高等教育出版社，2000.

表15-26 中国宏观经济数据

年份	Y	I	C	G
1978	3 606	1 378	1 759	469
1979	4 074	1 474	2 005	595
1980	4 551	1 590	2 317	644
1981	4 901	1 581	2 604	716
1982	5 489	1 760	2 868	861
1983	6 076	2 005	3 182	889
1984	7 164	2 469	3 675	1 020
1985	8 792	3 386	4 589	817
1986	10 133	3 846	5 175	1 112
1987	11 784	4 322	5 961	1 501
1988	14 704	5 495	7 633	1 576
1989	16 466	6 095	8 524	1 847
1990	18 320	6 444	9 113	2 763
1991	21 280	7 517	10 316	3 447
1992	25 864	9 636	12 460	3 768
1993	34 501	14 998	15 682	3 821
1994	47 111	19 261	21 230	6 620
1995	59 405	23 877	27 839	7 689
1996	68 498	26 867	32 589	9 042

$$\begin{cases} C_t = \alpha_0 + \alpha_1 Y_t + \alpha_2 C_{t-1} + \mu_{1t} \\ I_t = \beta_0 + \beta_1 Y_t + \mu_{2t} \\ Y_t = I_t + C_t + G_t \end{cases}$$

（二）方程的识别

3个内生变量，g=3；3个先决变量，k=3。

$$[B\ \Gamma] = \begin{bmatrix} 1 & 0 & -\alpha_1 & -\alpha_0 & -\alpha_2 & 0 \\ 0 & 1 & -\beta_1 & -\beta_0 & 0 & 0 \\ -1 & -1 & 1 & 0 & 0 & -1 \end{bmatrix}$$

1.对消费方程进行识别

$k_1=2$，$g_1=2$

$$R[B_0\ \Gamma_0] = \begin{bmatrix} 1 & 0 \\ -1 & -1 \end{bmatrix} = 2 = g-1 = 2$$

所以消费方程可以识别。又因为$k-k_1=g_1-1=1$，所以消费方程恰好识别。

2.对投资方程进行识别

$k_2=1$，$g_2=2$

$$[B_0 \Gamma_0] = \begin{bmatrix} 1 & -\alpha_2 & 0 \\ -1 & 0 & -1 \end{bmatrix} = 2 = g - 1 = 2$$

所以投资方程可以识别。又因为 $k-k_2=2>g_2-1=1$，所以投资方程过度识别。

（三）模型的估计

1.消费方程的估计

用两阶段最小二乘法估计，键入命令："TSLS CUM C Y CUM （-1） @ C CUM （-1） G"。输出结果见表15-27。

表15-27　　　　　　　　　　　消费方程估计结果

Variable	Coefficient	Std. Error	t-Statistic	Prob.
C	164.8004	95.45182	1.726529	0.1048
Y	0.317539	0.032376	9.807786	0.0000
CUM （-1）	0.391935	0.087514	4.478510	0.0004
R-squared	0.999435	Mean dependent var		9 875.667
Adjusted R-squared	0.999360	S.D. dependent var		9 026.792
S.E. of regression	228.3835	Sum squared resid		782 385.2
F-statistic	13 200.10	Durbin-Watson stat		2.015655
Prob （F-statistic）	0.000000			

因此，消费方程为：

$C_t = 164.8004 + 0.317539Y + 0.391935C_{t-1}$

2.投资方程的估计

投资方程是过度识别的方程，只能用两阶段最小二乘法估计。

键入命令："TSLS I C Y @ C CUM （-1） G"。

输出结果见表15-28。

表15-28　　　　　　　　　　　投资方程估计结果

Variable	Coefficient	Std. Error	t-Statistic	Prob.
C	-380.2044	170.2574	-2.233116	0.0402
Y	0.404935	0.006101	66.36810	0.0000
R-squared	0.996449	Mean dependent var		7 923.500
Adjusted R-squared	0.996227	S.D. dependent var		7 975.613
S.E. of regression	489.9025	Sum squared resid		3 840 071
F-statistic	4 404.724	Durbin-Watson stat		1.354211
Prob （F-statistic）	0.000000			

因此，投资方程为：

$I_t = -380.2044 + 0.404935Y$

（四）模型的检验

1.消费方程的检验

消费方程的检验结果见表15-29。

表15-29　　　　　　　　消费方程的检验结果

Variable	Coefficient	Std. Error	t-Statistic	Prob.
C	164.8004	95.45182	1.726529	0.1048
Y	0.317539	0.032376	9.807786	0.0000
CUM（-1）	0.391935	0.087514	4.478510	0.0004
R-squared	0.999435	Mean dependent var		9 875.667
Adjusted R-squared	0.999360	S.D. dependent var		9 026.792
S.E. of regression	228.3835	Sum squared resid		782 385.2
F-statistic	13 200.10	Durbin-Watson stat		2.015655
Prob（F-statistic）	0.000000			

$$C_t=164.8004+0.317539Y+0.391935C_{t-1}$$

$$(1.726529)\ (9.807786)\ (4.478510)$$

（1）拟合度及显著性分析。由表15-29可知，$R^2=0.999435$，$F=13200.1$。当$n=18$，$k=2$时，查表得$t_{0.01}(15)=2.602$，$t_{0.005}(15)=2.947$，$t_{0.0005}(15)=4.073$，$F_{0.01}(2,15)=6.36$，$F_{0.05}(2,15)=3.68$。分析可知，该方程拟合度及总体显著性极好。变量Y和C_{t-1}的显著程度均大于0.001。

（2）序列相关检验。因为此方程含有滞后的内生解释变量，使D.W.统计量失效。运用回归检验法进行检验，e_t作为被解释变量，e_{t-1}作为解释变量。运用OLS进行参数检验（见表15-30）。

表15-30　　　　　　　　消费方程的序列相关性检验

Variable	Coefficient	Std. Error	t-Statistic	Prob.
C	9.305069	54.63807	0.170304	0.8670
e_{t-1}	-0.064451	0.264412	-0.243751	0.8107
R-squared	0.003945	Mean dependent var		8.404009
Adjusted R-squared	-0.062458	S.D. dependent var		218.0558
S.E. of regression	224.7624	Akaike info criterion		13.77810
Sum squared resid	757 771.7	Schwarz criterion		13.87612
Log likelihood	-115.1138	F-statistic		0.059415
Durbin-Watson stat	2.000494	Prob（F-statistic）		0.810726

从表15-30可以看出，可决系数R^2、F值以及t值都极小，显然该方程的拟合度与总体显著性极差，方程变量的显著性也极差。说明原方程不存在1阶自相关。

2.投资方程的检验

投资方程的检验结果见表15-31。

表15-31　　　　　　　　　　投资方程的检验结果

Variable	Coefficient	Std. Error	t-Statistic	Prob.
C	−380.2044	170.2574	−2.233116	0.0402
Y	0.404935	0.006101	66.36810	0.0000
R-squared	0.996449	Mean dependent var		7 923.500
Adjusted R-squared	0.996227	S.D. dependent var		7 975.613
S.E. of regression	489.9025	Sum squared resid		3 840 071.
F-statistic	4 404.724	Durbin-Watson stat		1.354211
Prob（F-statistic）	0.000000			

I=−380.2044+0.404935Y

（−2.233116）(66.36810)

由表15-31可知，R^2=0.996449，D.W.=1.354211，F=4404.724。由于n=18，k=1，所以 $t_{0.025}$（16）=2.120，$t_{0.01}$（16）=2.583，$t_{0.005}$（16）=2.921，$t_{0.0005}$（16）=4.015，$F_{0.01}$（1，16）=8.53，$F_{0.05}$（1，16）=4.69。分析可知该方程的拟合度及总体显著性极好。变量Y的显著程度大于0.001。无序列相关。

（五）模型应用

1.预测

选择样本区间为1978—2005年。预测结果见表15-32。

表15-32　　　　　　宏观经济模型预测

年份	YFF	IFF	CFF
1997	77 814.44	31 127.43	37 645.2
1998	84 953.93	34 018.32	41 893.61
1999	90 956.31	36 449.26	45 465.05
2000	95 998.05	38 490.52	48 465.53
2001	100 233.1	40 205.08	50 986.04
2002	103 795.3	41 647.96	53 105.38
2003	106 786.1	42 858.65	54 885.38
2004	109 297.2	43 875.09	56 380.14
2005	111 411.1	44 731.56	57 637.59

2.政策评价（政府购买增加10%对Y、C和I的影响）

预测结果见表15-33。

表15-33　　　　　　政府购买增加对各变量的影响

年份	YFF	YFF1	IFF	IFF1	CFF	CFF1
1996	68 498	74 367.88	26 867	29 732.34	32 589	34 689.34
1997	77 814.44	84 038.19	31 127.43	33 647.56	37 645.2	40 444.43
1998	84 953.93	92 163.45	34 018.32	36 937.39	41 893.61	45 279.85
1999	90 956.31	98 994.89	36 449.26	39 704.09	45 465.05	49 304.60
2000	95 998.05	104 733.0	38 490.52	42 027.30	48 465.53	52 759.51
2001	100 233.1	109 553.0	40 205.08	43 978.69	50 986.04	55 628.16
2002	103 795.3	113 607.3	41 647.96	45 620.86	53 105.38	58 040.23
2003	106 786.1	117 011.1	42 858.65	46 998.78	54 885.41	60 066.13
2004	109 297.2	119 869.1	43 875.09	48 155.61	56 380.14	61 767.31
2005	111 411.1	122 275.0	44 731.56	49 130.37	57 637.59	63 198.45

新的预测值分别为 YFF1，IFF1，CFF1，作线性图比较两个预测，如图15-4所示。

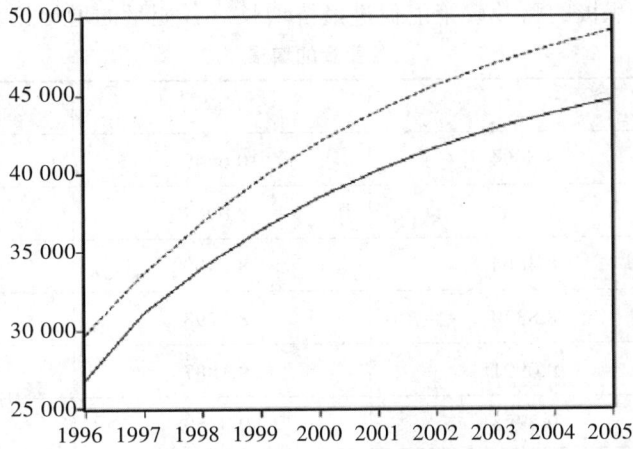

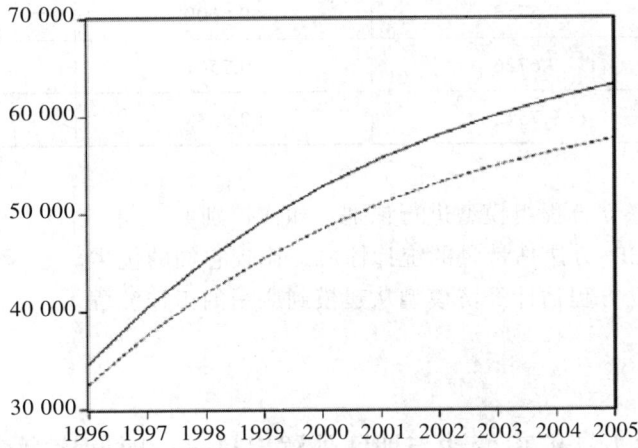

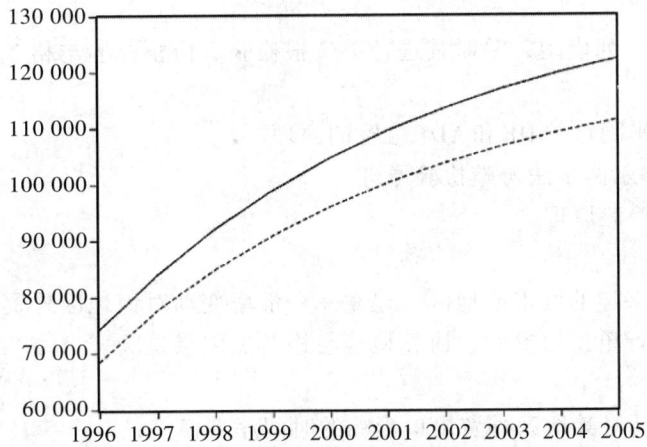

图15-4 政府购买支出增加对投资、消费和产出的影响

由图15-4可以看出，当政府购买G增加，国内生产总值Y、居民消费C以及投资总额I也随之增加。说明积极的财政政策能促进经济增长。各变量的增幅见表15-34。

表15-34   各变量的增幅

年份	Δy（%）	Δi（%）	Δc（%）
1996	8.5694	10.6649	6.4449
1997	7.9982	8.0962	7.4363
1998	8.4864	8.5809	8.0830
1999	8.8379	8.9298	8.5330
2000	9.0991	9.1887	8.8599
2001	9.2983	9.3859	9.1047
2002	9.4532	9.5392	9.2926
2003	9.5753	9.6600	9.4392
2004	9.6726	9.7561	9.5551
2005	9.7512	9.8338	9.6480

六、思考题

1.为什么要对联立方程组模型进行识别？如何识别？

2.简述ILS和2SLS方法估计量的统计性质，比较它们的优劣。

3.简要描述联立方程估计经济模型从建模到应用的工作流程。

实验五　汇率变动与地区外贸出口——时间序列分析

一、实验目的

学习建立时间序列模型，并对其进行单位根检验、协整检验与格兰杰因果检验。

二、理论知识

1.时间序列非平稳性的DF和ADF检验的原理。

2.格兰杰-恩格尔两步法协整检验原理。

3.格兰杰因果检验原理。

三、实验内容

选择一个你感兴趣的城市或地区，建立一个汇率变动对该地区外贸出口影响的时间序列模型，并对其进行单位根检验、协整检验与格兰杰因果检验。

四、实验步骤

1.建立汇率变动对某地区外贸出口影响的时间序列模型；

2.对模型进行单位根检验；

3.对模型进行协整检验；

4.对模型进行格兰杰因果检验。

五、案例：汇率变动对宁波外贸出口影响的时间序列模型分析

宁波出口额和人民币实际有效汇率见表15-35。

表15-35　　　　　　宁波出口额和人民币实际有效汇率

年份	实际出口（万美元）	人民币实际有效汇率	年份	实际出口（万美元）	人民币实际有效汇率
1985	1 317	182.451	1997	288 089	98.836
1986	1 726	132.855	1998	293 422	100.813
1987	2 356	115.829	1999	349 153	97.508
1988	28 796	96.46	2000	516 781	100
1989	38 414	111.268	2001	620 220	104.32
1990	56 081	98.941	2002	817 285	102.641
1991	92 169	87.751	2003	1 194 489	97.29
1992	142 889	78.901	2004	1 589 190	96.919
1993	176 107	69.814	2005	2 079 558	92.484
1994	224 032	75.899	2006	2 650 928	94.408
1995	248 032	84.571	2007	3 364 564	94.185
1996	235 214	92.756			

数据来源：人民币实际有效汇率REER来源于国际货币基金组织网站，实际出口额由历年《宁波统计年鉴》（1986—2008）整理和计算得出。

（一）建立模型

$Ln(EX_t) = \ln A + \alpha \ln(REER_t) + u_t$

其中，t为时间，EX表示宁波各年出口额，REER表示人民币实际有效汇率，u_t是误差项，由于REER上升代表本币升值，下降代表本币贬值，因此，REER与EX_t反向变化，α为负值。

（二）对模型进行单位根检验

首先确定人民币实际有效汇率变动是否对宁波外贸出口这个变量产生影响，采用Granger因果关系检验法。在做此项统计检验前，需对数据的平稳性进行检验。为了便于讨论，绘制外贸出口和人民币实际有效汇率这两个变量的走势图，如图15-5和图15-6所示。

以时间序列数据为依据的实证研究都是假定有关的时间序列是平稳的，否则会产生伪回归的问题。在这里，我们使用ADF法进行时间序列的单位根检验。ADF检验的一般形式为：

$\Delta Y_t = \alpha + \beta t + \gamma Y_{t-1} + \sum \delta_i \Delta Y_{t-i} + \mu_t$

原假设为H0：$\gamma=0$，若原假设成立，则该时间序列有单位根，序列为非平稳时间序列。运用ADF检验法对变量lnREER、lnEX以及它们的差分序列进行平稳性检验，在View

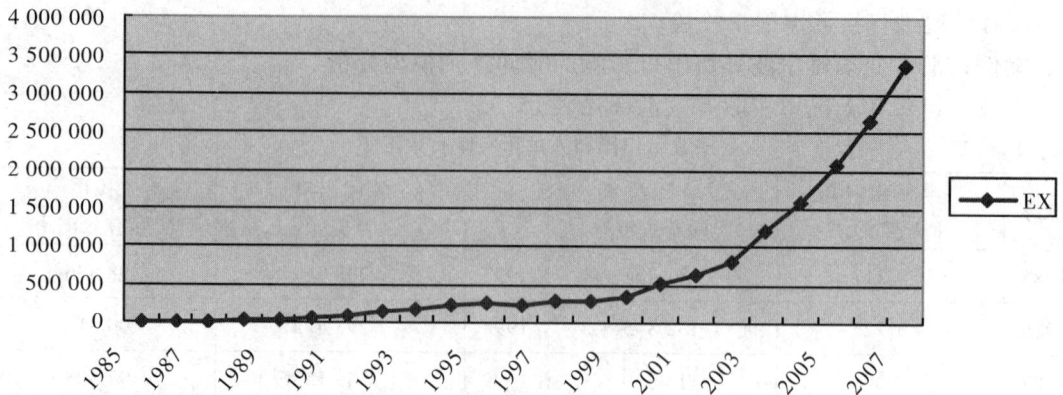

图 15-5　1985—2007 年宁波出口值

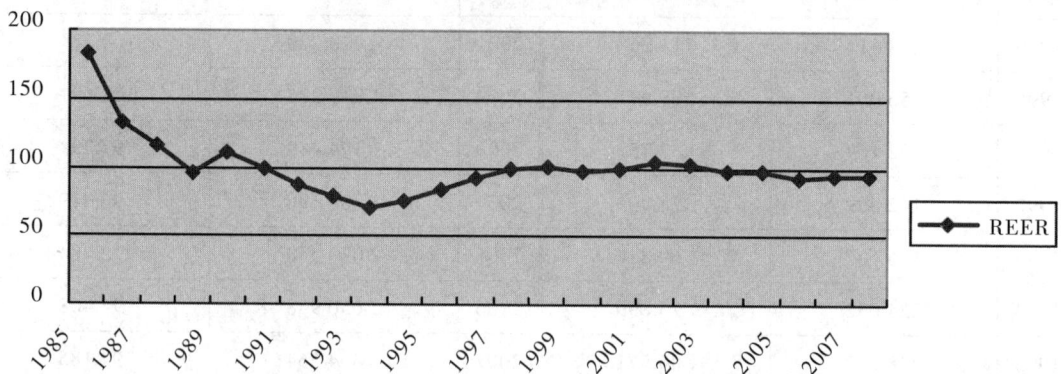

图 15-6　1985—2007 年人民币实际有效汇率走势图

窗口，选 Unit Root Test 菜单，在出现的对话框中，按照图示操作。在检验类型（Test Type）中选择 Augmented Dickey-Fuller，即进行增广的单位根检验（ADF）。检验结果见表 15-36。

表 15-36　　　　　　　　　　各变量的平稳性检验结果

变量	ADF 值	1% 临界值	5% 临界值	10% 临界值	检验类（C，T，K）	结论
lnREER	-4.6876	-3.7667	-3.0038	-2.6417	（C，T，0）	平稳
lnEX	-2.3108	-3.7667	-3.0038	-2.6417	（C，T，0）	不平稳
ΔlnREER	-4.1278	-3.7856	-3.0114	-2.6457	（C，T，0）	平稳
ΔlnEX	-4.2595	-3.7856	-3.0114	-2.6457	（C，T，0）	平稳

注：检验形式中，（1）c 为常数项，t 为趋势项，k 为滞后阶数；（2）加入滞后项是为了使残差项为白噪声；（3）Δ 表示变量的一阶差分。

表 15-36 可知，变量 lnREER 的 ADF 值小于各种显著性水平的临界值，拒绝有单位根的零假设，它的时间序列是平稳的。但是变量 lnEX 的 ADF 值大于各种显著性水平的临界值，所以不拒绝原假设，即表明 lnEX 序列有单位根，从而说明 EX 的对数时间序列是非平稳的。两个变量一阶差分后，ADF 的值分别小于各种显著性水平的临界值。所以拒绝有单位根的零假设，两个变量的一阶差分序列是平稳的。单位根的结果显示了 1985—2007

年的人民币实际有效汇率（REER）和宁波出口值（EX）为一阶平稳序列。

（三）对模型进行协整检验

检验一组变量（因变量和自变量）之间是否存在协整关系等价于检验回归方程的残差序列是否是一个平稳序列。在此运用ADF单位根检验来判断残差序列的平稳性，进而判断因变量和自变量之间的协整关系是否存在。

从单位根检验可知：lnREER、lnEX均为一阶单整，运用OLS方法 $\ln(REER_t)$ 对 $\ln(EX_t)$ 进行静态回归，检验结果见表15-37。

表15-37　　　　　$\ln(EX_t)$ 与 $\ln(REER_t)$ 的OLS静态回归

Variable	Coefficient	Std. Error	t-Statistic	Prob.
C	43.96427	9.342620	4.705775	0.0001
LNREER	−6.952655	2.034115	−3.418025	0.0026
R-squared	0.357462	Mean dependent var		12.05734
Adjusted R-squared	0.326865	S.D. dependent var		2.218896
S.E. of regression	1.820489	Akaike info criterion		4.119029
Sum squared resid	69.59781	Schwarz criterion		4.217768
Log likelihood	−45.36883	F-statistic		11.68289
Durbin-Watson stat	1.928012	Prob（F-statistic）		0.002586

则由回归方程可得：

$$\ln(EX_t) = 43.96427 - 6.952655\ln(REER_t)$$

结果显示相关检验系数 R^2、$\overline{R}^2$ 值为0.3左右，表明拟合效果不是很好，相关性较低，D.W.=1.928012，残差序列不存在自相关。

对残差序列 $e_t = \ln(EX_t) - 43.96427 + 6.952655\ln(REER_t)$ 做单位根检验，ADF检验结果见表15-38。

表15-38　　　　　　　残差序列 e 的ADF检验

ADF Test Statistic	−1.275107	1% Critical Value*	−3.7856
		5% Critical Value	−3.0114
		10%Critical Value	−2.6457

由于ADF统计值−1.275107大于各种显著性水平的临界值，因此，认为残差序列为不平稳序列，即表明序列lnREER与lnEX不具有协整关系。

（四）对模型进行格兰杰因果检验

前面运用协整理论分析了宁波出口总额与人民币实际有效汇率之间的长期稳定性，得出的结论为不具有长期稳定性，但两者之间是否具有因果关系呢？下面用格兰杰检验来解决这一问题。

格兰杰因果关系检验的定义是：如果两个经济变量X、Y在包含过去信息的条件下对Y的预测效果要好于有Y的过去信息对Y的预测，即变量X有助于变量Y的预测精度的改善，则称X对Y存在格兰杰因果性关系，在判断X影响Y时，必须有两个条件：一个是能够根据 X 预测 Y，即根据 Y 的过去值对 Y 进行回归时，如果加上 X 的过去值这个自变量能够显著增强回归的解释能力。二是不能根据 Y 预测 X，因为如果能够根据 Y 预测 X，又能根据 X 预测 Y，则很可能 X 和 Y 都是由第三个或更多的其他变量决定的。

根据这一定义，检验出口总额（lnEX）与实际有效汇率（lnREER）之间的因果关系：

$$\ln EX_t = C_1 - \sum_{i=1}^{p} a_i \ln EX_{t-i} + \sum_{i=1}^{q} b_i \ln REER_{t-i} + U_t$$

其中，C_1 是常数项，U_t 是白噪声，p、q 分别是 lnEX、lnREER 的最大滞后阶数。

对 lnEX 与 lnREER 两者之间进行 Granger 因果检验。在 View 窗口，选 Granger Causality 菜单，在出现的对话框中，按照图示操作。滞后期的值取 1~10，根据 AIC 确定各变量的滞后阶数为 2，分析结果见表 15-39。

表15-39　　　　　　　　　　　　变量的格兰杰因果检验结果

Null Hypothesis：	Obs	F-statistic	Probability
LNREER does not Granger Cause LNEX	21	0.29696	0.74708
LNEX does not Granger Cause LNREER		3.41955	0.05801

表 15-39 中 P 值代表若拒绝原假设犯第一类错误的概率，P 值越大，表明因拒绝原假设而犯错误的可能性就越大，因而拒绝原假设的可能性就越小。显然，显著性水平为 0.05 时，两个零假设都被接受，表明 lnEX 对 lnREER 没有显著的因果关系，即人民币实际有效汇率变动对宁波外贸出口变动的影响关系不大。

六、思考题

1. 登录中国国家统计局网站，查找统计年鉴中的相关数据，建立中国人口的时间序列模型，完成模型的参数估计，并对未来 5 年中国人口数进行预测。

2. 上证指数的单位根检验。登录上交所网站，查找近 3 年的上证指数，并进行单位根的 ADF 检验。（思考：深圳成指与上证指数的变动趋势是否存在相似性？）

实验六　地区收入差距与居民消费——面板数据模型的应用

一、实验目的

掌握面板数据模型的建立、估计与预测。

二、理论知识

1. 面板数据模型的建立与估计。

2. 变截距和变斜率面板数据模型形式的选择。

3. 面板数据的检验与预测。

三、实验内容

登录中国国家统计局网站，选择你感兴趣的区域，查找相关数据，完成中国居民人均消费与家庭人均收入关系模型的建立、估计、检验与预测。

四、实验步骤

1.建立面板数据工作文件，定义数据名并输入数据；

2.估计、选择面板模型；

3.面板模型的检验；

4.面板模型的预测。

五、案例①：地区家庭消费与人均收入模型

利用 1996—2002 年中国东北、华北、华东 15 个省级地区的居民家庭消费（cp，不变价格）和人均收入（ip，不变价格）数据，建立面板数据模型。

年人均消费（consume）和人均收入数据（income）以及消费者价格指数（p）分别见表 15-40、表 15-41、表 15-42。

表 15-40　　　　　　　　　　居民家庭人均消费数据　　　　　　　　　　单位：元

人均消费	1996年	1997年	1998年	1999年	2000年	2001年	2002年
CONSUMEAH	3 607.43	3 693.55	3 777.41	3 901.81	4 232.98	4 517.65	4 736.52
CONSUMEBJ	5 729.52	6 531.81	6 970.83	7 498.48	8 493.49	8 922.72	10 284.6
CONSUMEFJ	4 248.47	4 935.95	5 181.45	5 266.69	5 638.74	6 015.11	6 631.68
CONSUMEHB	3 424.35	4 003.71	3 834.43	4 026.3	4 348.47	4 479.75	5 069.28
CONSUMEHLJ	3 110.92	3 213.42	3 303.15	3 481.74	3 824.44	4 192.36	4 462.08
CONSUMEJL	3 037.32	3 408.03	3 449.74	3 661.68	4 020.87	4 337.22	4 973.88
CONSUMEJS	4 057.5	4 533.57	4 889.43	5 010.91	5 323.18	5 532.74	6 042.6
CONSUMEJX	2 942.11	3 199.61	3 266.81	3 482.33	3 623.56	3 894.51	4 549.32
CONSUMELN	3 493.02	3 719.91	3 890.74	3 989.93	4 356.06	4 654.42	5 342.64
CONSUMENMG	2 767.84	3 032.3	3 105.74	3 468.99	3 927.75	4 195.62	4 859.88
CONSUMESD	3 770.99	4 040.63	4 143.96	4 514.05	5 022	5 252.41	5 596.32
CONSUMESH	6 763.12	6 819.94	6 866.41	8 247.69	8 868.19	9 336.1	10 464
CONSUMESX	3 035.59	3 228.71	3 267.7	3 492.98	3 941.87	4 123.01	4 710.96
CONSUMETJ	4 679.61	5 204.15	5 471.01	5 851.53	6 121.04	6 987.22	7 191.96
CONSUMEZJ	5 764.27	6 170.14	6 217.93	6 521.54	7 020.22	7 952.39	8 713.08

---

① 张晓峒. EViews 使用指南与案例［M］. 北京：机械工业出版社，2008.

表 15-41　　　　　　　　　　　居民家庭人均收入数据　　　　　　　　　　单位：元

项目	1996年	1997年	1998年	1999年	2000年	2001年	2002年
INCOMEAH	4 512.77	4 599.27	4 770.47	5 064.6	5 293.55	5 668.8	6 032.4
INCOMEBJ	7 332.01	7 813.16	8 471.98	9 182.76	10 349.69	11 577.78	12 463.92
INCOMEFJ	5 172.93	6 143.64	6 485.63	6 859.81	7 432.26	8 313.08	9 189.36
INCOMEHB	4 442.81	4 958.67	5 084.64	5 365.03	5 661.16	5 984.82	6 679.68
INCOMEHLJ	3 768.31	4 090.72	4 268.5	4 595.14	4 912.88	5 425.87	6 100.56
INCOMEJL	3 805.53	4 190.58	4 206.64	4 480.01	4 810	5 340.46	6 260.16
INCOMEJS	5 185.79	5 765.2	6 017.85	6 538.2	6 800.23	7 375.1	8 177.64
INCOMEJX	3 780.2	4 071.32	4 251.42	4 720.58	5 103.58	5 506.02	6 335.64
INCOMELN	4 207.23	4 518.1	4 617.24	4 898.61	5 357.79	5 797.01	6 524.52
INCOMENMG	3 431.81	3 944.67	4 353.02	4 770.53	5 129.05	5 535.89	6 051
INCOMESD	4 890.28	5 190.79	5 380.08	5 808.96	6 489.97	7 101.08	7 614.36
INCOMESH	8 178.48	8 438.89	8 773.1	10 931.64	11 718.01	12 883.46	13 249.8
INCOMESX	3 702.69	3 989.92	4 098.73	4 342.61	4 724.11	5 391.05	6 234.36
INCOMETJ	5 967.71	6 608.39	7 110.54	7 649.83	8 140.5	8 958.7	9 337.56
INCOMEZJ	6 955.79	7 358.72	7 836.76	8 427.95	9 279.16	10 464.67	11 715.6

表 15-42　　　　　　　　　　　　消费者物价指数　　　　　　　　　　　　单位：元

项目	1996年	1997年	1998年	1999年	2000年	2001年	2002年
PAH	109.9	101.3	100	97.8	100.7	100.5	99
PBJ	111.6	105.3	102.4	100.6	103.5	103.1	98.2
PFJ	105.9	101.7	99.7	99.1	102.1	98.7	99.5
PHB	107.1	103.5	98.4	98.1	99.7	100.5	99
PHLJ	107.1	104.4	100.4	96.8	98.3	100.8	99.3
PJL	107.2	103.7	99.2	98	98.6	101.3	99.5
PJS	109.3	101.7	99.4	98.7	100.1	100.8	99.2
PJX	108.4	102	101	98.6	100.3	99.5	100.1
PLN	107.9	103.1	99.3	98.6	99.9	100	98.9
PNMG	107.6	104.5	99.3	99.8	101.3	100.6	100.2
PSD	109.6	102.8	99.4	99.3	100.2	101.8	99.3
PSH	109.2	102.8	100	101.5	102.5	100	100.5
PSX	107.9	103.1	98.6	99.6	103.9	99.8	98.4
PTJ	109	103.1	99.5	98.9	99.6	101.2	99.6
PZJ	107.9	102.8	99.7	98.8	101	99.8	99.1

定义 cp=100×consume/p，ip=100×income/p。

cp、ip 数据是 7 年的，每一年都有 15 个数据，共 105 组观测值。

（一）建立面板数据工作文件

首先建立工作文件，然后打开工作文件窗口，点击主功能菜单上的 Objects 键，选 New Objects 功能，从而打开 New Objects 选择窗口。在 Type of Objects 选择区选择 Pool（合并数据库），并在 Name of Objects 选择区位合并数据库起名 Consume。点击"OK"键，从而打开合并数据库窗口。在窗口中输入 15 个不同省级地区的标识 AH（安徽）、BJ（北京）、FJ（福建）、HB（河北）、HLJ（黑龙江）、JL（吉林）、JS（江苏）、JX（江西）、LN（辽宁）、NMG（内蒙古）、SD（山东）、SH（上海）、SX（山西）、TJ（天津）和 ZJ（浙江）。

（二）定义序列名并输入数据

1.输入数据

在新建的 Pool 窗口的工具栏中点击"Sheet"键，从而打开 Series List 窗口，定义时间序列变量 consume?、income?和 p?，点击"OK"键，工作文件中会出现 3×15 个尚未输入数据的变量名。点击 Pool 窗口的"Edit+/-"键，使窗口处于可编辑状态，通过键盘输入或粘贴的方法输入数据。

2.生成新数据

重新打开一个 Pool 窗口，在窗口中输入变量后缀，分别为 AH、BJ、FJ、HB、HLJ、JL、JS、JX、LN、NMG、SD、SH、SX、TJ 和 ZJ。点击 Pool 窗口中的"PoolGenr"键，在弹出的对话框中填入："cp?=100*consume?/p?"。点击"OK"键，就可以同时生成 15 个 cp 变量，即 cpah，cpbj，…，cpzj。同理，也可以生成 15 个 ip 变量。cp?、ip?分别是固定价格的居民家庭人均消费和人均收入变量。下面用 cp?、ip?做面板数据模型分析。

（三）估计、选择面板模型

打开一个 Pool 窗口，先输入变量后缀。在工具栏中点击"Estimate"键，打开 Pooled Estimation 窗口。

1.混合模型的估计方法

在上部的 Dependent Variable 选择框输入被解释变量"cp?"，在中部的 Common coefficents（相同系数）选择框输入"ip?"（表示不同个体有相同斜率），点击"OK"键。输出结果见表 15-43。

表 15-43　　　　　混合模型的估计结果

Variable	Coefficient	Std. Error	t-Statistic	Prob.
C	129.6161	63.69288	2.035017	0.0444
ip?	0.758727	0.009522	79.68163	0.0000
R-squared	0.984036	Mean dependent var		4 917.598
Adjusted R-squared	0.983881	S.D. dependent var		1 704.706
S.E. of regression	216.4280	Sum squared resid		4 824 631
F-statistic	6 349.162	Durbin-Watson stat		0.784074
Prob（F-statistic）	0.000000			

相应表达式为：

$\hat{CP}_{it} = 129.63 + 0.76IP_{it}$

　　　　（2.0）　　（79.7）

$R^2 = 0.98$，$SSE_r = 4824631$

15个省级地区的城镇人均支出平均占收入的76%。

2.个体固定效应回归模型的估计

打开 Pooled Estimation 对话框，在 Intercept（截距项）选择区选 Fixed effects（固定效应），点击"OK"键，输出结果见表15-44。

表15-44　　　　　　　　　　　　个体固定效应回归模型的估计结果

Variable	Coefficient	Std. Error	t-Statistic	Prob.
ip?	0.697562	0.012692	54.96241	0.0000
Fixed Effects				
AH-C	479.3040			
BJ-C	1 053.172			
FJ-C	467.9630			
HB-C	361.3728			
HLJ-C	345.9086			
JL-C	540.1144			
JS-C	480.4128			
JX-C	195.9141			
LN-C	622.0371			
NMG-C	306.0617			
SD-C	381.3507			
SH-C	782.5912			
SX-C	440.7212			
TJ-C	562.8371			
ZJ-C	714.2269			
R-squared	0.992488	Mean dependent var		4 917.598
Adjusted R-squared	0.991222	S.D. dependent var		1 704.706
S.E. of regression	159.7124	Sum squared resid		2 270 217
Durbin-Watson stat	1.609592			

相应表达式是：

$\hat{CP}_{it} = 479.3D_1 + 1053.2D_2 + \cdots + 714.2D_{15} + 0.70IP_{it}$

　　　　　　　　　　　　　　（54.96）

$R^2 = 0.99$，$SSE_u = 2270217$

其中，虚拟变量 D_1，D_2，D_3，…，D_{15} 的定义是：

$$D_i = \begin{cases} 1, \text{如果属于第i个个体}, i = 1, 2, \cdots, 15 \\ 0, \text{其他} \end{cases}$$

15个省级地区的城镇人均支出平均占收入70%。北京市居民的自发性消费明显高于其他地区。

现在用 F 统计量检验混合回归模型和个体固定效应模型的效果。原假设和备择假设是：

H_0：$\alpha_i = \alpha$，模型中不同个体截距相同（真实模型为混合回归模型）

H_1：模型中不同个体的截距项 α_i 不同（真实模型为个体固定效应回归模型）

F 统计量定义为：

$$F = \frac{(SSE_r - SSE_u)/[(NT-k-1)-(NT-N-k)]}{SSE_u/(N \cdot T - N - k)} = \frac{(SSE_r - SSE_u)/(N-1)}{SSE_u/(N \cdot T - N - k)}$$

其中，SSE_r 表示约束模型，即混合估计模型的残差平方和，SSE_u 表示非约束模型，即个体固定效应回归模型的残差平方和。非约束模型比约束模型多了 N-1 个被估参数。

已知 $SSE_r=4\ 824\ 631$，$SSE_u=2\ 270\ 217$。所以，

$$F = \frac{(SSE_r - SSE_u)/(N-1)}{SSE_u/(N \cdot T - N - 1)} = \frac{(4\ 824\ 631 - 2\ 270\ 217)/(15-1)}{2\ 270\ 217/(105 - 15 - 1)} = \frac{182\ 458}{25\ 508} = 7.15$$

$F_{0.05\ (14,\ 89)} = 1.8$，因为 $F=7.15 > F_{0.05\ (14,\ 89)} = 1.8$，推翻原假设。比较上述两个模型，建立个体固定效果回归模型更合理。

（四）面板模型的单位根检验

以变量cp为例，在工作文件窗口中打开cp变量的15个数据组。点击View键，选 Unit Root Test功能，打开面板数据单位根检验（Group Unit Root Test）对话框。共有6个选项区，选择选项，点击"OK"键，得到15个地区的cp序列的单位根检验综合结果。6种检验方法的结论都认为15个cp序列存在单位根。

六、思考题

1.查找相关数据，分析浙江城镇居民收入差距对消费结构的影响。

2.利用中国省级财政支出的分类数据研究地方政府财政支出竞争与通货膨胀之间的相关性。

3.利用面板数据和协整方法研究中国东中西三个区域经济增长差异的收敛性。

实验七 区域经济竞争力的综合评价——因子分析法与主成分分析法

一、实验目的

学习运用SPSS软件进行多元统计分析。

二、理论知识

1.因子分析法的实验原理和实验步骤。

2.主成分分析法的实验原理和实验步骤。

3.因子分析法与主成分分析法的区别与联系。

三、实验内容

运用因子分析法比较长三角城市的经济竞争力。令 X_1——GDP，X_2——人均 GDP，X_3——农业增加值，X_4——工业增加值，X_5——第三产业增加值，X_6——固定资产投资，X_7——基本建设投资，X_8——社会消费品零售总额，X_9——海关出口总额，X_{10}——地方财政收入。

四、实验步骤

1.查找统计年鉴及相关网络资源，收集长三角城市的相关数据。

2.确认待分析的原变量是否适合作因子分析。

3.构造因子变量。将原始数据标准化，消除变量间在数量级和量纲上的不同；求标准化数据的相关矩阵；求相关矩阵的特征值和特征向量；计算方差贡献率与累积方差贡献率；因子旋转，利用旋转方法使因子变量更具有可解释性，确定因子。

4.计算因子变量得分。用原指标的线性组合来求各因子得分，以各因子的方差贡献率为权重，由各因子的线性组合得到综合评价指标函数。

5.计算得分并排序。

五、案例：沿海10省市经济综合指标分析——主成分分析

对沿海 10 省市做经济综合指标分析，指标体系包含 10 个指标，具体指标和数据见表 15-45。

表 15-45　　　　　　　　　　沿海 10 省市经济指标数据表　　　　　　　单位：万元

地区	GDP	人均GDP	农业增加值	工业增加值	第三产业增加值	固定资产投资	基本建设投资	社会消费品零售总额	海关出口总额	地方财政收入
辽宁	5 458.2	13 000	14 883.3	1 376.2	2 258.4	1 315.9	529	2 258.4	123.7	399.7
山东	10 550	11 643	1 390	3 502.5	3 851	2 288.7	1 070.7	3 181.9	211.1	610.2
河北	6 076.6	9 047	950.2	1 406.7	2 092.6	1 161.6	597.1	1 968.3	45.9	302.3
天津	2 022.6	22 068	83.9	822.8	960	703.7	361.9	941.4	115.7	171.8
江苏	10 636	14 397	1 122.6	3 536.3	3 967.2	2 320	1 141.3	3 215.8	384.7	643.7
上海	5 408.8	40 627	86.2	2 196.2	2 755.8	1 970.2	779.3	2 035.2	320.5	709
浙江	7 670	16 570	680	2 356.5	3 065	2 296.6	1 180.6	2 877.5	294.2	566.9
福建	4 682	13 510	663	1 047.1	1 859	964.5	397.9	1 663.3	173.7	272.9
广东	11 770	15 030	1 023.9	4 224.6	4 793.6	3 022.9	1 275.5	5 013.6	1 843.7	1 202
广西	2 437.2	5 062	591.4	367	995.7	542.2	352.7	1 025.5	15.1	186.7

数据来源：《中国统计年鉴》（2002）。

（一）数据标准化处理

弹出 Descriptives 对话框后，把 X_1~X_{10} 列入 Variables 框，在 Save standardized values as variables 前的方框打上钩，点击"OK"，经标准化处理的数据会自动填入数据窗口中，并以 Z 开头命名。沿海 10 省市经济指标标准化数据表见表 15-46。

表 15-46   **沿海 10 省市经济指标标准化数据表**

地区	ZX_1	ZX_2	ZX_3	ZX_4	ZX_5	ZX_6	ZX_7	ZX_8	ZX_9	ZX_{10}
辽宁	-0.356	-0.319	2.834	-0.541	-0.315	-0.413	-0.651	-0.132	-0.427	-0.342
山东	1.137	-0.458	-0.169	1.086	0.934	0.759	0.821	0.630	-0.264	0.332
河北	-0.174	-0.726	-0.266	-0.518	-0.445	-0.599	-0.466	-0.371	-0.571	-0.653
天津	-1.363	0.615	-0.459	-0.965	-1.333	-1.150	-1.105	-1.218	-0.441	-1.070
江苏	1.163	-0.175	-0.228	1.112	1.025	0.797	1.012	0.658	0.059	0.439
上海	-0.370	2.525	-0.459	0.086	0.075	0.375	0.029	-0.316	-0.060	0.648
浙江	0.293	0.049	-0.327	0.209	0.318	0.768	1.119	0.379	-0.109	0.193
福建	-0.583	-0.266	-0.330	-0.793	-0.628	-0.836	-1.007	-0.623	-0.333	-0.747
广东	1.495	-0.110	-0.250	1.639	1.673	1.643	1.377	2.141	2.775	2.224
广西	-1.242	-1.136	-0.346	-1.314	-1.305	-1.345	-1.130	-1.149	-0.629	-1.023

(二)求解相关系数矩阵

点击 Data Reduction,在 Factor Analysis 中弹出对话框,把 X_1~X_{10} 选入 Variables 框。在 Descriptives:Correlation Matrix 框组中选中 Coefficients,然后点击 "Continue",返回 Factor Analysis 对话框,点击 "OK"。输出相关系数矩阵见表 15-47。

表 15-47   **相关系数矩阵**

	X_1	X_2	X_3	X_4	X_5	X_6	X_7	X_8	X_9	X_{10}
X_1	1.000	-0.094	-0.052	0.967	0.979	0.923	0.922	0.941	0.637	0.826
X_2	-0.094	1.000	-0.171	0.113	0.074	0.214	0.093	-0.043	0.081	0.273
X_3	-0.052	-0.171	1.000	-0.132	-0.050	-0.098	-0.176	0.013	-0.125	-0.086
X_4	0.967	0.113	-0.132	1.000	0.985	0.963	0.939	0.935	0.705	0.898
X_5	0.979	0.074	-0.050	0.985	1.000	0.973	0.940	0.962	0.714	0.913
X_6	0.923	0.214	-0.098	0.963	0.973	1.000	0.971	0.937	0.717	0.934
X_7	0.922	0.093	-0.176	0.939	0.940	0.971	1.000	0.897	0.624	0.848
X_8	0.941	-0.043	0.013	0.935	0.962	0.937	0.897	1.000	0.836	0.929
X_9	0.637	0.081	-0.125	0.705	0.714	0.717	0.624	0.836	1.000	0.882
X_{10}	0.826	0.273	-0.086	0.898	0.913	0.934	0.848	0.929	0.882	1.000

(三)输出方差分解主成分提取分析表

特征值表示主成分影响力度大小,如果特征值小于1,说明该主成分解释力度不如直接引入原变量解释力度大,特征值大于1作为纳入标准。根据表 15-48 和表 15-49 提取分析可知,提取 2 个主成分,即 m=2。

表 15-48　　　　　　　　　　公因子方差

	初始	提取
X₁	1.000	0.938
X₂	1.000	0.691
X₃	1.000	0.470
X₄	1.000	0.957
X₅	1.000	0.978
X₆	1.000	0.970
X₇	1.000	0.897
X₈	1.000	0.985
X₉	1.000	0.642
X₁₀	1.000	0.927

提取方法：主成分分析。

表 15-49　　　　　　　　　　说明的总方差

成分	初始特征值			提取平方和载入		
	合计	方差的百分比（%）	累积百分比（%）	合计	方差的百分比（%）	累积百分比（%）
1	7.220	72.205	72.205	7.220	72.205	72.205
2	1.235	12.346	84.551	1.235	12.346	84.551
3	0.877	8.769	93.319			
4	0.547	5.466	98.786			
5	0.085	0.854	99.640			
6	0.021	0.211	99.850			
7	0.012	0.119	99.970			
8	0.002	0.018	99.988			
9	0.001	0.012	100.000			
10	9.42E-017	9.42E-016	100.000			

提取方法：主成分分析。

（四）输出初始因子载荷矩阵

从表 15-50 可知 GDP、工业增加值、第三产业增加值、固定资产投资、基本建设投资、社会消费品零售总额、海关出口总额、地方财政收入在第一主成分上有较高载荷；第一主成分基本反映这 8 个指标信息。人均 GDP 和农业增加值指标在第二主成分上有较高载荷；第二主成分基本反映这两个指标信息。

表 15-50 成分矩阵（a）

	成分	
	1	2
X_1	0.949	0.195
X_2	0.112	−0.824
X_3	−0.109	0.677
X_4	0.978	−0.005
X_5	0.986	0.070
X_6	0.983	−0.068
X_7	0.947	−0.024
X_8	0.977	0.176
X_9	0.800	−0.051
X_{10}	0.954	−0.128

提取方法：主成分分析法。

a 已提取了 2 个成分。

（五）输出特征向量

用初始因子载荷矩阵的数据，除以主成分相对应的特征值开平方根，得到两个主成分中每个指标所对应的系数。将初始因子载荷矩阵中的两列数据输入到数据编辑窗口（变量 B_1、B_2）；然后在 Compute Variable 对话框中输入 "A1=B1/SQR（7.22）" 得到特征向量 A_1。第二主成分 SQR 后的括号中填 1.235，同理可得到特征向量 A_2，见表 15-51。

表 15-51 特征向量

	0.353181229		0.175469
	0.041682084		−0.74147
	−0.0405656		0.609193
	0.363973912		−0.0045
	0.366951203		0.062989
A_1	0.365834719	A_2	−0.06119
	0.352436906		−0.0216
	0.36360175		0.158372
	0.297729171		−0.04589
	0.355042036		−0.11518

特征向量与标准化数据相乘，得出主成分表达式。

$F_1 = 0.35ZX_1 + 0.042ZX_2 - 0.041ZX_3 + 0.364ZX_4 + 0.367ZX_5 + 0.366ZX_6 + 0.352ZX_7 + 0.364ZX_8 + 0.298ZX_9 + 0.355ZX_{10}$

$F_2 = 0.175ZX_1 - 0.741ZX_2 + 0.609ZX_3 - 0.004ZX_4 + 0.063ZX_5 - 0.061ZX_6 - 0.022ZX_7 + 0.158ZX_8 - 0.046ZX_9 - 0.115ZX_{10}$

（六）主成分综合模型

以主成分对应的特征值占所提取主成分总特征值之和的比例作为权重，计算主成分综合模型：

$$F = \frac{\lambda_1}{\lambda_1 + \lambda_2}F_1 + \frac{\lambda_2}{\lambda_1 + \lambda_2}F_2$$

$F=0.327ZX_1+0.072ZX_2+0.054ZX_3+0.310ZX_4+0.323ZX_5+0.304ZX_6+0.297ZX_7+0.334ZX_8+0.248ZX_9+0.286ZX_{10}$

综合主成分值见表15-52。

表15-52　　　　　　　　　　　综合主成分值

城市	第一主成分F_1	排名	第二主成分F_2	排名	综合主成分F	排名
广东	5.23	1	0.11	6	4.48	1
江苏	2.25	2	0.23	5	1.96	2
山东	1.96	3	0.50	2	1.75	3
浙江	1.16	4	-0.19	8	0.96	4
上海	0.30	5	-2.36	10	-0.09	5
辽宁	-1.24	6	1.96	1	-0.78	6
河北	-1.35	7	0.41	4	-1.10	7
福建	-1.97	8	-0.07	7	-1.70	8
天津	-3.04	9	-1.01	9	-2.74	9
广西	-3.29	10	0.41	3	-2.75	10

六、思考题

1.查找数据，完成中国数字经济核心产业或者汽车制造企业的竞争力分析。

2.选择一个你感兴趣的区域，利用因子分析法，分析该地区的区域创新能力。

实验八　客户特征与销售决策——决策树与关联规则

一、实验目的

1.理解决策树的原理，能够用属性-结论式表达所给实例，找到多个if-then的规则。

2.理解关联规则的原理，能够解释所生成的关联规则，做出有用的决策。

二、理论知识

1.决策树的计算原理和工作步骤。

2.关联规则的计算原理和工作步骤。

三、实验内容

1.针对某商品的销售展开调研，设计问卷并获取数据，生成决策树，寻找该商品购买人群的特征。

例如，利用表15-53生成决策树，寻找电脑购买人群的特征。

表15-53   **决策树样本数据表**

年龄	收入	学生与否	信贷分类	购买电脑
≤30岁	高收入	不是学生	一般	未买电脑
≤30岁	高收入	不是学生	优秀	未买电脑
31~40岁	高收入	不是学生	一般	购买电脑
>40岁	中等收入	不是学生	一般	购买电脑
>40岁	低收入	学生	一般	购买电脑
>40岁	低收入	学生	优秀	未买电脑
31~40岁	低收入	学生	优秀	购买电脑
≤30岁	中等收入	不是学生	一般	未买电脑
≤30岁	低收入	学生	一般	购买电脑
>40岁	中等收入	学生	一般	购买电脑
≤30岁	中等收入	学生	优秀	购买电脑
31~40岁	中等收入	不是学生	优秀	购买电脑
31~40岁	高收入	学生	一般	购买电脑
>40岁	中等收入	不是学生	优秀	未买电脑

    2.利用实验1调查所得的数据建立多维关联规则，并解释说明。

四、实验步骤

（一）决策树

    1.确定调研对象，设计问卷。

    2.问卷发放，获得数据并整理。

    3.打开马克威软件，在变量窗口中，根据原始数据定义每个变量的数据类型；然后，在数据窗口中，依次输入每个单元格所对应的值。

    4.在挖掘窗口建立决策树分析模型，在数据源中选择进行分析的数据文件。

    5.在变量描述选项卡中对决策变量进行设置，在决策树选项卡中对决策树生成方法进行设置。

    6.运行生成决策树，解释说明输出结果中包含的规则。

（二）关联规则

    1.在挖掘窗口建立多维关联规则分析模型，在数据源中选择进行分析的数据文件。

    2.在变量描述选项卡中，选择输入变量和目标变量；在参数设置选项卡中，设置最小支持度和最小置信度。

    3.运行生成多维关联规则，解释说明输出结果。

五、案例

案例一：决策树应用实例[①]

    表15-54中有20条购车记录，一共有7个变量，分别为：汽车的结构（2门或4门）、发

[①] 黄晖. 马克威软件与当代数据分析 [M]. 北京：中国统计出版社，2006.

动机的气缸数（V4 或更高）、购车者的年龄（≤50 岁或 > 50 岁）、汽车的花费（≤$30 000 或 > $30 000）、汽车的颜色（红、黑、其他）、购买者性别（男、女）。

表 15-54　　　　　　　　　　　购车数据集

结构	气缸	年龄	花费	颜色	性别	风格
2门	V4	小于50岁	≤$30 000	红	男性	卡车
2门	V4	大于50岁	≤$30 000	黑	男性	卡车
2门	更高	小于50岁	≤$30 000	其他	男性	卡车
2门	V4	大于50岁	≤$30 000	黑	男性	卡车
4门	更高	小于50岁	≤$30 000	红	女性	小型货车
4门	更高	大于50岁	≤$30 000	黑	女性	小型货车
4门	更高	小于50岁	> $30 000	红	女性	小型货车
4门	V4	小于50岁	≤$30 000	黑	男性	sedan
4门	更高	小于50岁	> $30 000	黑	男性	sedan
2门	V4	大于50岁	> $30 000	黑	女性	卡车
4门	更高	小于50岁	≤$30 000	其他	男性	sedan
4门	V4	小于50岁	> $30 000	红	女性	小型货车
2门	更高	大于50岁	> $30 000	黑	男性	卡车
4门	V4	大于50岁	> $30 000	红	女性	其他
2门	V4	大于50岁	≤$30 000	其他	男性	sedan
4门	更高	大于50岁	> $30 000	黑	女性	sedan
2门	更高	小于50岁	> $30 000	其他	男性	卡车
4门	V4	小于50岁	> $30 000	红	女性	sedan
4门	更高	小于50岁	≤$30 000	黑	女性	小型货车
2门	更高	大于50岁	> $30 000	其他	男性	卡车

操作如下。

1. 依据原始数据表，建立数据文件"决策树.mkw"见表 15-55。

设定如下。

汽车的结构：2门=2；4门=4。

发动机的气缸数：V4=1；更高=2。

购车者的年龄：≤50岁=1；> 50岁=2。

汽车的花费：≤$30 000=1；> $30 000=2。

汽车的颜色：红=1；黑=2；其他=3。

购买者性别：男=1；女=2。

汽车风格：卡车=1；小型货车=2；sedan=3；其他=4。

表 15-55 决策树数据文件

	结构	气缸	年龄	花费	颜色	性别	风格
1	2	1	1	1	1	1	1
2	2	1	2	1	2	1	1
3	2	2	1	1	3	1	4
4	2	1	2	1	2	1	1
5	4	2	1	1	1	2	2
6	4	2	2	1	2	2	4
7	4	2	1	2	1	2	2
8	4	1	1	1	2	1	3
9	4	2	1	2	2	1	3
10	2	1	2	1	2	1	1
11	4	2	1	1	3	1	3
12	4	1	1	1	2	2	2
13	2	2	2	2	2	1	1
14	4	1	2	2	1	2	4
15	2	1	2	1	3	1	3
16	4	2	1	2	2	2	3
17	2	2	1	2	3	1	1
18	4	1	1	1	2	2	3
19	4	2	1	1	2	2	1
20	2	2	2	2	3	1	1

2.在挖掘窗口建立决策树分析模型，从数据源中选入进行分析的数据文件。

3.在变量描述选项卡中对决策变量进行设置，选择变量性别作为决策属性（树叶节点）；在决策树选项卡中对生成决策树的方法进行设置。

4.运算，输出结果，如图15-7所示。

5.结果说明。从决策树图15-8中可知，由顶到底部叶片可以有许多通路，每一个路径都是一个规则。

该决策树中共有9条规则，分别为：

V4气缸，花费低于30 000美元的卡车的购买者一定是男性；

V4气缸，花费高于30 000美元的卡车的购买者一定是女性；

购买更高气缸卡车的一定是男性；

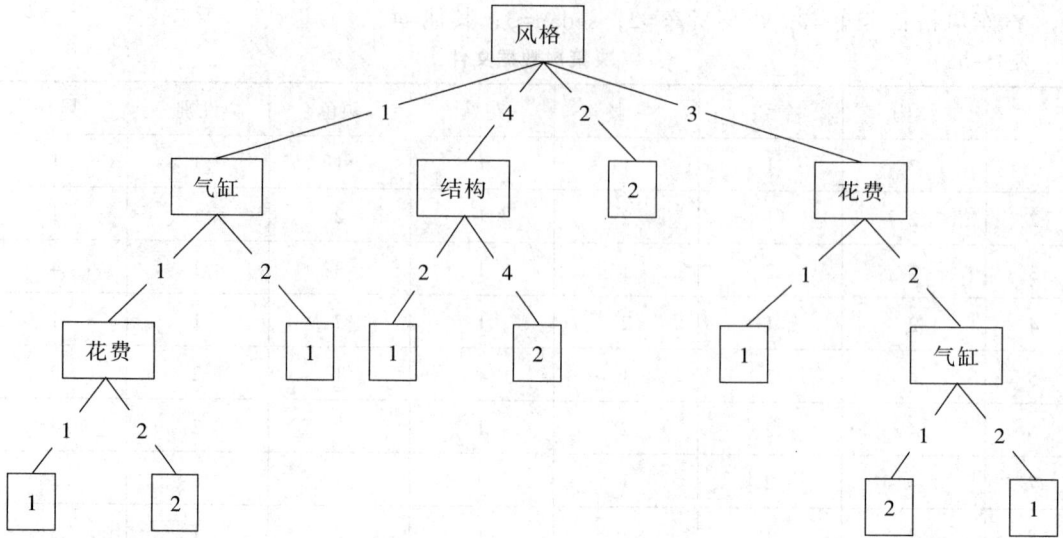

图 15-7 决策树输出结果

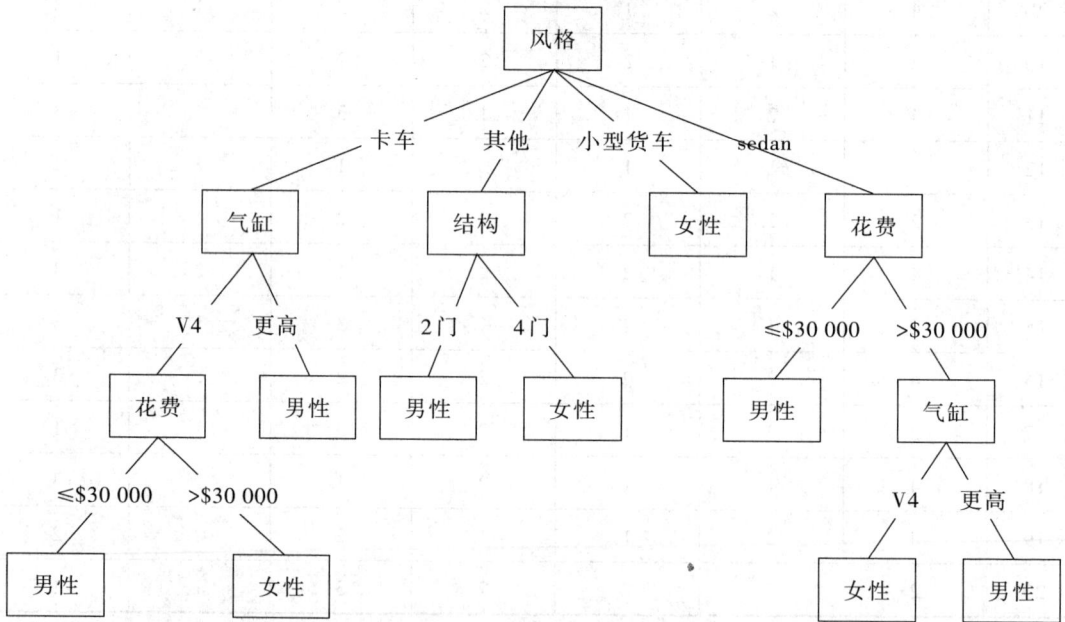

图 15-8 转化的决策树输出结果

购买 2 门结构其他车的一定是男性；

购买 4 门结构其他车的一定是女性；

小型货车的购买者一定是女性；

花费低于 30 000 美元的 sedan 的购买者一定是男性；

V4 汽缸，价格高于 30 000 美元的 sedan 的购买者一定是女性；

更高汽缸，价格高于 30 000 美元的 sedan 的购买者一定是男性。

若根据该决策树指导销售，如小型货车，应面向女性销售而不是男性。

案例二：关联规则应用实例[①]

存在某超市一天中商品销售记录的数据文件，其中用客户号记录顾客编号信息，商品号记录商品号信息。试对这些数据进行关联规则分析，找出相关程度较高的商品，以改善货架的堆放。

操作如下：

1.在关联窗口建立关联规则分析模型，在数据源中选入进行分析的数据文件。

2.在关联规则变量描述选项卡中，指定交易ID（客户编号）和商品ID（商品编号），数据类型为整型；在参数设置选项卡中，将最小支持度设置为2%，最小置信度设为50%。

3.运行，输出结果。

4.结果说明。这里，仅以4项频繁集来说明输出结果所反映的具体意义，见表15-56。其余各项频繁集的结果意义以此类推。

表15-56　　　　　　　　　　关联规则：四项频繁集

频繁项集	频数
724　188　1328　131	2

数据表中4项频繁集为724∧188∧1328∧131=2，表示同时购买商品编号为724、188、1328、131的顾客有2人。这些商品之间的关联性比较强，在货物堆放时，我们可以考虑将这些商品放在临近的位置，以利于它们同时被顾客购买。

置信度表中列出了所有进入分析过程的商品的关联关系的置信度，为节省篇幅，这里只截取了4条，以此来进行说明。

421==>82，置信度=0.67表示：购买商品421的顾客中有67%的顾客购买了商品82。

465∧611∧1000==>844，置信度=1.00表示：同时购买商品465、611、1000的顾客100%地购买了商品844。

844==>465∧615∧1000，置信度=0.67表示：购买商品844的顾客中有67%的顾客购买了商品465、615、1000。

465∧1000==>611∧844，置信度=1.00表示：同时购买商品465和1000的顾客100%地购买了商品611和844。

六、思考题

1.银行如何应用关联规则挖掘技术改善营销？

2.什么是决策树？通常应用在什么场景下？

3.建立决策树模型有哪些主要步骤？选择一个你感兴趣的生活场景，建立决策树模型。

① 黄晖.马克威软件与当代数据分析［M］.北京：中国统计出版社，2006.

第三篇
综合应用能力实验实训项目

第十六章
经济学专业综合实训1

一、实训简介

"经济学专业综合实训1"是经济学专业的集中实践课，指导经济学专业大二学生开展科学研究与社会实践，主要包括专题讲座、经典阅读和学术论文写作。通过实训，加强学生科学研究与社会实践的融合意识，提高学生的科研能力和素养，提升学生撰写学术论文的水平，为学生申报各类科研项目和撰写学术论文提供有力支撑。

二、实训项目与课时分配

实训项目与课时分配见表16-1。

表16-1　　　　　　　　　　　　　　实训项目与课时分配

序号	实训项目	内容提要	实训要求	每组人数	项目学时	实训类型
1	专题讲座	文献检索和区域经济讲座	必修	5~8	6	综合
2	经典阅读交流与分享	在教师的指导下选择合适的书目阅读并交流	必修	5~8	4	综合
3	论文指导和修改	学术论文写作	必修	5~8	6	设计研究

三、实训教学组织形式

专业综合实训由经济学专业统一组织，实训本着"既集中又分散"的原则，"集中"体现在全班一起进行的实践活动，比如集中听专家或企业家讲座、参观某企业或园区等；"分散"是指由各指导教师为学生布置任务，组织本组学生开展经典阅读，指导学生完成学术论文的写作。教师要参与整个过程，做好指导工作。

四、实训内容及步骤

（一）专题讲座

集中组织听相关专家、学者及企业家的专题讲座，使学生了解经济问题的研究方法、经济学专业前景与学习方法、国家宏观经济形势、嘉兴经济社会发展形势、社会调查的方法与手段、学术论文的撰写方法与写作要求、实习报告写作规范等。

（二）经典阅读

经济学专业经典著作的阅读。学生在教师的指导下选择合适的阅读书目，每人阅读4本经典专业著作，提交读书笔记4篇，并以小组为单位进行交流。

（三）学年论文写作

导师集中讲授与分散指导，学生认真主动思考，定期与导师沟通交流，及时反馈论文撰写中的问题，按时完成学术论文的撰写。

五、考核方法及评分要求

实训成绩根据出勤记录、读书笔记和学术论文综合评定。

1.出勤记录（10分）。要求每位同学按时参加讲座和导师安排的集中辅导，有事按照学校有关规定及时请假。无故缺勤者每次扣1分，直至扣完为止。

2.读书笔记（40分）。每人提交4份读书笔记，导师根据笔记内容、心得体会、篇幅长短等给予评分。每本著作的读书笔记不少于 2 000 字，要求手写，不得打印。

3.学术论文（50分）。每位学生提交 1 份学术论文，题目自选，字数 5 000 左右，按照规定的格式撰写。从选题意义、文章内容和结构、论证的严谨性、观点的独特性和格式规范等方面给出成绩，抄袭记 0 分。

第十七章

经济学专业综合实训2

一、实训简介

"经济学专业综合实训2"是经济学专业一门集中实践课，基于专门针对经济专业教学特点而设计的虚拟仿真实验平台展开，旨在为学生创造一个接近现实的教学实践模拟课程体系，为教师提供多种辅助教学手段，提高学生的专业水平和社会实践能力。通过本课程，让学生扮演相关经济主体进行业务决策和操作，从而熟悉企业运作流程，最终完成实训记录和个人体会相结合的实训报告。

通过实训，拟达到的目标如下：

1.通过分组合作，使学生深化对团队精神的理解；

2.通过虚拟仿真，使学生掌握企业现实经营中各经济主体互动行为的决策过程；

3.通过撰写实训报告，培养和训练学生的逻辑思维能力、综合分析能力和文字表达能力。

二、先修课程

管理学、公司经济学、会计学、市场营销学等。

三、实训项目与课时分配

实训项目与课时分配见表17-1。

表17-1 实训项目与课时分配

序号	实训项目	内容提要	实训要求	每组人数	项目学时	实训类型
1	企业设立	小组合作组建公司，分配角色；了解开办企业所需的程序	必修	5~8	2	综合
2	企业经营分析	企业目标设置、市场分析、需求规划、产品选择	必修	5~8	4	综合
3	生产配置	产能管理，购买厂房、生产线和原料，产品研发，工人招聘	必修	5~8	4	综合
4	销售与市场管理	制定市场营销策略、广告投放、市场开拓	必修	5~8	4	设计研究
5	财务管理	财务筹划、风险控制、财务报表填写	必修	5~8	2	设计研究

四、实训内容

上机操作。本课程采取分组扮演角色形式，把参加学习的学生分成若干组，按照实验要求展开模拟演练。实训课程对学生的基本要求如下：

1.不得无故缺勤，积极参与小组讨论。

2.认真思考，保质保量完成学习任务。

3.对企业经营流程有自己的体会。

4.对实训报告写作流程有清楚的认识，对将来毕业实习和职业生涯有较明确的规划。

五、考核方法

实训结束后，上交小组经营活动记录和个人实训报告。考核以团队成绩和个人成绩综合评定。

1.出勤（10分）。要求每位同学准时参加实训，有事按照学校有关规定及时请假。无故缺勤者每次扣1分，直至扣完为止。

2.团队考核（40分）。小组成绩以上机操作得分排名为依据，上交小组实训活动记录，要求团队合作、实训活动记录齐全、遵守操作规则。

3.个人考核（50分）。每位学生提交一份个人实训报告，报告应遵循标准格式，并根据实训项目的具体内容，写明实训目的、实训过程、实训的收获和体会等。要求报告中能发现问题、结果分析客观、问题分析合理深刻，相关理论知识点内容不低于10%。抄袭记0分。

六、思考题

1.经济衰退时，中小型制造企业面临的经营风险有哪些？如何防范？

2.生产计划的编制步骤有哪些？制订生产计划时，应该考虑哪些因素？

第十八章

跨专业综合模拟实训

一、实训简介

"跨专业综合模拟实训"是商学院经济学、金融学、国际经济与贸易、信息管理与信息系统、财务管理、工商管理、会计学、人力资源管理、市场营销、物流管理10个专业的选修课，该课程模拟现代服务业的真实环境，为经济管理类各专业学生搭建现代服务业实习大平台，模拟岗位包括生产制造型企业等核心企业和工商局、税务局、商业银行、会计事务所、第三方物流企业、招投标中心、国际货代等外围服务企业。实训以现代企业运营为核心，在企业经营过程中与现代服务业如工商、税务、海关、银行、保险、审计、咨询等各部门发生业务联系与经济往来，实现具有不同专业背景的学生在走向工作岗位之前有一个全面触摸现代服务业的核心业务环节和功能的机会。

在跨专业综合模拟实训中，学生通过企业设立、产品决策、市场决策、销售决策和管理决策及模拟与工商局、税务局和第三方物流企业等业务往来，较好地将理论知识和企业实操业务结合起来，有利于培养经济管理类学生的综合实践能力和经营管理能力，通过模拟实训更好地全面提高学生的各项综合能力，满足现代企业对学生的专业性、复合型、创新性的要求，培养学生应用能力、协同能力、决策判断能力、设计创意能力、创新能力和创业能力，实现人才培养由知识教育向能力教育、素质教育的全面转变，努力实现学生培养与就业市场需求的无缝衔接。

二、先修课程

管理学、微观经济学、会计学、电子商务等。

三、实训项目与课时分配

实训项目与课时分配见表18-1。

四、实训条件

每5~6个学生一台电脑。操作系统为Windows 8或Windows 10，实验使用跨专业综合模拟实训教具、虚拟仿真（跨专业）综合实训平台。

五、实训内容及步骤

学生组建团队，通过实训平台开展跨专业综合模拟操作训练及对抗，根据操作情况，完成实验报告，并进行主题汇报。

跨专业综合模拟实训平台是综合实训的核心，整个实训过程都在此系统中进行，包括辅助实习子平台和综合实习子平台两大部分。辅助实习子平台包括实训竞技场系统、职业能力评测系统、创业模拟系统、求职招聘模拟系统、企业注册系统。综合实习子平台包括制造企业经营模拟对抗系统、工商局窗口业务模拟系统、税务局窗口业务模拟系统、银行窗口业务模拟系统、会计师事务所业务模拟系统、物流中心、招投标中心业务模拟系统、国际货代公司业务模拟系统等。

实训过程分为3个步骤：

1.运营前准备。模拟操作前，学生需要组建团队确定人员，预习实验内容。

表 18-1 实训项目与课时分配

序号	实训项目	内容提要	实验要求	每组人数	项目学时	实验类型
1	制造业经营模拟	制造业经营业务主要模拟采购、生产、销售、财务、行政、市场6个部门业务功能。具体业务包括：产区建设、生产线管理、产品质量管理、采购管理、市场开拓、市场投资、人力资源管理、信息化、企业资质、销售竞单、投标、贷款等；主要是针对生产/贸易类企业	必修	5~7	10	综合
2	工商局窗口业务模拟	工商局窗口业务模拟系统的功能包括企业登记、企业年检、监督投诉3个模块	必修	3~5	4	综合
3	税务局窗口业务模拟	税务局窗口业务模拟系统的功能包括行政审批和纳税申报两大模块，另外还有纳税辅导和纳税法规两个辅助模块	必修	3~5	4	综合
4	银行窗口业务模拟	银行窗口业务模拟系统的功能包括开户、贷款管理、询证函、国际结算、代收代缴等功能模块	必修	3~5	4	综合
5	会计师事务所业务模拟	会计师事务所业务模拟系统的功能包括：审计、验资等模块	必修	3~5	4	综合
6	新闻中心/招投标中心业务模拟	招投标中心业务模拟系统根据用户类型不同划分为三类，分别是招标方、投标方及招投标服务公司。系统的功能包括：信息公告、招标申请委托、招标管理、投标管理、合同管理等	必修	3~5	4	综合
7	物流公司（国际货代）模拟	模拟物流公司相关业务，主要包括：合同管理、仓储管理、运输业务等	必修	3~5	2	综合

2.模拟运营。教师讲解模拟规则，各小组模拟运营，教师及时发现各个团队运营的问题并进行解答。

3.总结评价。教师引导学生对整个运营过程，团队合作及遇到的问题、体会等进行现场总结及交流。

六、考核方法

学生成绩由3部分组成，即学生平时出勤、团队考核评价和实训课程报告。采用100分制，占总成绩的比例分别为10%、50%和40%。具体要求及评分细则如下：

1.平时出勤（10%）。上课全勤且无迟到、早退等情况的最高折算为10分，有其他情况的在10分的基础上进行扣分。

2.团队考核评价（50%）。团队成绩由团队精神、分工协作沟通、经营决策组织能力、管理制度、经营过程、公司绩效、资料整理等综合评定。

3.实训课程报告（40%）。其考核评价标准如下。

（1）A：90分以上。

实训课程报告非常规范完整，实训目的非常明确、内容非常全面、实训过程记录完整清楚，文字表达条理清晰，很好分析实训过程遇到的各种问题，实训体会感悟很深刻。

（2）B：80~89分。

实训课程报告较规范完整，实训目的较明确、内容全面、实训过程记录较好，文字表达条理较清晰，较好分析实训过程遇到的各种问题，实训体会感悟较好。

（3）C：70~79分。

实训课程报告较规范完整，实训目的较明确、内容全面、实训过程记录清楚，文字表达条理较清晰，能分析实训过程遇到的各种问题，有一定实训体会感悟。

（4）D：60~69分。

实训课程报告基本规范完整，实训目的基本明确、内容一般、实训过程记录一般，文字表达基本清晰，基本能分析实训过程遇到的各种问题，实训体会感悟一般。

（5）E：60分以下。

实训课程报告不规范，实训目的不明确、内容不完整、实训过程记录不完整，文字表达条理不清晰，不能分析实训过程遇到的各种问题，实训体会感悟差。

七、思考题

1.企业运营中，如何降低不确定因素的干扰？

2.如何推进先进制造业与现代服务业的深度融合？

第十九章

经济学专业全程导师制

一、实训简介

本课程是经济学专业的一门实训课，开设目的是分阶段、分层次、分内容对学生各项能力进行培养和指导。以学生大学本科的学习周期为指导周期，从学生进入到专业开始、到学生完成毕业论文答辩从而完成整个本科学习内容为止。本课程充分考量了学生在每个阶段不同的学习能力和学习基础，并充分发挥教师指导作用，将学生分组与教师建立个性化的培养方式。高校经济学类专业学生应具备的综合素养能力，包括运用经济学专业思维掌握如何发现问题、辨别问题以及如何分析问题，找出解决问题的方法等。导师制在这种导向下对学生的引导具有正向激励作用，同时又能实现个性化培养。该课程打破了传统的教学模式，使教师和学生建立长期的稳定的指导与被指导的关系，从时间的跨度来讲又有利于学生综合素养的提升。

二、实训项目与课时分配

实训项目与课时分配见表 19-1。

表 19-1　　　　　　　　　　　　　　实训项目与课时分配

序号	实训项目	内容提要	实训要求	每组人数	项目学时	实训类型
1	研究型学习 1：社会科学方法论学习	导师和学生面对面进行研讨学习。每个学期导师组织 2 次以上的集中学习	必修	3~8	4	综合
2	研究型学习 2：经济学思维能力培养	导师和学生面对面讨论交流。能够利用自己所学发现问题，辨别真伪	必修	3~8	4	综合
3	实践能力的个性化培养 1：有关专业方向的企业调研，并形成调研报告	指导学生进入企业，尤其是中小企业进行实地调研，形成调研报告，提高学生个性化的思维水平和能力	必修	3~8	4	综合
4	实践能力的个性化培养 2：通过经管案例大赛的参与，提高学生的实践能力	鼓励学生将调研报告形成案例分析，参加经管案例大赛，提高经济学专业学生解决实际经济问题的能力	必修	3~8	4	设计研究

三、实训条件

本课程教学基于导师制，学生分组后由各导师以讲授式、演示式、调研等方式组织教学。

四、实训内容及步骤

采取分组形式，每位导师所带的学生自动分成一组。若某位导师所带学生较多，可以分成2组，建议每组学生不超过8人。在整个学习过程中，每个小组需要团队合作完成企业调研报告，或参加经管案例大赛。

（一）研究型学习1：社会科学方法论学习

对于刚刚进入高校学习的大一学生，其课程安排主要是人文基础学科，导师的介入能够塑造学生的意识形态，使学生建立起成年后重新认知世界的总体框架和社会科学方法论的认知体系。具体采取的组织形式可以是导师小组讨论交流（每学期两次以上）结合一对一的辅导，根据导师研究方向布置相应的任务。

（二）研究型学习2：经济学思维能力培养

这个阶段的任务是使学生具有发现问题、辨别问题真伪的能力，也是导师的全面介入阶段。对于发现问题能力的培养，可以从多种途径入手：第一，以小组形式就某一社会现象进行探讨，发现其中存在的问题，并对此进行辨别，让学生了解到何为问题，何为真问题；第二，学生个人可以对某一社会热点进行归纳，辨别是否为问题；第三，鼓励学生深入某个企业或其他社会组织，找出其中存在的问题。总的来说，此阶段注重学生问题意识的培养。导师的作用也逐渐体现，多次的面授和引导，对学生在如此纷繁复杂的社会现象中建立发现问题、辨别问题的能力必不可少。

（三）实践能力的个性化培养1：有关专业方向的企业调研

经济学专业的学生主要需要的是经济学思维能力的培养，以及实践能力的个性化培养。在这个阶段，学生个体差异化明显，此过程需要导师的一对一的个性化辅导。学生应深入企业或者其他类型的经济组织进行实地调研，并形成企业调研报告作为考核依据。

（四）实践能力的个性化培养2：经管案例大赛的参与

实践能力的个性化培养主要培养学生如何利用已经学习到的专业知识去发现、分析和解决问题的能力，需要的是综合应用素养能力的提升。学生可以借助学校组织的经管案例大赛，将所学经济学专业知识运用到案例分析中，参加竞赛，并以此作为考核依据。

五、考核方法

实训结束后，导师以每个阶段性的学生上交成果作为考核依据，辅以个人出勤、互动等进行综合评定。

考核标准与依据：

1.出勤记录10%。要求每位同学按时参加导师安排的集中辅导或分散辅导，有事按照学校有关规定及时请假。无故缺勤者每次扣1分，直至扣完为止。

2.参与小组讨论和交流20%。每位同学应积极参与导师组织的讨论和交流，表现记入考核成绩。

3.第4学期的企业调研报告或者案例分析30%。学生提交一份企业调研报告或者小组形式的经管案例分析报告。其中企业调研报告根据选题是否得当，调研报告的真实性，现象陈述的合理性，问题分析是否深刻、翔实，报告结构的逻辑性以及语言表达流畅性等给予评分，要求字数不少于5 000字。经管案例分析报告根据参与竞赛的成绩及案例分析报告的完整性、深入性、针对性及解决方案进行相应评分。

4.第7学期的企业调研报告或者案例分析40%。

　　学生提交一份企业调研报告或者小组形式的经管案例分析报告。其中，企业调研报告根据选题是否得当，调研报告的真实性，现象陈述的合理性，问题分析是否深刻、翔实，问题解决措施是否合理到位，报告结构的严密性和逻辑性以及语言表达学术性等给予评分，要求字数不少于 5 000 字。经管案例分析报告根据参与竞赛的成绩及案例分析报告的逻辑性、深入性、针对性及解决方案的可操作性、前瞻性等进行相应评分。由于在此阶段，学生已经进行完所有的课程学习，并已经进行为期一个学期的专业实习，对问题的解决能力应当比前一阶段有了较大的提升，因此，本阶段和上阶段上交的成果形式虽然一致，但有更高的要求和标准，因此占据更大的成绩比重。

第二十章

经济学专业毕业实习指导

一、毕业实习的目的与任务

毕业实习是经济学专业教学计划的重要组成部分，是完成经济学专业本科人才培养目标的一个重要的实践教学环节，也是学生在校学习期间最后一个综合性实践教学环节。其目的是引导学生理论联系实际，增强对经济社会和专业背景的了解；获得实际工作的知识和技能，进一步巩固和充实经济学专业理论知识，培养观察、分析、研究和解决实际经济生活中的问题的能力，从而提高专业技能。毕业实习也是学生完成从学校到工作岗位的初步过渡，通过毕业实习可以增强学生的劳动观念，培养学生敬业、创业和合作精神以及创新能力。

学生通过实习进一步熟悉国家经贸政策和法令，增强实际工作中执行国家政策和法令的意识；了解政府部门对企业的管理、企业内部管理与组织流程以及企业经营过程中与社会其他部门分工关系的感性认识，以实现对专业知识内容进行系统的、有重点的实践，验证理论的科学性与实用性；运用所学经济学的基本理论和相关基础专业知识，锻炼发现问题和形成解决问题思路的能力，以提高在实际工作中的动手能力、组织协调等能力；了解政府对企事业的管理，以及企事业自身经营管理过程中的经验和教训，以培养分析、解决问题的长远、全局和战略视觉。

二、毕业实习的基本要求

对专业的要求：专业根据教学计划做好学生实习工作，开展一次实习动员和安全教育，让学生明确实习目的、实习要求及实习纪律，以及毕业论文工作安排与要求等。加强对分散实习学生的管理，使每个学生均有能满足实习教学需要的实习单位。

对学生的要求：在开始实习第一周内将填写好的"实习单位联系函"（要有单位盖章）及"安全责任书"交给各自导师并要求在KAKA系统中登记实习单位及联系方式（实习过程中如果有更换实习单位的请务必要求重新提交"实习单位联系函"（要有单位盖章）及"安全责任书"给各自导师并在KAKA系统中及时更新单位及联系方式）。专业在学生实习结束后将"实习单位联系函"（要有单位盖章）及"安全责任书"及实习报告等一起提交学院教务办，并要求实习报告上盖章的单位、KAKA系统中留存的实习单位信息与"实习单位联系函"（要有单位盖章）、"安全责任书"上的单位三者保持一致。学生在规定的时间内必须在指定的实习点实习，实习期间遵守单位的规章制度，虚心学习，实习后写出实习报告。实习报告正文字数3 000以上，主要包括实习单位介绍、实习过程、实习收获和体会等内容，并附实习日志。

对指导老师的要求：加强实习指导与实习检查工作，对实习学生指导应做到：（1）在校内实习的学生，要求指导教师每天指导；（2）在嘉兴市区实习的学生，要求指导教师每周指导一次；（3）在嘉兴市区以外实习的学生，要求指导教师每周以信函、电话、电子邮件等形式进行指导。

三、毕业实习时间、内容与方式

实习时间：毕业实习时间从大四第一学期的10月8日开始至次年4月30日结束。

实习内容：可以根据经济学专业人才培养的目标要求来确定，也可以结合毕业论文选题及研究的需要来确定。学生在实习单位可以根据单位的安排从事某种具体工作。经济学专业的学生主要适合在政府的综合经济管理部门、政策研究部门，以及金融、内外贸易、企事业单位实习。比如：可以担任各层次经济管理人员的助理，协助处理日常事务，进行针对性政策研究，协助有关人员进行经济调查并制定相关的措施，宣传现行的有关经济政策以及从事其他各种相关的具体事务性工作。

实习方式：采用专业集中安排和自行联系相结合的方式，鼓励专业制定个性化的实习方案，加强实习过程的质量控制。

1.集中实习：第七学期学生必须在嘉兴地区实习，实习单位主要采取由分院或专业联系有校企合作关系的实习基地，对学生的实习岗位进行统一安排，并由专门的教师统一管理。

2.分散实习：第八学期允许学生自己联系与所学专业相关、与就业相联系的实习岗位。专业安排专门教师对学生提交的申请进行严格的核实，严查虚假实习。经考察属虚假申报的，由专业统一安排实习岗位，并对提供虚假申报者进行留校教育。没有如实实习的根据学生学籍管理规定按旷课处理，一天按5学时计。

实习技术支持：全面采用KAKA实习管理系统，按实习单位规定的时间上下班打卡，每天写日志。

四、毕业实习指导与检查

毕业实习指导：由专业指定教师和实习单位安排相关人员进行。毕业实习指导教师均应有高度的责任感，要积极关心毕业实习学生的生活和工作，与学生常沟通、常交流，关心他们的业务锻炼、能力培养。定期检查实习进度，反馈实习意见，帮助解决学生实习中存在的实际问题。

毕业实习检查：采取指导教师和专业抽查以及学生定期汇报的方式进行。导师严格要求学生完成规定的指导任务，并于每周四下午填写毕业环节学生联系情况汇总表上报分院教务办。如遇特殊情况，及时汇报。专业应安排教师对学生实习情况进行检查，主要采取现场检查和电话检查形式，其中嘉兴市区的实习学生全部采取现场检查，浙江省内实习的学生（嘉兴市区除外）的20%以上应采取现场检查，省外实习学生主要采取电话检查方式，确保所有实习学生都能检查到。检查情况应如实填写实习检查表并及时上交给教务办。

五、毕业实习的考核方式与评分办法

指导教师定期或不定期抽查各个实习点的实习情况，凡是不按时到达或无故离开实习岗位的作旷课处理，实习成绩定为不合格；

考核方式：实习结束后一周内需提交实习日记、实习单位鉴定、实习报告（不少于3 000字），并以小组为单位交本小组实习指导教师，未通过实习单位鉴定或不按时交三份材料的，实习成绩定为不合格；

评分办法：实习成绩按优（90分以上）、良（80~89分）、中（70~79分）、及格（60~69分）、不及格（60分以下）五级评定，成绩评定综合考虑学生实习态度、实习表现、实习日记和实习报告的质量等因素进行。具体标准如下。

优秀：实习态度端正，组织纪律性强，无缺勤和违纪；工作积极主动、刻苦、勤奋，很好地完成了实习内容；实际操作能力强，理论联系实际好；实习报告全面系统。

　　良好：实习态度端正，组织纪律性强，无违纪现象；工作积极主动，较好地完成了要求的实习内容；有一定实际操作能力，能理论联系实际；实习报告全面系统。

　　中等：实习态度基本端正，无违纪现象；完成了要求的实习内容；有一定实际操作能力，能理论联系实际；实习报告全面。

　　及格：实习态度基本端正，无违纪现象；基本完成了要求的实习内容；完成了实习报告。

　　不及格：违纪或违法；无故缺勤累计超过总实习时间三分之一以上；因工作不负责任造成严重后果；不服从分配、不听从指挥；未完成实习报告或实习报告存在抄袭。

第二十一章
经济学专业毕业论文指导

一、毕业论文写作目的与基本要求

（一）撰写毕业论文的目的

毕业论文的撰写和答辩考核是取得高等教育毕业文凭的重要环节之一，毕业论文是高等教育完成学业的最后一个环节，它是毕业的标志性作业，目的在于总结专业理论的学习成果，培养综合运用所学知识解决实际问题的能力。毕业论文的撰写和答辩是整个学习过程的重要组成部分，学生要有严肃认真的科学态度，绝不可应付了事。

（二）毕业论文的基本要求

经济学专业的毕业论文应符合社会学科类论文的基本要求，需要具备以下几个方面。

1.思想性。以马克思主义为指导，运用辩证唯物主义和历史唯物主义的立场、观点和方法，来看待我们周围的客观事物，在科学理论的指导下分析问题、解决问题。

2.学术性。学术性是学术论文的基本特征。毕业论文的论点和论证不能只停留在描述事物的外部现象，而应在立论和论证过程中尽可能触及事物内部较深的层次，深入剖析事物的内在本质，揭示出事物的规律性。

3.科学性。毕业论文的撰写应以正确的世界观和方法论为指导，以科学理论和科研实践为基础，采取严谨的态度去探求未知，得出结论。论文的科学性还体现在论文的立论要客观、正确；论据要可靠、充分；论证要符合逻辑，严密、有力；表述要严谨、准确。

4.创造性。创造性的核心是创新。在毕业论文撰写时要注意对所研究问题采取新的分析方法，得出新的观点，不能只重复前人的研究或人云亦云，不要大段复述已有的知识。当然，创造性并不排斥继承性，事实上，创造性是在继承基础上的创新。

除了以上4点外，毕业论文还应达到一些特定的要求：（1）符合本专业教学的基本要求，应围绕经济学专业所学基本理论进行。（2）不能偏离经济学专业所要求的经济管理范围。（3）正文字数10 000字左右。

二、毕业论文的选题

（一）毕业论文选题的重要意义

选题是论文撰写成败的关键。因为，选题是毕业论文撰写的第一步，它实际上就是确定"写什么"的问题，亦即确定研究的方向。如果"写什么"都不明确，"怎么写"就无从谈起。题目的好坏不能离开一定时代的社会需要和作者自身的主客观条件，做到量力而行。

（二）毕业论文选题的方法

毕业论文选题要结合学校应用型人才培养的导向，紧扣经济学专业的培养目标，选题不应过空、过大、过偏，要求具有一定的理论水平或实用价值，并具有一定的创新性；深度和难度适当；选题与浙江/嘉兴地方的区域经济社会发展，行业企业生产及技术发展需求结合，面向生产实际和科研实践进行。鼓励学生"真题真做"，毕业论文选题原则上应与毕业实习内容相一致；学生毕业论文要求理论联系实际，与社会实践或与公司、企业、部门的实际问题相结合。

1.要坚持选择有现实意义的选题

科学研究的目的是更好地认识世界、改造世界，以推动社会的不断进步和发展。因此，毕业论文的选题，必须紧密结合社会需要，以促进科学事业发展和解决现实存在问题作为出发点和落脚点。选题要符合科学研究的正确方向，要具有新颖性，有创新、有理论价值和现实的指导意义或推动作用。一项毫无意义的研究，即使花了很大的精力，表达得再完善，也是没有丝毫价值的。具体地说，学生可从以下三个方面来选题：

（1）从"热点"问题中选题。"热点"问题一般在某个时期具有较强的现实意义，如"三农问题""环境治理问题""就业问题""个人收入分配差距拉大问题""建立资源节约型和创新型的国家问题"等。相对来讲，"热点"问题引人注意，一定时期集中讨论"热点"问题的文献资料也比较丰富，从中确定自己论文的选题也是比较容易的，关键要看自己对"热点"问题的把握能力，即知识、信息、理论水平及分析提升的能力。"热点"问题有大有小，要选择自己综合能力可以驾驭的论文选题。

（2）从现实的弊端中选题。学习了专业知识，不能仅停留在书本上，而要在理论联系实际上下一番工夫。理论联系实际就是用已掌握的专业知识，去寻找和解决工作实践中亟待解决的问题。

（3）从具有一定倾向性的问题中选题。在倾向性问题的苗头出现时，用理论观点分析预见它的生命力或后果，这样具有前瞻性的选题往往具有现实指导意义。

2.根据自己的能力选择切实可行的题目

毕业论文的写作是一种创造性劳动，不但要有个人的见解和主张，同时还需要具备一定的客观条件。由于个人的主观、客观条件都是各不相同的，因此在选题时，还应结合自己的特长、兴趣，并根据所具备的客观条件来选。

首先，要有充足的资料来源。在缺少资料的情况下，是很难写出高质量的论文的。选择一个具有丰富资料来源的课题，对课题深入研究与开展很有帮助。其次，要有浓厚的研究兴趣。选择自己感兴趣的课题，可以激发自己研究的热情，调动自己的主动性和积极性，能够以专心、细心和耐心的积极心态去完成。最后，要能结合发挥自己的业务专长。无论能力水平高低，只有能发挥自身专长的课题，才能展示出自己的水平，顺利完成论文。

3.要选大小适宜题目

现实性强的重大问题和群众关心的问题，当然是好题目，但由于自己主客观条件的限制，题目如果太大往往不容易写好。因此，一般来说，题目还是小一点、具体一点好。题目的选择应是与自己的能力相适应，大小适宜为好。

4.要拟一个好的标题

毕业论文的标题是论文的眉目，应仔细推敲，尽可能从各个角度充分考虑，选择最合适的。一个好的标题应是确切适宜、简洁明白、醒目引人。标题不可过长，尽量在20个字以内。

（三）获取最佳论文选题的途径

1.选择你有浓厚兴趣，而且在某方面较有专长的课题

2.要善于独辟蹊径，选择富有新意的课题

3.选择能够找得到足够参考资料的课题

4.征询指导老师的意见，在导师指导下选题

5.利用图书馆、电子网络中的资料选题

三、毕业论文的结构

毕业论文结构布局的基本格式由封面、诚信声明、授权声明、中英文摘要和关键词（中英文）、目录、引言、正文、参考文献、致谢、附录等多部分组成。

中文摘要需要摘出论文中的主要观点，便于读者一看就能掌握论文内容的要点。目前比较通用结构式摘要，包括研究目的、方法、结果和结论。内容摘要放在论文的正文之前以方便读者阅读，所以要简洁概括。

正文是论文的核心内容，包括导论、正论、结论三大部分。导论部分又称前言、序言和导言，用在论文的开头。一般要概括地写出作者意图，说明选题的目的和意义，并指出论文写作的范围。导论要短小精悍、紧扣主题，通常几百字即可。正论部分是论文的主体，作者要对所研究的问题进行分析、论证、阐明自己的观点和依据，应包括论点、论据、论证过程。这部分要以充分有力的材料阐述观点，要准确把握文章内容的层次、大小段落间的内在联系。

结论部分是论文的归结收缩部分，要写论证的结果，做到首尾一贯，同时要写对选题研究的展望，提及进一步探讨的问题或可能解决的途径等。

在一篇论文中，导论、正论和结论都要有，但却不一定是三部分三块。有的论文三部分齐全，导论提出问题，正论分几层进行论证，最后得出结论；有的论文把结论提前融进导论，以解决问题导入，正论再一层一层地分析论证，最后没有结论，或只有一个结尾；还有的论文导论提出问题，正论分析问题，得出结论后，然后提出对策，再写个结尾。

参考文献的要求如下：（1）参考文献一般应是作者亲自考察过的对论文有参考价值的文献；（2）参考文献应具有权威性，要注意引用最新的文献；（3）引用他人的学术观点或学术成果，必须列在参考文献中；（4）参考文献在整个论文中按出现先后依次列出；（5）参考文献的格式规范：序号，作者，论文名，杂志名，期号，出版社，年份，页号。

附录

附录一　经济学专业综合实践教学体系

时间	实践形式	培养目标	项目内容	考核形式	考核成果	实践教学平台
大学一年级	认知实习	了解经济学专业从业人员知识、能力和素质要求；培养学习能力、沟通协调能力、语言和文字表达能力	军事理论与军事技能	军事技能课考核	暑期社会实践报告课程论文读书笔记调查报告	
			"两课"社会实践	调查笔记		
			暑假社会调查	完成调查报告		
			课外经典著作的阅读	读书笔记		
			科研能力训练	学年论文，调查报告		
大学二年级	认知实习	培养经济学思维能力；初步掌握经济类研究型论文的写作；培养一定的创新能力	经济热点问题讲座	讨论交流、笔记	调查报告读书笔记课程论文创新项目	全程导师指导平台学生科研项目申报平台学生学科竞赛平台学生社会实践平台集中实践运作平台
			市场调查研究	小组完成调查报告		
			ERP沙盘模拟	分小组对抗模拟		
			课外经典著作的阅读	读书笔记		
			学年论文写作	学年论文写作规范		
			SRT项目设计（参加各类创新项目）	小组协作完成答辩评分或参赛		
			西方经济学学科竞赛	竞赛评奖		
大学三年级	专业实习	培养经济学综合分析能力；具有向国际经济与贸易、金融学、工商管理等专业渗透的能力；掌握经济类研究型论文的写作；培养创新能力	仿真国际贸易实务训练	课程考核	实习报告项目报告读书笔记课程论文创新项目	
			仿真模拟证券交易	课程考核		
			经济分析和统计软件的运用；经济学问题数学建模	课程考核		
			经济热点问题讲座	讨论交流与笔记		
			市场调查研究	小组协作完成		
			课外经典著作的阅读	读书笔记		
			学年论文写作	学年论文		
			SRT项目设计（参加各类创新项目）	小组协作完成，答辩评分或参赛		
			公司经济方向和贸易经济方向的项目化实践训练	项目报告，实习报告		
			公司经济方向和贸易经济方向的综合实验，跨专业综合模拟实训	项目报告，实习报告		
大学四年级	毕业实习	培养经济学应用能力；掌握经济类学术研究型论文的写作；培养实践创新能力	毕业实习	实习报告	实习报告毕业论文	
			毕业论文	毕业论文		

附录二　经济学专业知识/能力/素质要求与课程体系对应矩阵

		知识/能力/素质	实现途径
人文素质与职业素质	思想道德素质	掌握马克思主义、毛泽东思想和中国特色社会主义理论的基本知识，培养优良的思想品德、高尚的道德素养，自觉践行社会主义核心价值观	马克思主义基本原理概论、毛泽东思想和中国特色社会主义理论体系概论、思想道德修养与法律基础、中国近代史纲要、形势与政策、红船精神与时代价值、《红船精神与时代价值》实践、《毛泽东思想和中国特色社会主义理论体系概论》实践、公益服务
		掌握社会主义法律基础知识，培养遵纪守法、诚信为人的意识	思想道德修养与法律基础、形势与政策
	文化素质	了解人文社会科学基本知识，培养良好的文学艺术修养	马克思主义基本原理概论、中国近现代史纲要、人文艺术类的任选课程、课外人文社会科学经典著作的阅读
		了解自然科学基本知识，培养良好的自然科学修养	高等数学、线性代数、概率统计、课外自然科学经典著作的阅读
		掌握经济学专业基本知识，培养良好的经济学修养	政治经济学、微观经济学、宏观经济学、管理学、会计学、统计学、课外经济学经典著作的阅读
	职业素质	掌握经济学的思维方式和科学研究方法，培育求真务实的创新精神	经济学前沿、中级西方经济学、经济分析工具综合训练
		掌握经济学专业的论文写作知识和技能，培育独立开展科学研究和综合经济分析的素养，拥有强烈的经济和社会价值效益意识	大学生职业规划与就业指导、创业基础、"互联网+"与大学生创新创业、经济学论文写作、社会调查与学年论文、专业实习
	身体心理素质	掌握体育基本知识，培育健康的体魄	体育、体能训练
		了解心理学基本知识，培育良好的心理素质和健全的人格	大学生心理健康教育

续表

	知识/能力/素质	实现途径
专业技术能力 获取知识能力	掌握科学的学习方法和文献检索方法，具备良好的自学习惯与能力	文献检索与利用、经济学前沿、经济学论文写作
	具备良好的口头和文字表达能力，拥有积极的社交能力	经济学论文写作、人文艺术类的任选课程、社会实践、专业实习、毕业答辩、学术报告和讲座
	熟练掌握外语知识，具备较强的听、读、说、写的能力	大学外语、大学外语综合、口语实训
	掌握计算机及信息技术应用知识、学会使用数据库	大学计算机、Access数据库系统、现代信息技术导论
经济学思维训练与批判能力	掌握经济学基本理论知识，培养对客观经济现象的抽象概括能力和对经济规律的认知能力	政治经济学、微观经济学、宏观经济学、经济思想史、经济史、发展经济学、制度经济学、产业经济学、区域经济学、环境经济学
	掌握经济学实证研究方法，培养对经济现象的观察能力、经济问题的综合分析能力	统计学、计量经济学、经济分析工具综合训练、市场调查与预测
	掌握马克思主义的辩证法思想与数学逻辑思维方法，培养科学与辩证的思维能力	《资本论》选读、马克思主义基本原理、高等数学
应用知识能力	掌握公司经济学的基本知识，培养企业运营综合分析能力和企业决策与规划能力	公司经济学、投资学、技术经济学、公司组织与管理
	掌握贸易经济学的基本知识，培养物流供应链分析与策划能力	贸易经济学、国际贸易实务、零售学、物流学
	掌握相关专业基本知识，培养向国际经济与贸易、金融学、工商管理等专业渗透的能力	财政与税收、金融学、管理学、会计学、国际经济学、国际金融学
实践创新能力	掌握专业课中的实验软件、实验材料的使用方法，以及基本数据的测算、采集和基本实验手段的运用方法，培养学生的专业实践与创新能力	经济分析工具综合训练、经济学专业仿真模拟基础、贸易流通仿真模拟、企业运营仿真模拟、跨专业综合模拟实训、经济学专业科研能力实验实训、经济学专业应用能力实验实训
	掌握社会调查与论文写作的基本方法，具备科学研究的基本技能，培养学生的综合素质与专业实际能力	市场调查与预测、开放实验项目、大学生科技创新项目、毕业实习与毕业论文

附录三　经济学专业课程结构关系示意图

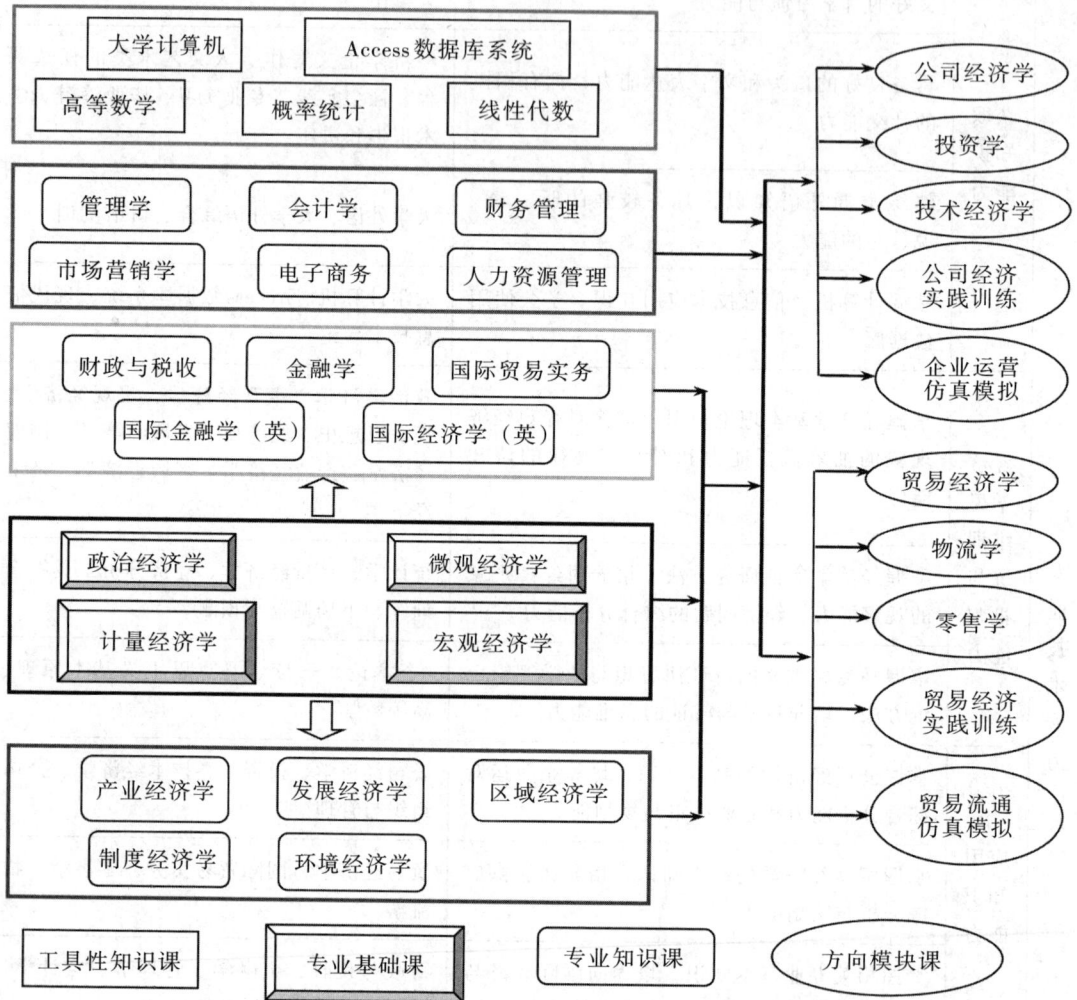

工具性知识课　　专业基础课　　专业知识课　　方向模块课

参考文献

[1] 虞晓芬，龚建立，张化尧．技术经济学概论 [M]．5版．北京：高等教育出版社，2018．

[2] 徐莉，陆菊春，张清．技术经济学 [M]．武汉：武汉大学出版社，2016．

[3] 吴锋，叶锋．工程经济学 [M]．北京：机械工程出版社，2015．

[4] 潘曦．经济学专业综合实验及实训指导书 [M]．成都：西南财经大学出版社，2017．

[5] 蒋定福．ERP沙盘模拟实训教程 [M]．2版．北京：首都经济贸易大学出版社，2017．

[6] 刘平，等．企业经营沙盘模拟实训手册 [M]．北京：清华大学出版社，2018．

[7] 徐峰．ERP沙盘模拟实验教程 [M]．北京：清华大学出版社，2017．

[8]《区域经济学》编写组．区域经济学 [M]．北京：高等教育出版社，2018．

[9] 高洪深．区域经济学 [M]．4版．北京：中国人民大学出版社，2014．

[10]《西方经济学》编写组．西方经济学 [M]．2版．北京：高等教育出版社，2016．

[11] 杨公仆，夏大慰，龚仰军．产业经济学教程 [M]．上海：上海财经大学出版社，2008．

[12] 史忠良．新编产业经济学 [M]．北京：中国社会科学出版社，2007．

[13] 苏东水．产业经济学 [M]．北京：高等教育出版社，2006．

[14] 泰勒尔．产业组织理论 [M]．张维迎，总译校．北京：中国人民大学出版社，1998．

[15] 高鸿业．西方经济学 [M]．北京：中国人民大学出版社，2007．

[16] 罗宾斯，库尔特．管理学 [M]．孙健敏，等译．北京：中国人民大学出版社，2008．

[17] 沈晓峰，黄凡洋．中美航空业对比报告：中美航司盈利波动性对比 [R]．华泰证券，2019-10-28．

[18] 邓学，等．我国汽车产业景气状况 [R]．天风证券，2019-10-26．

[19] 赵玉林．产业经济学：原理及案例 [M]．北京：中国人民大学出版社，2017．

[20] 藏旭恒，等．产业经济学 [M]．北京：经济科学出版社，2015．

［21］杜凤霞，等. SCP范式下住宅价格波动研究［M］. 北京：经济科学出版社，2016.

［22］栗书茵. 基于SCP范式我国银行间外汇市场组织优化研究［M］. 北京：经济科学出版社，2014.

［23］黄慧. 中国房地产业SCP范式及市场风险的研究［M］. 沈阳：东北大学出版社，2014.

［24］王缉慈，等. 创新的空间——产业集群与区域发展［M］. 北京：科学出版社，2019.

［25］王缉慈，等. 超越集群——中国产业集群的理论探索［M］. 北京：科学出版社，2019.

［26］符正平，常路. 产业集群升级与转型：珠江三角洲地区的实践与启示［M］. 北京：中国社会科学出版社，2016.

［27］普格尔. 国际金融［M］. 16版. 北京：中国人民大学出版社，2018.

［28］皮尔比姆. 国际金融［M］. 3版. 北京：中国人民大学出版社，2009.

［29］高欣. 大学生科研训练理论与实践（人文社科类）［M］. 南京：南京大学出版社，2014.

［30］何军. 研究设计与论文写作——经济管理类大学生科研训练指导［M］. 北京：科学出版社，2018.

［31］毛蕴诗. 公司经济学［M］. 大连：东北财经大学出版社，2006.

［32］袁志刚. 管理经济学［M］. 上海：复旦大学出版社，1999.

［33］方博亮. 管理经济学［M］. 北京：中国人民大学出版社，2013.

［34］彼得森，刘易斯. 管理经济学［M］. 吴德庆，译校. 4版. 北京：中国人民大学出版社，2009.

［35］曼斯菲尔德. 管理经济学［M］. 王志伟，等译. 北京：经济科学出版社，1999.

［36］蓝海林. 企业战略管理［M］. 北京：中国人民大学出版社，2015.

［37］邢以群. 管理学［M］. 杭州：浙江大学出版社，2016.

［38］格雷厄姆. 聪明的投资者［M］. 王中华，黄一义，译. 北京：人民邮电出版社，2018.

［39］索罗斯. 金融炼金术［M］. 孙忠，侯纯，译. 海口：海南出版社，2016.

［40］马尔基尔. 漫步华尔街［M］. 张伟，译. 北京：机械工业出版社，2017.

［41］克罗. 克罗谈投资策略——神奇的墨菲法则［M］. 刘福寿，等译. 北京：中国经济出版社，2004.

［42］普莱切特，弗洛斯特. 艾略特波浪理论：市场行为的关键［M］. 陈鑫，译. 北京：机械工业出版社，2016.

［43］费舍. 怎样选择成长股［M］. 冯治平，译. 北京：地震出版社，2017.

［44］博迪，凯恩，马科斯. 投资学精要［M］. 10版. 北京：清华大学出版社，2017.

［45］后东升，周伟. 零售店商品陈列技巧［M］. 深圳：海天出版社，2007.

［46］付玮琼. 商场超市布局与商品陈列技巧［M］. 北京：化学工业出版社，2009.

［47］余杰奇，藤大维. 图解店铺陈列技巧［M］. 北京：中国发展出版社，2009.

［48］吴爱莉，马跃跃．装店展示设计宝典［M］．北京：化学工业出版社，2013.

［49］贝尔，萨蒙．战略零售管理教程与案例［M］．张永强，译．大连：东北财经大学出版社，2000.

［50］符国群．消费者行为学［M］．2版．北京：高等教育出版社，2004.

［51］所罗门．消费者行为学［M］．江林，等译．北京：中国人民大学出版社，2009.

［52］马龙龙．中国流通改革：批发业衰落与崛起［M］．北京：中国人民大学出版社，2009.

［53］王雪峰，林诗慧，李晓怡，等．流通蓝皮书：中国商业发展报告（2019—2020）［M］．北京：社会科学文献出版社，2019.

［54］王小平．商品流通学［M］．北京：中国人民大学出版社，2011.

［55］沈满洪．生态经济学［M］．北京：中国环境科学出版社，2016.

［56］朱申庚．环境管理学［M］．2版．北京：中国环境科学出版社，2015.

［57］杨洪刚．我国地方政府环境治理的政策工具研究［M］．上海：上海社会科学院出版社，2016.

［58］李凌汉，等．地方政府环境保护绩效评估研究［M］．北京：中国社会科学出版社，2015.

［59］郭熙保，等．发展经济学［M］．北京：高等教育出版社，2019.

［60］洪银兴，任保平．新时代发展经济学［M］．北京：高等教育出版社，2019.

［61］杨小凯，张定胜，张永生．发展经济学：超边际与边际分析［M］．北京：社会科学文献出版社，2019.

［62］张建华．发展经济学：原理与政策［M］．武汉：华中科技大学出版社，2019.

［63］谭崇台．发展经济学概论［M］．2版．武汉：武汉大学出版社，2019.

［64］蒋萍．市场调查［M］．上海：上海人民出版社，2007.

［65］胡祖光，王俊豪，吕筱萍．市场调研与预测［M］．北京：中国发展出版社，2006.

［66］陈凯．市场调研与分析［M］．北京：中国人民大学出版社，2016.

［67］李红梅．市场调研理论与实务［M］．北京：人民邮电出版社，2015.

［68］邱小平．市场调研与预测［M］．北京：机械工业出版社，2017.

［69］张晓峒．EViews使用指南与案例［M］．北京：机械工业出版社，2007.

［70］伍德里奇．计量经济学导论［M］．张成思，李红，张步昙，译．5版．北京：中国人民大学出版社，2015.

［71］古扎拉蒂，波特．计量经济学基础［M］．费剑平，译．5版．北京：中国人民大学出版社，2011.

［72］古扎拉蒂，波特．经济计量学精要［M］．张涛，译．4版．北京：机械工业出版社，2010.

［73］李子奈，潘文卿．计量经济学［M］．4版．北京：高等教育出版社，2015.

［74］高铁梅，王金明，陈飞，等．计量经济分析方法与建模：EViews应用及实例［M］．北京：清华大学出版社，2016.

［75］黄晖，李鸿琪．马克威统计分析与数据挖掘应用案例［M］．北京：中国统计出版社，2012.

[76] 陈强. 高级计量经济学及 Stata 应用 [M]. 2版. 北京：高等教育出版社，2014.

[77] 崔介何. 物流学概论 [M]. 5版. 北京：北京大学出版社，2015.

[78] 王之泰. 新编现代物流学 [M]. 4版. 北京：首都经济贸易大学出版社，2018.

[79] 冯晖. 现代物流学 [M]. 北京：科学出版社，2019.

[80] 易丹辉. 数据分析与 EViews 应用 [M]. 2版. 北京：中国人民大学出版社，2014.

[81] 马慧慧. EViews 统计分析与应用 [M]. 北京：电子工业出版社，2016.

[82] 李子奈. 计量经济学 [M]. 北京：高等教育出版社，2000.